KB245686

매니페스토와 정책선거

국립중앙도서관 출판시도서목록(CIP)

매니페스토와 정책선거 / 지은이: 김영래·정형욱 편,
-- 서울 : 논형, 2008
p. ; cm --(논형 시민사회)

권말부록: 정당정책 비교프로그램, 매니페스토 이행 및 이행평가체계 구축을 위한 제언, 민선4기 매니페스토 실천을 위한 흐름도, 대선 매니페스토의 기본요건 및 비교분석표, 제17대 대선 후보자 매니페스토 비교 결과
ISBN 978-89-90618-85-6 94340 : ₩14000
ISBN 89-90618-80-0(세트)

344.5-KDC4
324.7-DDC21 CIP2008000289

이 도서의 국립중앙도서관 출판시도서목록(CIP)은 e-CIP 홈페이지(http://www.nl.go.kr/cip.php)에서 이용하실 수 있습니다. (CIP제어번호 : CIP2008000289)

매니페스토와 정책선거

김영래·정형욱 편

논형

매니페스토와 정책선거

초판1쇄 인쇄 | 2008년 1월 25일
초판1쇄 발행 | 2008년 1월 30일

엮은이 | 김영래·정형욱
펴낸이 | 소재두
펴낸곳 | 논형

주소 | 서울시 관악구 봉천2동 7-78 한립토이프라자 5층 (우) 151-805
전화 | 02) 887-3561(대)
팩스 | 02) 887-6690
등록 | 제2003-000019호

ISBN 978-89-90618-85-6 94340
* 값 14,000원

책을 펴내면서

2007년 12월 19일 실시된 제17대 대통령선거는 한국의 정치발전은 물론 국가발전에 중요한 전기를 마련한 중대한 선거였다. 제17대 대통령선거는 한국사회가 1987년 6월 민주항쟁 이후 네 차례의 대통령선거를 실시하여 민주정치발전의 기틀을 상당 수준 마련해온 지 20여 년이 지난 시점에서 실시되었기 때문에 더욱 중요한 의미를 지닌다.

한국은 그동안 세계가 부러워할 정도의 역동성을 가지고 성장·발전하였다. 또한 일제로부터 해방된 이후 한국동란의 비극적 상황을 맞이하는 등 많은 어려움을 극복하며 국민국가(nation-state)의 초석을 마련하였다. 이후 부존자원이 부족한 빈국임에도 불구하고 1960~70년대의 산업화(industrialization)를 거쳐 한강의 기적을 이룩하며 현재 세계 제12위의 경제대국으로까지 발전하였다.

이러한 경제성장을 이루는 과정인 산업화 추진 시기에 군부권위주의 정권에 의한 정치적 기본권의 제한 등과 같은 어두운 시절이 있기는 하였으나, 이것 역시 민주화에 대한 국민들의 열망에 의해 민주화 투쟁을 통한 1980~90년대의 민주화(democratization)로의 이행기를 거쳐 민주정치를 이룩하게 되었다.

이제 우리 사회는 산업화와 민주화를 뛰어넘는 새로운 정치 패러다임을 추구해야 되며, 이것이 곧 정치선진화이다. 정치선진화라는 과제는 현재 정치권이 추구해야 될 가장 시급한 과제이다. 이는 우리가 지금까지 이룩한 경제성장의 기초 하에 민주주의의 공고화를 통해 구성원의 삶의 질을 제고시키고, 또한 신뢰성 있는 안정된 정치·사회의 확립을 의미한다.

일반적으로 정치선신화란 자유민수주의의 정치적 가치를 지키면서 비전 있는 정치적 리더십을 발휘하여 구성원들에게 미래에 대한 희망을 주는 정치로서, 정치지도자나 정치권이 독선과 아집을 버리고 민의를 존중하고 수렴하면서 소모적 정쟁이 아닌 상생의 구조 하에 희망을 주는 정치를 말한다.

이런 정치선진화는 민주정치의 가장 기초적인 기제인 선거를 통해 이룩되는 것이다. 선거란 민주정치발전의 알파이자 오메가이므로, 정치선진화도 선거를 어떻게 실시하느냐에 따라 선진화의 정도를 측정하게 된다. 이는 미국, 영국과 같은 정치선진국의 선거사례에서 여실히 증명되고 있다.

선거란 일반적으로 집단의 임원이나 대표자를 집단구성원의 투표에 의해 선출하는 방식 혹은 절차를 말하는 것으로, 사회구성원들의 선호(preference)를 총합, 집합적 결론을 도출하는 사회적 선택(social choice)의 한 방법이다. 때문에 선거에서 유권자의 선호도는 인물, 지역 등과 같은 요소보다도 후보자나 정당이 내세우는 선거공약인 정책에 대한 선호로 나타난다.

그러나 최근까지 실시된 한국의 선거에서 정당이나 후보자들은 국민에게 희망을 주는 정책보다는 지연(地緣), 학연(學緣), 혈연(血緣), 금연(金緣) 등에 호소하였고, 소위 4연(四緣)에 의해 지배되고 있는 투표행태로 인해 한국 민주정치는 정치선진화에 크게 기여하지 못했다. 특히 대통령선거는 지역주의적 요소가 가장 큰 변수로 작용하여 한국정치의 고질적 병폐 중 하나로 손꼽히고 있다.

우리는 그동안 수십 차례의 대통령, 국회의원, 지방단체장 및 지방의원 선거 등 각종 선거에서 유권자가 후보자나 정당의 정책보다는 감성적 호소나 기준에 의해 투표를 행함으로써 국가발전에 상당한 어려움을 겪게 되었다.

또한 국가발전을 좌우할 중요한 선거공약이 투표일 불과 수일 전에 발표되어, 충분한 검증과정도 없이 유권자들에게 전달되고 투표에 영향을 미침으로써, 실제로 당선 후 공약실천의 어려움은 물론 막대한 국가의 재정적·사회적 손실이 가져온 사례도 많다.

선거에서 후보자나 정당들은 좋은 정책, 책임 있는 정책을 내놓아야 하며, 유권자 또한 지연, 학연, 혈연, 금권이 아닌 정책에 의한 올바른 선택을 해야 함에도 불구하고, 지금까지 후보자나 정당은 물론 유권자도 정책을 소홀히 하고 네거티브 캠페인에 주력하여 대통령선거 후 국정운영에 상당한 차질을 가져왔다.

이러한 한국 선거문화의 문제점을 해결하기 위해 등장한 것이 2006년 5월 31일 실시된 제4회 전국동시지방선거에서 도입된 일명 '참공약 선택하기'로 지칭되는 매니페스토(Manifesto)운동이며, 매니페스토는 이미 영국, 일본, 독일 등 선진국에서 정당이나 후보자에 의해 선거에 활용되고 있다.

한국도 2006년 3월 16일 주요 정당 대표와 중앙선거관리위원회 위원장, 그리고 한국매니페스토실천본부를 대표한 필자가 참여하여 매니페스토 협약식을 거행, 정당 차원에서 공식적으로 받아들이기로 하였으며, 이는 2006년 5월 31일 실시된 제4회 전국동시지방선거에서 처음으로 적용되었다.

한국 선거의 고질적 병폐인 후진적 선거문화를 개선하고자 2006년 시민사회단체에서 매니페스토운동이 처음으로 한국에 소개되어 선거문화 개선에 새로운 전기를 마련하였다. 물론 2006년 지방선거에서 매니페스토가 유권자의 투표선택에 결정적인 기준을 제공하지는 못했고, 더구나 특정 정당에 대한 표 쏠림 현상으로 인해 기대했던 성과는 거두지 못했다.

그러나 도입된 지 불과 수 개월도 안 된 상황에서 중앙선관위, 언론, 그리고 각종 시민사회단체의 호응과 협조로 매니페스토는 한국 선거의 대표적인 화두가 되었으며, 그동안 한국 선거문화를 지배했던 지연, 혈연, 학연, 금권의 굴레에서 벗어나 정책경쟁의 가능성을 확인했다는 점은 커다란 수확이었다.

유권자들은 2007년 12월 19일 실시된 대통령선거가 과거와는 달리 매니페스토에 의한 정책경쟁이 되기를 절실히 기대했다. 중앙선거관리위원회는 주요 언론기관, 그리고 한국매니페스토실천본부와 함께 2007년 2월 1일 대선 매니페스토 물결운동 선포식을 거행, 각 정당은 대선 예비후보자 경선과정부터 매니페스토에 의한 정책경쟁이 되도록 강력한 캠페인을 전개했다.

또한 2007년 10월 19일 국회에서 각 정당의 대선 후보자와 선거대책위원장들은 중앙선거관리위원회 위원장, 그리고 한국매니페스토실천본부를 대표한 필자와 더불어 대통령선거를 정책선거로 이끌기 위한 매니페스토 협약식을 거행, 국민에게 매니페스토에 의한 선거를 하겠다는 약속을 했다.

그러나 그동안 전개된 선거운동과정을 보면 유권자들의 기대와는 달리 정책에 대한 공방보다는 상대방에 대한 네거티브 캠페인에 주력하여 유권자들을 실망시키고 있다. 우리에게는 아직도 정책보다는 지역주의, 네거티브 선거전략이 선거의 승패를 좌우하는 후진적인 정치행태가 여전히 힘을 발휘하고 있다.

이제 선거에서의 매니페스토에 의한 정책경쟁은 우리의 선택이 아니라 필연적 요소이다. 따라서 2008년 4월 9일 실시될 제18대 총선은 매니페스토에 의한 선거가 되어야 하며, 이는 시대적 요청이기도 하다. 총선을 통해 매니페스토에 의한 정책경쟁이 이루어질 때, 한국의 선거는 그 어느 때보다 공정하고, 또한 유권자들로부터 뜨거운 참여의 열기가 넘치는 정책대결의 장으로 꽃피우게 될 것이며, 우리가 바라는 정치 선진국이 될 것이다.

그러나 아직도 일부 정당이나 정치인들의 구습을 탈피하지 못한 선거문화로 인해 매니페스토운동이 정착되기 위해서는 더욱 많은 노력과 관심이 필요하다. 이에 이러한 노력과 관심의 일환으로 사단법인 내나라연구소는 중앙선거관리위원회, 한국매니페스토실천본부와 공동으로 2007년 6월 8일 국제학술회의를 개최하여 한국에서의 매니페스토운동에 대한 이해와 확신에 주력하고 있다.

내나라연구소는 2006년 2월 3일 한국에서 최초로 매니페스토 관련 국제학술회의를 처음으로 개최하여 매니페스토 도입에 결정적인 계기를 마련한 바 있다. 2006년에는 한국과 일본의 사례를 비교하였으나, 2007년 국제학술회의에서는 매니페스토의 원조인 영국의 사례까지 포함시켰다.

2007년 학술회의에서도 2006년 학술회의에서 기조발제를 해주신 일본의 마츠자와 시게후미 가나가와현 지사, 소네 야스노리 게이오대학 교수, 쿠수미 스요시 퍼블릭리소스센터(Public Resource Center) 대표 등이 참석하여 2007년 4월 일본 지방선거에서 행해졌던 매니페스토운동의 사례를 발표하였다. 2006년과 마찬가지로 게이오대학원 박사과정 하동현씨는 회의준비에 수고가 많았다. 이분들에게 특히 감사를 드린다.

이 책은 2006년 12월 아시아연구기금의 지원으로 발간하는 것이다. 내나라연구소는 아시아연구기금의 지원을 받아 "2006/2007년도 선거에 대한 매니페스토 영향력 분석 연구: 한국, 일본, 영국의 사례를 중심으로"라는 제하의 연구를 수행하고 있으며, 이 주제로 개최된 국제학술회의 발표문을 중심으로 본 책자로 발간하는 것이다.

그동안 사단법인 내나라연구소의 연구활동을 지속적으로 지원하여주신 아시아연구기금의 김달중 이사장님께 진심으로 감사를 드린다. 또한 국제학술회의를 지원해주신 중앙선거관리위원회 고현철 위원장님,

김호열 상임위원님, 조영식 사무총장님, 오봉진 정당국장님, 그리고 서현덕 팀장님에게도 감사를 드린다.

내나라연구소 부소장으로 연구소 살림을 맡아 국제학술회의를 준비하느라 수고한 김정호 인하대 정치외교학과 교수, 국제학술회의의 프로그램은 물론 이 책의 편집을 맡아 수고해주신 정형욱 아주대 국제대학원 교수에게 특히 감사를 드린다. 또한 어려운 출판 사정에도 불구하고 2006년에 이어 매니페스토 관련 서적을 출판해준 논형의 소재두 사장님께도 감사를 드린다.

끝으로 이 책이 정치권은 물론 학계, 언론계, 일반 유권자에게 매니페스토에 대한 이해를 높이고, 또한 매니페스토에 의한 정책선거를 정착시켜 한국정치문화의 발전에 작은 밑거름이 되기를 새삼 기대한다.

2007년 12월

집필자들을 대표하여 김영래 씀

차 례

책을 펴내면서 4

1부 한국의 사례

1장 **매니페스토와 정치선진화의 과제** 15
김영래

2장 **매니페스토운동의 평가와 과제:** 5·31지방선거를 중심으로 45
김 욱

3장 **대통령선거와 매니페스토운동 영향력 제고 방안** 66
이현출

2부 외국의 사례

4장 **일본의 매니페스토 등장:** 문맥과 의미 95
하동현

5장 **일본의 매니페스토 개혁:** 가나가와현의 실천 119
마쓰자와 시게후미

6장 **일본의 선거와 매니페스토의 영향:** 무낙에서 약속으로 140
기타가와 마사야스

7장 **매니페스토의 제도적 조건과 일본정치의 변화** 146
소네 야스노리

8장 일본 매니페스토 선거의 쟁점과 도입 효과 165
고선규

9장 미국 대통령선거에서의 유권자와 책임 있는 유권자론 194
신유섭

10장 독일의 선거와 정책공약: 발-오-마트를 중심으로 215
신두철

11장 영국의 총선거와 매니페스토의 영향 249
정형욱

12장 일본과 영국의 매니페스토 비교: 내용과 위치 부여 268
스즈키 나오토

부 록

부록1 정당정책 비교프로그램 286

부록2 매니페스토 이행 및 이행평가체계 구축을 위한 제언 291

부록3 민선4기 매니페스토 실천을 위한 흐름도 299

부록4 대선 매니페스토의 기본요건 및 비교분석표 301

부록5 제17대 대선 후보자 매니페스토 비교 결과 309

편집 후기 320

Specific

매니페스토와 정책선거

Measurable

1부 한국의 사례

Achievable

Relevant

Timed

1장
매니페스토와 정치선진화의 과제

김영래*

1. 제17대 대통령선거의 의미

2007년 12월 19일 제17대 대통령선거가 실시되었다. 우리나라의 대통령선거는 1987년 제9차 헌법 개정에 의해 단임제로 5년에 한 번씩 실시하는 선거이기는 하지만, 이번 대통령선거는 과거 선거와 비교하여 어느 때보다 그 의미가 크다. 우리는 1987년 6월 민주항쟁의 결과로 권위주의체제 하의 헌법이 개정된 이후 지금까지 네 번의 대통령선거를 실시했으며, 그 결과 비록 만족할 만한 수준은 아니지만 한국 민주주의는 선거를 통하여 지속적으로 발전되어왔다.

현대 민주정치과정에서 대통령과 같은 국가지도자를 선출하는 선거는 가장 중요한 정치적 행위이다. 민주정치는 선거에서 시작하여 선거로 끝난다 해도 과언이 아닐 정도로 선거가 민주정치구현은 물론, 국가발전에서 차지하는 비중은 절대적이다. 때문에 선거는 "총탄 대신에 투표로써"(not bullet, but ballot)라는 말이 있듯이 대의민주정치체제 하에서 정치·사회문제를 비롯하여 국가적 과제를 해결하는 가장 기본적인 원칙이며 수단이 되고 있다.[1)]

---

* 아주대학교 교수.

일반적으로 선거란, 지도자를 집단구성원의 투표에 의하여 선출하는 방식 혹은 절차를 말하는 것으로, 사회구성원들의 선호(preference)를 총합하여 집합적 결론을 도출하는 사회적 선택(social choice)의 한 방식이다.[2] 동시에 대의민주정치제도 하에서 선거는 임명이나 추첨 등에 의하여 공직이 충원되는 것과는 다른 행위이기 때문에 국민이 정책결정에 참여하는 가장 기본적인 행위이다.

특히 이번에 실시된 대통령선거는 특별한 정치사적 의미를 지니고 있다. 2007년은 1987년 민주화로의 이행을 맞은 지 20년이 되는 해이다. 때문에 이번 선거는 그동안 선거를 통해 정치권력을 잡은 민주화 세력이 민주화 이후 얼마나 효율적으로 국정운영을 하였는가에 대한 평가를 받는 의미를 지니고 있다. 더구나 1997년 진보세력에 의해 실질적으로 정치권력이 교체된 이후 한국 정치·사회는 많은 변화를 겪었기 때문에, 이번 선거는 이들 진보정치세력에 대한 직접적 평가라는 의미도 지니고 있다.

그러나 제17대 대통령선거를 겨냥해 전개된 각 정당의 당내 경선과정이나 여권의 통합정당 창당과정, 또는 후보단일화에 대한 논의과정 등 정치상황을 분석해보면 아직도 한국정치가 구태를 벗어나지 못한 후진적 요소를 지니고 있을 뿐만 아니라 민주정치발전의 핵심요소인 정당정치가 제도화(institutionalization)되지 못했음을 알 수 있다.

헌팅턴(Huntington)에 의하면 제도화란 "조직이나 절차가 가치성과 안정성을 갖게 되는 과정"이라고 규정하고 있으며, 이러한 제도화의 수준은 조직과 절차의 적응성(adaptability), 복합성(complexity), 자율성(autonomy) 및 응결성(coherence)의 정도에 따라 평가된다고 보고 있는데, 아

---

1) 이극찬, 「정치학」(서울: 법문사, 2001), 418쪽.

2) William H. Riker, *Liberalism Against Populism: A Confrontation Between the Theory of Democracy and the Theory of Social Choice*(Prospect Heights, Ill.: Waveland Press, 1982), p.1.

직도 한국의 정당정치는 낮은 제도화 수준을 나타내고 있다.[3)]

대통령선거가 불과 몇 주일도 남지 않은 상황에서 여권의 경우 여전히 대통령후보 단일화가 논의되었고, 야당의 경우도 경선에서 결정된 후보자에 대한 대안론이 제기되는 등 여러 가지로 혼미한 상황에서 대선 정국이 전개되었다는 것은 한국정치의 후진성을 여실히 보여주는 사례이다.

더구나 이러한 여야 정치권의 혼미 속에 노무현 대통령은 물론 김대중 전 대통령까지 과거 대통령과는 달리 이번 대선과정에 정치적 영향력을 행사하려는 정치행태를 나타내면서 제17대 대선은 역대 어느 선거보다도 혼란스러웠다. 이런 선거과정은 제17대 대선의 의미 자체가 국민들이 기대했던 바와는 다른 방향으로 전개되도록 만들었다. 때문에 제17대 대통령선거가 과연 어떠한 선거과정을 통해 실시되었는지를 정치권은 다시 한 번 반성해봐야 할 것이다.

2. 정치선진화의 과제

변화와 개혁은 21세기의 시대적 흐름이며 국가발전의 원동력이다. 한국을 비롯한 세계 각국은 이러한 변화와 개혁의 시대인 21세기를 맞이하여 자국의 발전을 도모하고, 또한 새로이 재편되는 세계질서형성에서 주도적인 역할을 수행하기 위해 뉴 패러다임(new paradigm)에 의한 발전전략의 수립을 추구하고 있다. 따라서 국민은 한국정치에 뉴 패러다임이 도입되기를 적극적으로 희망하고 있다.

뉴 패러다임의 정치는 시대적 과제로서 선택의 문제가 아니라 필수적 요건이다. 한국은 그동안 세계가 부러워할 정도로 성장하고 발전하

3) Samuel P. Huntington, *Political Order in Changing Society*(Princeton, N.J.: Princeton University Press, 1968), pp.8-38.

였다. 부존자원이 부족한 빈국임에도 불구하고 1960~70년대의 산업화(industrialization)를 거쳐 한강의 기적을 이룩하여 현재 세계 제12위의 경제대국으로 발전하였다.

이러한 경제성장을 이루는 과정에서 산업화 추진 시기에 군부권위주의 정권에 의한 정치 기본권의 제한 등과 같은 어두운 측면이 있기는 했지만, 이 역시 민주화에 대한 국민의 열망에 의해 권위주의 정권은 붕괴되었다. 그로 인해서 1987년 민주항쟁 이후 1980~90년대의 민주화(democratization)로의 이행기를 거쳐 민주정치발전을 위해 전진하고 있다.

이제 우리 사회는 산업화와 민주화를 뛰어넘는 새로운 정치 패러다임을 추구해야 하며, 이것이 정치선진화이다. 정치선진화는 현재 정치권이 추구해야 할 가장 시급한 과제이다. 이는 우리가 지금까지 이룩한 경제성장 하에 민주주의의 공고화를 통한 구성원의 삶의 질 제고를 의미한다.

일반적으로 정치선진화란 자유민주주의의 가치를 지키면서 비전 있는 정치적 리더십을 발휘하여 구성원들에게 미래에 대한 희망을 주고, 정치지도자나 정치권이 독선과 아집을 버리고 민의(民意)를 존중하면서 소모적 정쟁이 아닌 상생의 구조 하에서 희망을 주는 정치를 말한다.

미국, 영국 등과 같은 선진국의 정치·사회 상황을 종합·분석해보면 정치선진화는 다음과 같이 개념화할 수 있다.[4)]

첫째, 정치선진화는 예측가능한 정치를 의미한다. 정치는 살아 있는 생물과 같기 때문에 공학과 같은 과학적인 예측은 어렵지만 최소한 앞으로 전개될 정치상황에 대한 국민의 불안을 최소화할 수 있는 정치가 되어야 한다. 경제에 있어 미래에 대한 예측이 가능할 때, 투자도 하고 물건도 생산하는 것처럼 정치상황도 예측이 되어야 정책도 입안하고, 국민도 자유롭게 참여할 수 있다.

---

4) 김영래 외, 『한국정치 어떻게 볼 것인가』(서울: 박영사, 2006), 510-512쪽.

현재 전개되고 있는 대선 정국은 여러 가지 요소가 불확실하기 때문에 정치불안이 가중되고 있다. 정치인들이나 관료들은 미래 정치를 예측할 수 없어 정책 개발이나 집행은 고사하고, 매일 매일 시시각각으로 변화는 정치상황에만 관심을 집중하고 있다. 예측 불가능한 정치는 정치불안을 가중시키고, 또한 정치불신은 더욱 증폭될 것이다.

둘째, 정치선진화의 요체는 책임정치이다. 정치인들은 선거를 통해 정통성 있는 권한을 국민들로부터 위임받으며, 이런 권력은 때로는 자신의 의지와 관계없이 무한대의 책임을 가지고 성실하게 수행해야 하는 강제성을 지닌다. 선거에 의해 주어진 권력을 사유물처럼 마음대로 쓰거나 약화시킬 수 없다.

책임정치는 정치권이 권위를 가지고 수행해야 한다. 선거에 의해 책무를 부여받은 정치인은 정치주변의 상황이 다소 불리하더라도 최대한의 인내심과 책무감을 갖고 국민과 상대 정치인을 설득, 국민을 위한 책임정치를 해야 함에도 불구하고 한국정치는 책임은 회피하면서 권력만을 추구하고 있다.

셋째, 정치선진화는 신뢰의 정치를 말한다. 정치는 기본적으로 인간들 사이의 신뢰에서 형성된다. 『논어』에서도 정치에서 믿음은 가장 중요한 요소라고 했다(子貢問政, 子曰 "足食足兵民信之矣").[5] 정치인과 국민 간의 믿음이 없다면 정치는 속임수의 정치밖에 되지 못한다.

신뢰의 정치는 정치지도자가 국민과 더불어 현실에 대한 정치인식을 공유하고, 동시에 국민과 더불어 아픔을 같이할 때 가능하다. 지나친 확신과 이상주의의 포로가 되어 국민과 간극이 생기게 되면 아무리 이상적인 정치를 하려고 해도 결국 국민들로부터 신뢰를 잃어 정치는 실패한다.

넷째, 정치선진화는 원칙에 의한 정치를 의미한다. 정치는 헌법이라는 최고성을 가진 룰(rule)을 제정한 법칙과 원칙에 따라 운영되는 시스

5) 『논어』 안연편(顔淵篇) 참조.

템이다. 행정부와 의회는 절차적 민주주의를 존중하면서 민주정치의 틀 속에서 정치질서를 확립시켜 정치체제를 운영한다.

충격요법에 의해 정치상황을 혼란으로 빠뜨리는 것은 자유민주주의의 정치질서운영에 바람직하지 않다. 정치체제가 원칙과 룰에 의해 선순환적 구조 하에서 작동할 때 정치질서는 안정되고, 구성원은 정치에 신뢰를 보낸다. 정치(政治)는 '올바른 다스림(正治)'을 의미하고 있기 때문에(『논어』의 政者正也), 정도(正道)에 의한 정치만이 큰 정치를 할 수 있다.

다섯째, 정치선진화는 희망의 정치를 말한다. 최근 우리의 정치는 공포의 균형에 의한 정치였기 때문에 국민에게 희망을 주지 못했다. 최고정치지도자들을 비롯하여 여야 정치인들은 상대방의 기를 꺾기 위해, 기선을 제압하기 위해 최고조의 공포가 포함된 정치언어를 구사하여 국민들은 정치인들의 언어 속에서 희망보다는 실망 또는 공포부터 느끼게 된다.

정치선진화는 여야간의 희망의 균형을 통한 정치로부터 미래의 비전을 제시하는 것이다. 제로 섬(zero-sum) 게임이 아닌 상호 승리할 수 있는 윈윈(win-win)의 정치가 이루어져야 한다. 국민은 현재의 상황이 다소 불만족스럽더라도 정치권에서 미래에 대한 희망을 가진 비전을 제시하면 국민은 고통을 참고 정치지도자를 따르게 된다.

3. 매니페스토의 개념과 발전과정

1) 매니페스토의 개념

정치선진화는 민주정치의 가장 기초적인 기제인 선거를 통해서 이룩된다. 선거는 민주정치발전에 있어 알파이자 오메가이므로, 정치선진화도 선거가 어떻게 실시되느냐에 따라 선진화의 정도가 측정된다. 이는 미국, 영국과 같은 정치선진국의 선거사례에서 실증적으로 나타나고 있다.

선거란 투표를 통해 지도자의 선출이나 정책이 결정되는 민주적 절차를 말하는 것으로, 사회구성원들의 선호를 총합하여, 집합적인 결론을 도출하는 사회적 선택의 한 방법이다. 때문에 대통령선거에서 유권자의 선호는 인물, 지역 등과 같은 요소보다도 후보자나 정당이 내세우는 선거공약인 정책에 대한 선호로 나타난다.

그러나 최근까지 한국의 선거는 이런 정당이나 후보자의 정책보다는 지연(地緣), 학연(學緣), 혈연(血緣), 금연(金緣) 등에 좌우되는 경향이 많았다. 소위 4연(四緣)에 의해 지배되고 있는 투표행태로 인해 한국 민주정치는 정치선진화에 크게 기여하지 못했다. 특히 대통령선거는 지역주의적 요소가 가장 큰 변수로 작용하여 한국정치의 고질적인 병폐를 드러내고 있다.

이런 한국정치의 후진적인 요소를 극복하기 위해 2006년 지방선거부터 전개되고 있는 것이 매니페스토에 의한 정책선거이다.[6] 특히 최근 대통합민주신당, 한나라당을 비롯한 각 정당이나 정파들이 당내 경선이나 대선 캠페인을 전개하는 과정에서 나타나고 있는 각종 네거티브 캠페인이나 지역주의에 의존하려는 행태에 대한 비판이 고조되면서 매니페스토에 의한 정책선거의 중요성이 더욱 부각되고 있다.

이미 영국에서는 매니페스토가 선거시 후보자나 정당에 의해 유권자에게 호소하는 선거공약의 일종으로 채택되고 있다. 이런 매니페스토는 미국에서는 정책(platform), 독일은 선거강령(wahlprogramm), 또는 약속(pledges), 계약(contract) 등으로 다양하게 불리고 있으며, 이를 일본에서는 정권공약이라 지칭하고 있다.[7] 매니페스토란, 사전적 정의에 따르

6) 매니페스토에 대한 일반적인 이해는 김영래·이현출, 『매니페스토와 지방정치: 일본의 경험과 한국의 실험』(서울: 논형, 2006); 이현출, 『매니페스토와 한국정치개혁』(서울: 건국대출판부, 2006); 카나이 타츠키 저(김재용·이홍천 역), 『매니페스토운동의 탄생』(서울: 다산초당, 2006) 등을 참조.

면 정당이나 후보자가 선거 후 정권을 담당하거나 당선되었을 경우, 반드시 입법화 또는 실천하겠다고 약속한 정책개요를 공식적으로 문서화하여 선거기간중에 공표하는 국민에 대한 서약서로 정의되고 있다.[8]

이런 매니페스토가 일반 공약과 다른 점은 선거공약의 목표치를 구체적이고 확실하게 내세워 실현을 위한 재정적 근거와 로드맵을 구체적으로 제시한다는 것이다. 매니페스토란 "선거공약에 기간, 목표, 공정, 재원, 나아가 우선순위라는 구체적 계약을 담는 것"을 말한다.

예를 들면, 영국의 매니페스토는 정책실현을 위한 수치와 목표달성을 위한 재원, 목표 기한이 명기되어 있고 정책간 우선순위를 분명히 하고 있다. 1997년에 발표된 노동당 매니페스토를 살펴보면, "노동당과 국민과의 계약(contract)"이란 제하의 10대 비전이 제시되어 있다.[9] 여기에서 영국 노동당은 교육을 최우선시한다고 명시하고 있다. 다음으로 이 비전을 실현하기 위한 구체적인 시책이 제시되고 있고, 각각의 시책마다 기한, 목표, 재원이 정리되어 있다. 노동당의 매니페스토 기한은 향후 4년 내에, 즉 정권을 담당하는 기간 내에 추진할 사항을 중심으로 제시하고 있다.

이런 매니페스토는 지금까지 선거시 각 정당이나 단체장들이 발표한 기존 공약과는 여러 가지 다른 특징을 가지고 있다. 매니페스토는 정책추진에 있어 수치를 표시함으로써 허황된 내용, 추상적인 이념, 그리고 단순한 언어의 수식이 아닌 실현가능성을 고려하면서 정책의 우선순위를 정하고 있다. 또한 매니페스토는 수치목표나 구체적인 대응력을 제

---

7) 소네 야스노리(曾根泰教), 「日本地方選挙導入政治変化」, (사)내나라연구소·한국정당학회 주최 "지방선거와 정치발전에 관한 한·일 비교" 세미나, 2006년, 30쪽.

8) *The Oxford English Reference Dictionary*(London: Oxford University Press, 1996).

9) http://www.labour-party.org.uk/manifesto/1997; 四日市大学地域政策研究所, 「ローカルマニフェスト」, 2003, p.15; 이현출, 「외국의 매니페스토와 한국의 도입을 위한 시사점」, 중앙선거관리위원회·531매니페스토추진본부, "한국형 매니페스토의 정착과 확산", 2006년 2월 23일, 15쪽; www.manifesto.or.kr.

시하고 있기 때문에 유권자가 정책의 내용과 성과를 무엇보다 구체적으로 알 수 있으며, 이는 후보자간의 정책비교가 용이하며 후보자간의 논쟁이 가능하여 정책본위의 선거가 될 수 있다.

매니페스토는 당선 후 정책의 실현에 대해 명확한 입장을 알 수 있으며, 이는 정책평가인 업적평가가 가능하여 정치행정이 성과주의로 실현될 수 있다. 특히 매니페스토는 정치인이 유권자에 대해 실행의 의무를 부담하게 되며, 매니페스토에서 제시한 정책을 실현하지 않을 경우, 이에 대한 책임을 져야 한다는 것을 의미한다.

즉 매니페스토 사이클이 형성되어 정책중심의 시민선택형 지방자치가 가능하게 된다. 매니페스토 사이클의 발상은 "Plan Do See"라든지, "Plan Do Check Action(PDCA)"이라는 통상 경영분야에서 이용되는 개념과 동일한 것으로 오랫동안 행정학 등에서도 원리처럼 간주되어온 정책의 순환(과제설정, 정책입안, 정책결정, 정책실시, 정책평가→피드백)을 구체화한 것이기도 하다(曾根泰教, 2006: 35).

〈그림 1-1〉 매니페스토 사이클

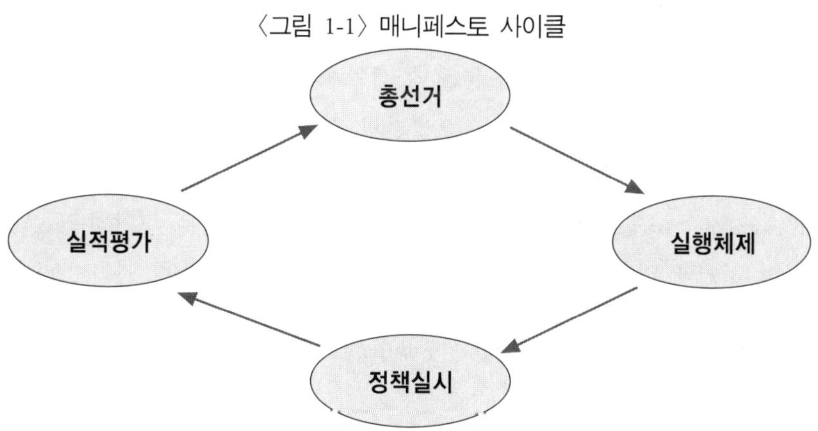

2) 매니페스토의 발전 개요

매니페스토운동은 1834년 영국에서 처음으로 선거에 도입되었다. 보수당 문헌에 의하면, 1834년 영국 보수당의 필(Robert Peel) 수상이 자신의 선거구인 영국 중부지역 탐워스(Tamworth) 선거에 처음으로 매니페스토를 제시한 것으로 알려지고 있다.[10] 따라서 약 173년 전 영국에서 매니페스토가 사용되었으며, 이는 칼 마르크스(Karl Marx)가 1848년 『공산당 선언』(*Communist Manifesto*)에서 사용한 매니페스토(Manifesto)란 용어보다도 먼저 사용된 것임을 알 수 있다.

이후 1906년 노동당이 매니페스토를 문서화하였고, 보수당과 자유당 양당도 이를 따르게 되었으며, 현재와 같은 매니페스토 스타일은 1935년 보수당 매니페스토가 시초라고 할 수 있다. 그 후 영국에서 1997년 노동당의 토니 블레어(Tony Blair) 후보는 '새로운 노동당'(New Labour)이라는 이름 하에, 또 2001년에는 '영국을 위한 야망'(Ambitions for Britain)이라는 이름 하에 선거시 대국민 약속과 함께 정권선택의 수단으로 매니페스토를 발표했다.[11] 물론 보수당도 매니페스토를 발표했으나, 노동당은 자신의 매니페스토를 통해서 선거에서 승리하였을 뿐만 아니라 정치신뢰와 정치변화를 추구, 오늘날의 영국을 이끌고 있다.

영국의 노동당은 2005년에도 "후퇴하지 않고 전진하는 영국"(Britain Forward not Backward)이란 제하에 무려 308쪽에 달하는 공약집을 발간하며 선거에 임했다.[12] 이 공약집에는 노동당이 과거 1997년과 2001년

---

10) 소네 야스노리(曾根泰教)(2006: 30); http://www.scholars.nus.edu.sg/landow/victorian/history/tamworth2.html 참조.

11) http://www.labour-party.org.uk/manifesto/1997;/2001; David Coates and Peter Lawler(eds.), *New Labour in Power*(Manchester: Manchester University Press, 2000), 참조.

12) 정형욱, 「영국 총선거와 매니페스토의 영향」, 내나라연구소 주최, "매니페스토와 정책선거 발전방안" 국제학술회의 자료집(2007년 6월 8일), 61쪽. 또한

에 공약하였던 사항이 얼마나 성공적으로 진전되고 있는가를 다루고 있을 정도로 국민과의 약속을 중요시하고 있다.

이와 같이 영국의 정치변화에 중요한 역할을 한 매니페스토가 한국과 일본에서는 정치인보다는 시민운동 차원 또는 시민운동과 연계된 차원에서 전개되어 정치권으로 파급, 선거에 영향을 주고 있다. 이는 영국과는 다른 정치문화권인 한국과 일본에서 시민사회단체(NGO)에 의해 정치권에 압력을 행사한 것이다.

영국의 선거 매니페스토에 영향을 받은 일본은 지난 2003년 중의원 선거부터 각 정당이나 유력 정치인들이 시민운동과 연계하여 매니페스토를 도입했다. 오늘날 일본에서 매니페스토에 의한 선거는 지방정치에서 상당한 정치적 파급효과를 나타내고 있다.

일본에서 매니페스토가 등장한 것은 2003년 1월 기타가와 마사야스(北川正恭) 전 미에현(三重縣) 지사의 제안에 의해 지방선거시 다수의 후보자들이 구체적인 정책 프로그램을 가지고 선거에 나서기 시작한 것이 계기가 되었다. 2003년 4월 실시된 지사선거에서 매니페스토를 주창한 많은 후보자들이 승리를 거두어 지방 매니페스토(Local Manifesto)가 유권자들에게 인식되는 계기가 되었다. 당시 14명의 후보자가 매니페스토를 공표하였고, 이 가운데 6명이 당선되었다(김영래·이현출, 2006: 71-74).

그 후 일본에서 지방 매니페스토는 가나가와현(神奈川縣)의 마쓰자와 시게후미(松澤成文) 등을 중심으로 전개되고 있으며, 이는 지방정치의 변화를 통해서 일본의 중앙정치의 변화를 추구하는 운동으로 발전하였다.[13] 마쓰자와 지사는 그의 지방 매니페스토에서 지금까지의 공약은

2001년도와 2005년도 영국 매니페스토의 개략적 내용은 같은 논문, 70-71쪽 참조.

13) 마쓰자와 지사는 2006년 2월 3일, 2007년 6월 8일 두 차례에 걸쳐 개최된 (사)내나라연구소(www.naenara.org) 주최의 매니페스토 관련 국제학술회의에 참석, 일본에서 매니페스토가 선거에 미친 영향력 사례를 발표했다.

무엇이 실현되는가도 알 수 없는 추상적인 슬로건이나 백화점식 요망사항(wish list)이라고 비판하면서 '주요정책 TRY 10'이란 매니페스토에서 총 37개의 구체적인 공약을 제시했다. 예를 들어, 범죄예방을 위해 행정직원 1,500명 감원과 경찰관 1,500명 증원 등이 그것이다.[14)]

일본에서 지방 매니페스토를 발표하여 지방선거에서 승리한 대표적인 정치인인 가나가와현의 마쓰자와 시게후미 지사는 지난 4년 동안 매니페스토를 성공적으로 수행하여 2007년 4월 8일 실시된 지사선거에서 압도적인 표를 얻어 재선되었다.[15)] 마쓰자와 지사는 2007년 지방선거시 "매니페스토 2007 가나가와의 힘 전개 선언—가나가와의 힘으로 일본을 움직인다"라는 매니페스토를 발표했다. 일본은 지방선거 이후 지난 7월 실시된 참의원선거에서도 각 정당이 발표한 매니페스토가 정책경쟁에 중요한 역할을 했다.

최근 발표된 미국, 영국, 독일의 매니페스토 연구에 의하면 이들 서구 선진국들의 선거에서 각 정당이나 후보자들이 공약으로 발표한 매니페스토는 단순히 선거용이 아니라 선거 후 실제 정책수행과정에서 약속들을 잘 지키는 것으로 나타나고 있으며, 매니페스토와 정책 사이에 높은 상관관계가 존재하는 것으로 검증되어 선거에서 매니페스토의 중요성은 더욱 부각되고 있다.[16)]

---

14) 松沢成文, 『実践 ザ・ローカルマニフェスト』(東京: 東信堂, 2005), p.149.

15) 마쓰자와 지사는 4월 지방선거에서 제2위 지사후보와 무려 150만 표 차로 승리하였음. 이에 관하여는 지난 2007년 6월 8일 개최된 내나라연구소 주최 "매니페스토와 정책선거 발전방안" 국제학술세미나 자료 참조. 이외에도 김영래·이현출(2006); 読売新聞(2005.5.21); 神奈川新聞(2005.6.7) 참조.

16) 김희민·리처드 포딩 지음(조진만·김홍철 옮김), 『매니페스토의 올바른 이해와 사용』(서울: 오름, 2007), 7쪽.

4. 한국 매니페스토운동의 특성

1) 제4회 지방선거와 매니페스토

한국에서 매니페스토 선거가 도입된 것은 2006년 5월 31일 실시된 제4회 전국 동시지방선거부터이다. 2006년 2월 1일 서울에서 지방의제21전국협의회, 경실련경기도협의회, 볼런티어21, 열린사회시민연합, 전국장애인단체 총연합회 등 10개의 시민사회단체가 주축이 되어 '531 스마트 매니페스토 정책선거 추진본부'가 발족한 것이 하나의 전환점이 되었다.[17)]

물론 지난해 2월 1일 매니페스토추진본부 출범 이전에도 선거에 정책선거를 도입하자는 매니페스토 적용문제가 논의되었지만, 그것은 극히 소수였고 또한 정치권으로부터 큰 반응이 없었다. 그동안 각종 선거시 주요 시민사회단체들이 정책경쟁을 통한 선거문화의 창출을 제안하였지만 정치권이나 언론의 반응은 크지 않았다.[18)]

따라서 지난해 매니페스토가 시민운동 차원에서 한국에 소개된 이후 정치·사회를 비롯하여 언론계, 학계, 일반 유권자가 매니페스토에 보여준 관심은 대단하다. 특히 2006년 3월 16일 중앙선거관리위원회가 '531 스마트 매니페스토 정책선거 추진본부'와 같이 열린우리당, 한나라당, 민주노동당, 민주당, 국민중심당과 매니페스토 정책선거 협약식

17) www.manifesto.or.kr 참조. 한편 동 단체는 2007년 2월 1일 '한국매니페스토실천본부'로 명칭을 변경·개편되었음.

18) 2005년 9월 12일 필자는 서울 프레스센터에서 개최된 피플 퍼스트 아카데미(People First Academy)의 창립총회 기념 학술회의에서 2006년 지방선거에서 정책선거의 일환으로 매니페스토 도입을 주장하였음. 김영래, 「위기의 한국정치와 해결과제」, "피플 퍼스트 아카데미 창립총회기념 학술대회 자료집"(2005. 9.12) 참조. 지난 2006년 2월 1일 매니페스토추진본부 창립 이전에는 인터넷에서 '매니페스토'를 검색하면 불과 10여 건도 되지 않을 정도로 관심이 미미했다.

을 거행함으로써 정치권이 공식적으로 매니페스토를 도입하였다.

그 후 매니페스토추진본부는 3월 중순부터 지방선거에 출마하는 후보자들을 대상으로 매니페스토를 선거에 도입하겠다는 개별적인 협약 절차를 진행하였으며, 동시에 후보 예정자를 중심으로 매니페스토 아카데미를 개최하여 후보자에 대한 매니페스토 인식을 제고하는 데 중점을 두었다.

또한 중앙선거관리위원회는 선거관리 초기부터 5·31지방선거가 정책으로 경쟁하는 선거의 출발점이 될 수 있도록 다양한 방안을 모색하던 중 시민운동 차원에서 매니페스토운동이 전개되고 있음에 유의하여 이를 매니페스토정책선거추진본부와 공동으로 추진하였다. 이의 확산을 위해 후보자와 정당의 참여를 끌어내는 데 주력하면서 각급 선거 후보자를 대상으로 매니페스토 정책선거 실천협약을 이끌어냈다. 또한『매니페스토 실천가이드 북』을 발간하는 등 매니페스토운동 확산을 지원하였다.[19)]

이와 같은 지방선거에서의 매니페스토 도입과정을 거쳐 각 정당이나 후보자들은 선거공약을 매니페스토라는 이름 하에 발표하였으며, 이를 선관위에 보고함은 물론 '531 스마트 매니페스토 정책선거 추진본부'에도 자료를 제출하여, 이를 토대로 평가단을 구성하고 후보들의 매니페스토를 분석하여, 그 평가 결과를 발표하였다.

매니페스토추진본부는 지난해 5월초 평가지표를 확정, 교수와 시민단체운동가 등 35명으로 구성된 평가단을 구성하여, 서울시장 후보를 비롯한 광역단체장 후보, 기초자치단체장 후보들의 매니페스토 평가결과를 발표하였다. 매니페스토추진본부는 출범 초기부터 지역네트워크를 형성하여, 분권적 운영을 표방하며 평가도 지역 단위로 수행했다. 당시 전국적 차원에서 총 384개의 단체가 이 운동에 동참했다. 또한 광

19) 중앙선거관리위원회는 매니페스토에 대한 한글 이름을 위한 공모를 통하여 '참공약 선택하기'로 번역하여 매니페스토와 같이 사용하고 있음.

역 차원에서 12개(인천, 대전, 충남, 광주 제외) 지역, 그리고 기초 차원에서 20개 지역에 네트워크가 결성되어 있다. 이 중에서 자체적으로 평가활동을 진행한 지역은 광역 9개, 기초 10개 지역이다.

한편 한국매니페스토추진본부 이외에도 참여연대, 경실련 등은 '2006지방선거시민연대', '531정책선거유권자운동본부' 등을 조직하여 '막개발 헛공약', '과대포장 선심성 헛공약'을 선정해 발표함으로써 정책경쟁을 유도하는 운동을 전개했다. 이외에도 각 신문사 등은 시민사회단체와 연대하여 과거와는 달리, 선거시 정책선거를 유도하는 운동을 전개해 선거문화 변화를 추구하였다.

2) 한국 매니페스토운동의 특징

한국에서 제4회 지방선거 때 시민운동 차원에서 전개된 매니페스토운동은 과거 영국이나 일본에서 전개된 매니페스토운동과는 다른 특징을 가지고 있는데, 이를 비교하면 다음과 같다.

첫째, 한국의 매니페스토운동은 과거 시민사회가 행하였던 네거티브 캠페인(negative campaign)인 낙선운동과 다르게 포지티브 캠페인(positive campaign)으로 전개된 것이다. 영국에서는 정치권에서 정치인 스스로의 자각에 의해 매니페스토운동이 전개된 것과는 다른 양태이다. 특히 한국에서 매니페스토운동은 낙천·낙선운동 이후 시민사회가 새로운 운동을 모색하던 시기에 등장, 시민사회의 새로운 선거참여양식으로 도입되었다.

둘째, 한국의 매니페스토운동은 외국과는 달리 언론의 전폭적인 지원하에 확산되었다. 특히 새로운 시민운동의 방향을 모색하던 언론은 후보자에 대한 정책평가를 위한 다양한 기법 등을 개발하여 매니페스토운동과 유사한 방식의 평가를 함으로써 정책선거를 만드는 데 기여하였다. 예를 들어, 중앙일보, 동아일보 등 각 언론사는 'SMART-SELF',

'SMART-PERSON', 'FINE', 'PRIDE', 'CHARM' 등의 여러 가지 지표를 개발하여 평가작업을 했으며, 이는 유권자들로부터 선거에 대한 상당한 관심을 유도했다.[20]

셋째, 한국형 매니페스토운동은 일본과 달리 새로운 거버넌스(governance)의 형태로 시민단체, 선관위, 언론이 공동으로 캠페인을 전개하였으며, 정당도 중앙당 차원에서 협약식을 거행하면서 이 운동에 동참했다. 특히 중앙선관위가 선관위 차원에서 정당과 후보자들에게 매니페스토 방식에 의한 선거공약을 작성토록 하여 빠른 속도로 정치권에 파급되었다.

넷째, 매니페스토운동이 각 지역별로 네트워크가 형성되어 전개되었다. 이는 한국 시민사회가 2000년 총선시 전개한 낙선운동과 유사한 운동방식이다. 일본의 경우, 전국 단위보다는 지역별로 독자적으로 전개되었다. 지난해 한국에서의 매니페스토운동은 전국적으로 384개 단체가 참여하여 활동했다.

다섯째, 한국의 매니페스토운동은 새로운 시민사회운동의 브랜드로 등장하여 지방선거, 대통령선거뿐만 아니라 대학총장 선거, 각급 학교 선거, 공직사회의 의식개혁운동으로까지 파급되어 매니페스토운동을

20) 예를 들면, 중앙일보는 한국매니페스토정책선거추진본부와 'SMART-SELF' 방식으로, 동아일보는 한국의회발전연구회와 'FINE' 지표 개발을 통해 후보자의 공약을 평가했다. 매니페스토추진본부의 SMART 지표의 S는 구체적(Specific), M은 측정가능하며(Measurable), A는 달성가능하며(Achievable), R은 정책이 타당하며(Relevant), T는 시간계획이 포함된(Timed) 것이며, SELF는 지방선거의 특색을 최대한 반영하기 위한 것으로, 즉 유권자들과 함께 지속성(S-Sustainability), 자치력 강화(E-Empowerment), 지역성(L-Locality), 책임 있는 후속조치(F-Following)를 의미함. 한편 동아일보의 'FINE'은 실현성(F-Feasibility), 반응성(IN-Interactiveness), 효율성(E-Efficiency)을 나타내고 있음(『동아일보』 2006년 4월 11일자). 이외에 각 언론사나 시민단체에 의해 'SMART-PERSON', 'PRIDE', 'CHARM' 등 여러 지표를 개발하여 평가작업을 하였다. 'PRIDE'는 실적(Performance), 책임성(Responsibility), 청렴성(Integrity), 민주지향성(Democracy-orientation), 열정(Enthusiasm) 등을 의미함.

통한 시민의식의 변화가 추구되고 있다. 예컨대, 2006년 5월 11일 실시된 서울대학교의 총장 후보 결선투표가 실시되었는데, 동선거에서 매니페스토를 도입하여 총장 후보 공약으로 제시한 후보가 결선투표에서 최종후보로 선출·추천되어 총장에 임명되었다.[21)]

이러한 매니페스토운동 방식에 대한 한국과 외국과의 차이는 정치적 전통의 특성, 정치체제의 상이성, 시민사회 발전과정의 환경적 차이와 행동양식의 차이, 정치에 대한 시민의식 등등에서 찾아볼 수 있다. 특히 한국 시민사회가 보여준 2000년 총선시 전개한 낙천·낙선운동 경험과 급속하게 변화하는 한국 정치·사회의 역동성은 매니페스토 전파에 큰 역할을 하였다.

5. 대통령선거와 매니페스토운동

1) 당내 경선의 문제점

정당의 정체성(identity)이 확립되어야 하는데, 최근 대선에서 전개되고 있는 경선, 정당 통합, 대선 후보 단일화 논의 등을 보면 당의 이념이나 후보자의 정치철학, 국가 비전보다는 임박한 대통령선거의 승리라는 권력추구 목표에만 맞추어져 있다. 따라서 이런 상황에서 이루어지는 정치행태는 선거 후 또 다시 정당이 분열되는 악순환을 거듭하게 될 것이다. 그리고 이는 한국정치가 아직도 후진적인 요소를 탈피하지 못하고 있음을 보여준다.

당의 정체성은 정당의 생명이다. 이는 정당이 추구하는 이념지향성을 의미하기 때문에 정당의 목표나 비전의 형태로 나타나며, 다른 정당과

21) 서울대 총장 후보 결선투표에서 최고득표를 하여 총장으로 임명된 공대 이장무 교수의 홈페이지(http://leejm.cybering.co.kr/manifesto.htm) 참조.

의 차별성을 나타내는 것이기 때문에 당의 조직기반이나 발전방향과 밀접하게 연계되어 있고, 이를 통해 정당정치가 제도화되는 것이다.

하지만 우리의 정당이나 정치인들은, 국민은 안중에도 없고 오로지 권력만을 추구하고, 당리당략, 이기주의, 지역주의, 감상주의만이 정치권을 지배하고 있다. 선진국의 경우, 보통 1년 전부터 각 정당이 당내 경선을 실시하여 유권자로 하여금 정당과 후보자의 선거공약을 충분히 검증할 수 있도록 하고 있으나, 우리나라의 경우 일부 주요 정당이 대선을 불과 2~3개월 남겨놓은 시점까지도 대선 후보자를 선출하지 못했다는 것은 유권자를 무시하는 정치권의 횡포이다.

다음 〈표 1-1〉과 〈표 1-2〉에서와 같이 1987년 이후 실시된 대통령선거시 당내 경선이나 전당대회를 통한 대선 후보자 선출일자를 살펴보면, 당내 경선이 제도화되어 있지 못하거나 이합집산에 의한 신당 창당으로 과거 선거에 비해 상당히 늦어졌으며, 이는 현재 정치권이 유권자들에게 충분한 정치적 서비스를 못하고 있는 것으로 볼 수 있다.

〈표 1-1〉 제17대 대통령선거 당내 경선 개요

정당	후보자명	당내 후보자 선출일	경선방법	비고
대통합 민주신당	정동영	2007.10.15	국민참여 경선	손학규, 이해찬 경선 참여
한나라당	이명박	2007.8.20	국민참여 경선	박근혜, 홍준표, 원희룡 경선 참여
민주노동당	권영길	2007.915	당원제한 경선	노회찬, 심상정 경선 참여
민주당	이인제	2007.10.16	국민참여 경선	김민석, 장상 경선 참여
국민중심당	심대평	2007.10.10	당원제한 경선	단독후보
창조한국당	문국현	2007.11.4	당원제한 경선	단독후보

〈표 1-2〉 최근 역대 대통령선거 당내 경선 개요

구분	정당	후보자	당내 후보자 선출일	본선 득표율	비고
第14대 (1992.12.18)	민주자유당	김영삼	1992.05.19	41.4%	이종찬 후보 경선 포기
	민주당	김대중	1992.05.26	33.4%	이기택 후보와 경선
	통일민주당	정주영	1992.05.15	16.1%	경선에 단독 출마
第15대 (1997.12.18)	신한국당 (한나라당)	이회창	1997.07.21	38.7%	이인제 후보와 경선
	새천년 민주당	김대중	1997.05.19	40.3%	자민련(김종필)과 연합
	국민신당	이인제	1997.11.04	19.2%	1997.9.13 신한국당 탈당
第16대 (2002.12.19)	한나라당	이회창	2002.05.10	46,6%	최병렬 등이 경선에 참여
	새천년 민주당	노무현	2002.04.27	48.9%	11.24 정몽준과 단일화 합의
	민주노동당	권영길	2002.09.08	3.9%	단독출마

또한 대선 후보자들이나 각 정당이 유권자의 지지를 받으려면 허위 사실 유포나 구체성 없는 공약을 남발하기보다는 실현가능한 수치까지 포함된 국민들이 믿을 수 있는 매니페스토를 통한 정책을 제시, 경선에서부터 정정당당한 정책경쟁을 해야 하는데 오히려 네거티브 전략만이 성행했다.

여하튼 이번 선거과정의 주요 특징들을 살펴보면 다음과 같이 정리될 수 있을 것이다.

첫째, 정책보다는 네거티브 캠페인이 주를 이루었다. 수 차례의 정책토론이 있었으나 경제문제·남북문제·교육문제·사회복지문제와 같은 주요 정책에 대한 토론이 미흡했다.

둘째, 당의 정책에 대한 토론이 없었다. 후보자들은 자신들의 정책만 주장했지 소속정당의 정책기조와 관련된 정책토론이 없었다. 당의 정책과 후보자의 공약이 상이한 사례도 많다.

셋째, 경선 룰에 대한 일관성이 없었다. 경선 룰이 후보자의 입장에 따라 변동되면서 당의 경선원칙에 대한 일관성이 유지되지 못했다. 심지어 경선이 중간에 중단되어 룰 자체를 변경하는 사례도 있었다.

넷째, 경선자금 등 정치자금에 대한 투명성이 제기되지 못했다. 각 정당의 후보자들이 선거자금의 투명성을 주장하면서도 실제로는 이에 대한 자료를 제대로 밝히지 못했다.

다섯째, 당 지도자들의 공정하지 못한 정치행태이다. 당 지도부의 주요 인사들이 경선 캠프에 직접 참여하여 당 지도부가 중립성을 유지하는 데 문제가 있었다. 즉, 지도부 자체가 당의 경선관리에 문제점을 드러냈다.

여섯째, 경선이 구태의연한 조직선거·동원선거로 실시되었다. 이름만 국민경선이지 불과 20% 전후의 선거인단 투표참여율을 가지고 국민경선의 진정한 의미를 찾기 어렵다.

이러한 이유로 각 정당의 대선 후보자 선출을 위한 경선에 대한 국민적 비판이 많다. 심지어 유령 콜센터 운영, 대통령 명의도용, 차떼기 동원 등과 같은 불법사례행위로 경선이 일시중단되는 사태까지 발생, 국민참여 경선의 실효성은 물론 정당정치의 발전에 대한 평가에서도 의문이 제기되었다.

2) 정당정치의 위기

민주정치발전이란 정당정치의 제도화를 의미한다. 정치제도화(political institutionalization)는 조직이나 절차가 가치와 안정성을 갖게 되는 과정으로 적응성(adaptability), 복합성(complexity), 자율성(autonomy) 및 응결성(coherence)의 정도에 따라 평가되고 있는데(Huntington, 1968: 8-38), 현재 한국의 정당정치는 제도화 차원에서 오히려 후퇴하고 있다.

정당은 이익집단 등과 더불어 중요한 정치행위자(political actor)로서

민주정치의 생명선이라고 할 정도로 자유민주주의 정치질서형성에 있어 가장 주요한 역할을 하고 있다. 정당은 유사한 이념이나 정책을 가진 결사체로서 특히 자유민주주의 정치체제 유지에 근간이 되는 선거과정에서 유권자들이 선호하는 정책을 제시하는 정당을 선택함으로써 공공정책결정과정에 기여하고 있다는 원론적인 정당의 개념을 원용하지 않더라도 민주국가에서 정당정치의 중요성은 재삼 논의할 필요가 없다.

한국의 정당들은 대체로 정치제도화의 수준이 낮다. 우선 한국 정당들은 환경 도전에 대한 적응력이 매우 취약하여 명멸과 부침이 심하며, 정당의 연륜이 대체로 짧다. 해방 이후 수백 개의 정당이 명멸했으며, 정당의 수명이 정권이나 정치지도자의 수명에 의존하는 경우가 허다했다. 과거의 경우, 고도의 억압적 권위주의체제 하에서 정당의 자율성은 크게 훼손되었다.

또한 당원들은 당보다 특정 지도자나 파벌에 대한 충성심이 강했으며, 고질적인 지역패권주의, 파벌정치가 만연하여 당의 응집력이 크게 약화되었다. 또한 행정부 우위의 정책결정구조로 인해 정당의 역할이 점차 저하되고 있다. 더구나 최근에는 정치의 중심이 정당이 아니라 시민사회단체 및 유연자발집단이라는 영향력 정치의 주체 쪽으로 무게중심이 이동하고 있다.[22] 이러한 복합적인 요인들은 한국 정당정치를 위기상황으로 몰아가고 있다.

특히 노무현 정부 출범 이후 정당정치의 제도화가 더욱 문제시되고 있다. 최근까지 집권 여당이었던 열린우리당의 경우, 2002년 대통령선거에서 승리한 민주당을 깨고 제4세대 정당이란 이름 하에 창당되었으

22) 유연자발집단이란 노사모, MB연대, 박사모와 같이 특정 정치인을 지지하는 조직으로, 유연성(flexibility)을 가지고 오프라인에서 정치, 경제, 사회, 문화 등 제반영역에 대한 넘치는 욕구와 문제제기로부터 출발한다. 온라인 공간을 매개로 구성된 탈근대 지식정보사회의 새로운 사회조직형태를 의미함. 조대엽, 『한국의 사회운동과 NGO』(서울: 아르케, 2007), 274-287쪽.

며,[23] 열린우리당 창당의 주창자들은 창당 당시 신당의 의미라는 토론회를 통하여 한반도의 평화정착, 지역할거주의 해체, 정치개혁, 사회개혁과 언론 정상화를 제시하며, 신당은 기존의 정당과 다른 지향점을 가진 이념과 정치노선, 정체성을 제시해야 한다고 주장했다.[24]

이러한 창당 이념을 가지고 열린우리당이란 이름 하에 노무현 정부의 여당으로 등장한 집권당은 2004년 4월 총선에서 탄핵 바람으로 인해 민주화 이후 처음으로 과반수 의석을 차지하는 정당이 되었다. 특히 많은 정치 신인들이 등장하여 한국 정치발전은 물론 국가발전에 새로운 바람을 일으킬 것으로 기대되었다. 그러나 열린우리당은 국민들의 기대를 저버리고, 많은 실정을 범함에 따라 정치적 지지층의 이탈과 함께 심각한 위기에 빠지고 만다. 이에 범여권은 열린우리당 중심으로 일부 시민사회세력, 구 민주당 탈당파, 그리고 손학규 전 경기지사 등이 중심이 되어 '대통합민주신당'이라는 이름 하에 합당선언을 하고, 이어 8월 18일 열린우리당 전당대회를 거쳐 지난 8월 20일 합당 수임기구 합동회의에서 최종 결의함으로써 원내 143석의 제1당이 다시 되었다.

1백년을 가겠다는 다짐을 하면서 창당한 열린우리당은 불과 3년 9개월 만에 역사 속으로 사라졌다. 대통합민주신당은 지난 10월 15일 대선 후보로 정동영 전 대표를 결정했지만, 정당의 정책이나 정체성에 대해 많은 비판이 제기되었다. 45개월 동안 당의장이 무려 10차례나 교체된 것도, "도로 열린우리당"이니 하는 우여곡절 끝에 또 다시 제1당으로 창당된 것도, 역시 한국정당이 제도화되지 못했음을 반증하고 있는 것이다.

2007년 8월 문을 닫은 열린우리당은 한국정치의 새로운 실험이라는 명분 하에 정당활동을 했으나, 창당 3년 9개월 만에 당이 해체되었다. 〈표 1-3〉의 열린우리당 약사를 보면, 그 동안 정당정치 제도화에 기여

23) http://chosun.com/politics/news/200305052609.

24) http://www.presian.com/20030510.

하지 못했음을 알 수 있다.

〈표 1-3〉 열린우리당 약사

년	월일	주요 내용
2003	11.11	열린우리당 창당(의원 47명)
2004	1.11	정당대회, 정동영 의장 선출
	4.15	제17대 총선, 152석 당선
2005	10.26	국회의원 재선거 4곳 패배
	10.28	당 지도부 총사퇴
2006	5.31	지방선거 패배, 광역 16개 지역 중 전북지사 당선
	12.28	정동영·김근태 독자적 신당 합의
2007	2. 6	김한길 의원 등 23명 집단 탈당
	2.28	노무현 대통령 탈당
	7.12	김근태 전 의장 탈당
	7.18	정동영 전 의장 탈당
	7.24	원내 제3당으로 전락
	8.18	전당대회에서 대통합민주신당과 합당 결의
	8.20	대통합민주신당과 열린우리당 합당 서명 원내 제1당으로 복귀

민주당은 한때 열린우리당 탈당파와 지난 6월 27일 '중도통합민주당'이란 이름으로 새로 창당했으나, 열린우리당 탈당파가 다시 탈당하여 '대통합민주신당'에 합류하는 바람에 다시 미니 정당이 되었다. 이인제, 조순형 등 몇몇 정치인이 대선 예비후보로 경쟁하면서 새삼 전열을 정비하고 경선을 실시하여 이인제 후보를 선출했다.

그런데 이들 양당에서 실시한 국민경선은 투표참여율이 너무 저조하여 국민참여 경선으로서의 의미가 퇴색되었다. 또한 모바일 투표, 일반유권자를 대상으로 실시한 여론조사에 의한 지지율 계상 등이 과연 한국의 정당정치발전에 얼마나 기여하고 있는가에 대한 평가도 다양하다.

3) 제17대 대통령선거와 매니페스토운동

대통합민주신당과 한나라당을 비롯한 각 정당들이 이미 수 차례에 걸쳐 이번 대선을 매니페스토에 의한 정책선거를 하겠다고 공언했음에도 실제로 이를 경선부터 적용하지 않아 정책경쟁의 의미가 퇴색했다. 하지만 어쨌든 2007년 10월 19일 국회 대회의실에서 중앙선거관리위원회와 한국매니페스토실천본부는 주요 정당의 대선 후보자 및 선거대책위원장들과 제17대 대선을 매니페스토에 의한 정책선거로 이끌기 위해 매니페스토 협약식을 거행했다.[25)]

한국매니페스토실천본부가 개발한 '대선 매니페스토의 기본요건'에는 첫째, 총론으로서 대한민국의 비전, 중단기 추진전략, 5년간의 예산총계표, 5년간의 공약추진일정표가 있다. 둘째, 분야별 공약으로 정책목표, 추진일정, 예산계획이 있으며, 셋째, 핵심 20대 공약에는 정책의 배경, 정책의 목표, 추진일정, 비용 및 실현수단(예산내역, 법규변경의 여부) 등이 포함되어 있다.[26)]

또한 지방선거뿐만 아니라 대통령선거, 국회의원선거에서도 일본 등과 같이 후보자와 정당이 선거공약을 매니페스토 양식으로 작성하는 것을 선거법에 규정하도록 하는 선거법 개정안을 제출했으나, 아직 국회가 이를 개정하지 못하고 있다.[27)] 이 개정안에는 본선은 물론 경선에

---

25) 매니페스토 협약식 초청자는 정치자금법에 의해 국고보조금을 지원받는 정당에 한하였다. 동협약식에는 대통합민주신당 정동영 후보, 한나라당 안상수 선대위원장, 민주노동당 문성현 선대위원장, 민주당 이인제 후보, 국민중심당 심대평 후보, 참주인연합 정근모 후보, 중앙선관위 고현철 위원장, 그리고 한국매니페스토실천본부를 대표하여 필자가 참석했다. 한편 문국현 창조한국당 후보는 당시 정당이 창당되지 않아서 별도로 10월 26일, 한국매니페스토실천본부 강지원·김영래 상임공동대표와 여의도 소재 렉싱톤 호텔에서 매니페스토 협약식을 가졌다.

26) 한국매니페스토실천본부, 「제17대 대선 매니페스토 기본 형식 개발을 위한 2차 토론회 자료집」(2007년 5월 11일), 16-33쪽.

참여하는 예비후보자도 매니페스토 형식의 정책공약집을 발간할 수 있도록 규정하고 있다.

우리는 그동안 수 차례의 대통령선거에서 유권자가 후보자나 정당의 정책보다 감성적 호소나 기준에 의해 투표함으로써 국가발전에 상당한 어려움을 겪었다. 또한 중요한 선거공약이 투표일 불과 수 일 전에 발표되어 검증과정도 없이 유권자들에게 전달되어 투표에 영향을 미침으로써 실제로 당선 후 공약실천에 있어 어려움은 물론 막대한 국가의 재정적·사회적 손실이 발생한 사례가 많았다.

제16대 대통령선거의 경우, 당시 노무현 후보가 공약한 사업을 구체적인 자금으로 환산가능한 것만 계산해도 최소 약 140조가 되어 2003년도 일반회계의 1.3배이며, 이회창 후보의 경우 약 150조로서 1.4배가 되고 있다는 사실은 당시 공약이 예산의 뒷받침이 없는 허구의 공약임을 알 수 있다.[28)]

선거에서 후보자나 정당들은 좋은 정책, 책임 있는 정책을 내놓아야 하며, 유권자는 지연, 학연, 혈연, 금권이 아닌 정책에 의한 올바른 선택을 해야 하지만, 지금까지 후보자나 정당은 물론 유권자도 정책을 소홀히 하고 네거티브 캠페인이 전개되어 대통령선거 후 국정운영에 상당한 차질을 가져왔다.

매니페스토는 이벤트성이나 허황된 실현성 없는 공약이 아닌 구체적이고 적실성이 있으며, 정책의 우선순위까지 적시되어 유권자에게 일종의 계약으로 제시된 정책이다. 매니페스토를 선거에 도입하게 되면, 정치문화, 선거문화를 질적으로 향상시킬 수 있을 뿐 아니라 국가발전에 획기적인 전기를 맞을 수 있다. 지난해 지방선거에서는 지방선거의

27) 매니페스토와 관련된 공직선거법 개정안은 2007년 2월 8일 의안번호 제6076호로 제출되었음. 2007년 8월 28일 국회 정치개혁특위에서 대선에 매니페스토를 적용하기로 여야간에 합의하였다고 함. 매니페스토 공약집은 총 32면으로 발간될 예정임. 그러나 이 합의에도 국회의원에 대한 적용은 제외되었음.

28) 한국매니페스토실천본부 토론자료(2007), 25쪽.

특성을 감안하여 앞에서 기술한 바와 같이 스마트-셀프(SMART-SELF) 지표에 따른 매니페스토 정책선거를 추진했다.

유권자들은 2007년 12월 19일에 실시된 대통령선거가 과거와는 달리 매니페스토에 의한 정책경쟁이 되기를 절실히 기대했다. 중앙선거관리위원회는 지난해 매니페스토운동을 전개한 한국매니페스토실천본부와 함께 2007년 2월 1일 '대선 매니페스토 물결운동 선포식'을 거행, 각 정당과 대선 예비후보자들이 경선과정부터 매니페스토에 의한 정책경쟁이 되도록 강력한 캠페인을 전개했다. 그러나 경선이 정책에 대한 공방보다는 상대방에 대한 네거티브 캠페인에 주력하여 유권자들에게 실망을 안겨주었다.

네거티브 캠페인은 미국 등과 같은 선진국가에서도 선거시 선거전략의 일환으로 자주 사용되고 있다.[29] 그러나 이는 상대방에게 치명상을 입힐 수 있으나, 자신에게 부메랑으로 돌아와 돌이킬 수 없는 상처를 남기면서 정당이나 정치인에 대한 부정적 이미지를 유권자에게 확산시킬 우려도 있다. 최근 각 정당의 경선 전개과정에서 나타나고 있는 네거티브 캠페인에 대하여 부정적 여론이 확산되고 있는 것도 이를 반증하고 있다.

한국매니페스토실천본부는 제17대 대선을 정책선거로 만들기 위해 제17대 대선 매니페스토 평가단을 구성하여 후보자와 정당이 발표하는 매니페스토에 대한 평가를 위한 활동을 전개했다. 또한 대선 매니페스토 기본형식 개발을 위한 토론회 등을 통해서 과거 대통령선거 때 행해졌던 '깜짝 공약', '선심성 공약' 등에 대한 문제점을 국민들에게 부각시켰다.[30] 그리고 그동안 정치권에 대하여 선거법 개정 운동을 전개,

29) 커윈 C. 스윈트 저(김정욱·이훈 옮김), 『네거티브, 그 치명적 유혹』(서울: 플래닛미디어, 2007) 참조.

30) 한국매니페스토실천본부, 『제17대 대선 매니페스토 기본형식 개발을 위한 2차 토론회 자료집』(2007년 5월 11일) 참조.

대선 때 매니페스토를 의무적으로 발표하도록 국회 정치개혁특위를 대상으로 입법활동을 전개하고 있다.

한편 참여연대, 환경운동연합, 여성민우회 등을 주축으로 구성된 '2007 대선시민연대'도 2007년 8월 23일 발족하여 '정책검증, 제안, 철회운동' 등을 전개하고 있다. 특히 과거 2002년 대선 때 전개되었던 연대활동을 강화하면서 이번에는 정책철회운동을 전개하고 있다.[31)]

6. 결론: 새로운 패러다임의 정치

2007년 대통합민주신당, 한나라당, 민주노동당, 민주당, 국민중심당, 창조한국당 등 주요 정당에서 대선을 둘러싸고 전개되었던 경선과정, 정당통합논의, 대선 선거운동 등을 살펴보면 아직도 한국정치가 후진적인 요소를 탈피하지 못하고 있어 정치선진화가 필수적임을 알 수 있다.

국민에게 희망을 주는 정치인을 대선 후보로 당내에서 선출하기 위해 당내 경선 때부터 후보자들에게 매니페스토를 의무적으로 작성토록 하여 정책경쟁을 해야 되는데, 현실은 그렇지 못했다. 더구나 대통령선거가 수 주일밖에 남지 않은 상황에서 특별한 정책에 대한 준비도 없이 대선에 출마하는 상황까지 전개되었다. 특히 이회창 전 한나라당 총재는 대선을 불과 42일 앞둔 2007년 11월 7일 무소속으로 전격 출마 선언을 하여 제17대 대선을 더욱 혼미하게 만들었다.

최근 경제사정의 악화, 양극화 현상의 심화, 북한 핵실험에 따른 안보문제, 공교육의 붕괴로 인한 사교육비의 과도한 지출, 저출산·고령화 문제 등등 이루 헤아리기 어려운 많은 국가적 민생과제들이 방치된 상태로 표류하고 있다. 이러한 국가적 민생과제들이 산적해 있지만 정치

31) 『시민사회신문』(2007.8.20).

의 중심인 정당이나 대선 예비후보자들은 이에 대한 해결책을 제대로 제시하기는커녕 오로지 단기 전략에 의한 대선 승리, 그리고 2008년 총선에만 온 힘을 다하고 있기 때문에 국민들의 정치에 대한 불신이 극도로 심화되고 있다. 이는 범여권뿐 아니라 야당들도 마찬가지이다.

정당과 정치인은 시대의 변화에 따라 국민들에게 새로운 미래에 대한 비전을 제시해야 된다. 기존의 낡은 패러다임으로 정치를 해서는 국민들로부터 지지를 받을 수 없다. 현재와 같이 극단의 경쟁인 제로 섬(zero-sum) 게임이 아니라 상호 승리할 수 있는 윈윈(win-win)의 정치가 경선과정은 물론 대선 캠페인까지 이루어져야 한다.

새로운 정치 패러다임은 정당 내에서부터 시작되어야 한다. 정당은 낡은 이념적 굴레나 구태의연한 사고에 얽매여서는 안 된다. 실사구시적 실용주의에 입각하여 국민들의 삶의 질을 향상시킬 수 있는 통합적 리더십을 구현하는 정치를 해야 한다. 새로운 패러다임에 의한 미래의 비전 제시를 통해 공포의 균형이 아닌 희망의 균형을 주는 정치를 해야 한다. 정당 내에서부터 상호불신과 질시에서 벗어나 타협과 조정의 정치력을 발휘, 정책을 통한 건전한 경쟁구조에 의한 정당정치를 추구함으로써 국민들로부터 정치적 신뢰를 회복해야 할 것이다.

새로운 패러다임에 의한 정당정치의 구현은 한국정치발전은 물론 국가발전을 위한 시대적 과제이다. 향후 각 정당이나 대선 후보자들은 총선과 대통령선거에서 과거와 같은 지역 패권주의나 네거티브 캠페인이 아닌 뉴 패러다임에 의한 책임 있고 신뢰할 수 있는 실사구시(實事求是)에 의한 매니페스토를 제시, 선거를 국민에게 희망을 주는 정책경쟁의 장으로 만드는 새로운 모습의 정치를 보여주어야 한다.

■ **참고문헌**

강원택, 2003,『한국의 선거 정치』, 서울: 푸른길.

김영래, 2007,「민주주의와 시민사회 가치의 재정립」,『NGO연구』 제5권 제1호.

김영래·이현출, 2006,『매니페스토와 지방선거』, 서울: 논형.

김영래·윤형섭·이완범, 2006,『한국정치, 어떻게 볼 것인가』, 서울: 박영사.

김용호, 2001,『한국정당의 이해』, 서울: 나남.

김희민·리처드 포딩, 2007,『매니페스토의 올바른 이해와 사용』, 서울: 오름.

윤정석 외 공저, 1996,『한국정당정치론』, 서울: 법문사.

이갑윤, 1997,『한국의 선거와 지역주의』, 서울: 오름.

이남영, 1993,『한국의 선거』, 서울: 나남.

이정복 외 공저, 1998,『한국정치의 민주화』, 서울: 법문사.

이현출, 2006,『매니페스토와 한국 정치개혁』, 서울: 건국대 출판부.

황아란, 2006,「정당경쟁과 한국 지방선거의 구조화」,『한국과 국제정치』 22: 2.

내나라연구소, 2006,『지방선거와 정치발전에 관한 비교국제학술회의 자료집』.

───, 2007,『매니페스토와 정책선거 발전방안 국제학술회의 자료집』.

한국매니페스토실천본부, 2007,『제17대 대선 매니페스토 기본형식개발을 위한 토론회 자료집』.

한국정치학회, 2007,『2007년 대통령선거와 한국정치』.

神吉信之, 2005,「マニフェスト型公開討論会への取り組み」, 第2回ローカルマニフェスト検証大会 発表資料, 11月 19日.

金井辰樹, 2003,『マニフェスト: 新しい政治の潮流』, 東京: 光文社新書.

佐々木毅, 2004,「政権公約デビューから定着の10年へ」,『中央公論』3月号.

松沢成文, 2005,『実践　ザ・ローカルマニフェスト』, 東京: 東信堂.

北川正恭, 2004,『生活者起点の行政革命』.

曾根泰教, 2006,「日本地方選挙導入政治変化」, (사)내나라연구소·한국정당학회 주최 "지방선거와 정치발전에 관한 한·일 비교세미나" 발표논문.

───, 2005,『衆議院選挙制度改革の評価』, 日本選挙学会 選挙研究 20.

UFJ総合研究所国土地域政策部, 2004, 『ローカル・マニフェストによる地方のガバナンス改革—自治体が変わる、地域も変わる』.

四日市大学地域政策研究所, 2003, 『ローカル・マニフェストー政治への信頼回復をめざしてー』.

Budge, I., D. Klingemann, 2001, *Mapping Preferences: Parties, Electors, and Governments, 1945-1998*, London: Oxford University Press.

Huntington, Samuel P., 1991, *The Third World: Democratization in the Late Twentieth Century*, Norman: University of Oklahoma Press.

Lijphart, Arent, 1994, *Electoral Systems and Party Systems*, Oxford: Oxford University Press.

Neuman, Sigmund, 1956, *Modern Political Parties*, Chicago: The University of Chicago Press.

Webb, Paul, 2000, *The Modern British Party System*, London: SAGE.

2장

매니페스토운동의 평가와 과제

5·31지방선거를 중심으로

김 욱*

1. 서론

매니페스토운동은 지난 2006년 5·31지방선거를 계기로 한국에 처음으로 도입되었다. 물론 정치학적으로 볼 때 이 운동의 가장 커다란 목적은 한국의 선거문화, 나아가 정치문화를 바꾸어보자는 것이다. 이 운동은 지난 2000년과 2004년 총선 당시 시민단체에 의해 주도되었던 낙천·낙선운동과 달리 건설적이고 긍정적인 측면에서 시민사회가 선거에 개입했다는 점에서 높은 평가를 받았다. 그러나 처음으로 도입되었기 때문에 여러 가지 문제점도 지적되고 있다.

이 글의 목적은 지난 2006년 지방선거에서 매니페스토운동이 미친 영향을 평가하고, 또한 향후 과제를 논의해보는 데 있다. 물론 체계적이고 계량적인 평가는 아니지만, 가능한 한 객관적인 평가를 시도하고자 한다. 그리고 이러한 평가에 기초하여, 앞으로 매니페스토운동의 바람직한 발전방향을 이행평가체제 구축을 중심으로 논의해보고자 한다.

이 글은 크게 네 부분으로 구성되어 있다. 다음 제2절에서는 매니페스토의 의미와 쟁점에 대해서 정치과정론적 시각에서 논의한다. 제3절

* 배재대학교 교수.

에서는 시민운동으로 매니페스토운동이 지난 2006년 지방선거에서 어떻게 전개되어왔는지 간략하게 살펴본다. 제4절에서는 지방 매니페스토운동을 평가하고 있는데, 주로 그 정치적 의의와 문제점을 중심으로 논의한다. 제5절에서는 지방 매니페스토운동의 향후 발전방향의 하나로서 효율적인 이행평가체제 구축방안을 논의한다.

2. 매니페스토의 의미와 쟁점

1) 매니페스토의 의미와 발전과정

매니페스토란 구체적이고 분명한 공약을 의미한다.[1] 매니페스토가 일반 공약과 다른 점은 선거공약의 목표치를 구체적이고 확실하게 내세워 실현을 위한 재정적 근거와 로드맵을 구체적으로 제시한다는 사실이다. 즉 "선거공약에 기간, 목표, 공정, 재원, 나아가 우선순위라는 구체적 계약을 담는 것"을 의미한다(이현출, 2006).

매니페스토가 최초로 등장한 곳은 영국이다. 보수당 문헌에 의하면 1834년 탐워스(Tamworth)의 선거에서 당시 필(Robert Peel) 당수가 매니페스토를 제시했다고 하며, 이에 의하면 영국 매니페스토의 역사는 약 170년에 달한다고 할 것이다. 1906년 노동당이 매니페스토를 문서화하였고, 보수당과 자유당 양당도 이에 따르게 되었으며, 현재와 같은 매니페스토 스타일은 1935년 보수당 매니페스토가 시초라고 할 수 있다.

---

1) 매니페스토(manifesto)의 어원은 라틴어이다. 영국에서는 선거에서의 공약을 매니페스토라고 부르는 데 반해, 미국에서는 platform, 독일에서는 Wahlprogramm이라고 부른다. 한편 일본에서는 매니페스토를 '정권공약'이라고 지칭하며, 한국에서는 중앙선거관리위원회에서 이를 '참공약'이라고 지칭하였다(김영래, 2006b).

그 후 영국의 총선거 때마다 각 주요 정당은 매니페스토를 발표[2]하고 있다(이현출, 2006).

이처럼 영국에서 발달한 매니페스토는 2003년 일본에 처음 도입된다. 1960년대 고도성장기를 거치면서 일본의 정치는 이념정치에서 이익정치로 전환되어왔으며, 그에 따라 선거과정에서 정당과 정책의 중요성은 감소하고 개인 후원회 중심으로 선거가 이루어졌다. 그에 따라 무당파층이 급증하고, 정당이라는 존재 자체에 대한 근본적인 불신이 제기되었다.

이러한 상황을 타파하기 위한 노력의 일환으로, 1994년 소선거구제와 비례대표 병립제로의 선거제도개혁이 이루어졌다. 이러한 제도변화의 목적은 정당중심의 정치, 정책본위의 선거를 이루기 위한 것이었다. 이러한 선거제도의 개혁과 함께 꾸준히 정책선거로의 방향전환이 논의되면서 결국 2003년 매니페스토가 도입되어 정책중심의 정당대결이 본격화된 것이다(이현출, 2006).

일본에서의 매니페스토 도입은 2003년 통일지방선거에서 당시 혁신파 무소속 지사들의 주도로 진행되었다.[3] 이처럼 소위 '지방 매니페스토'(local manifesto)로 시작한 일본의 매니페스토 바람은 2003년 중의원선거로 확산되었으며,[4] 그 후 2004년 참의원선거, 그리고 2005년 중의

2) 이처럼 영국의 정당들은 오래 전부터 매니페스토를 발표해왔지만, 영국의 매니페스토가 일반인에게 널리 알려진 계기가 된 것은 1997년 토니 블래어(Tony Blair)가 이끄는 노동당이 18년 만에 보수당을 이기고 집권할 당시 발표했던 '1997년산' 매니페스토이다.

3) 당시 미에현 지사였고 현재는 와세다대학 매니페스토연구소 소장인 기타가와 마사야스(北川正恭)가 매니페스토운동을 제창하였고, 당시 이와테현의 마스다 히로야(増田寛也) 지사가 최초로 매니페스토를 발표했다고 한다(오수길, 2006).

4) 일본의 정당지도자들은 처음에는 이러한 매니페스토에 대해 그다지 호의적이지 않았던 것으로 알려지고 있다. 특히 자민당의 경우, 2003년 중의원선거를 앞두고 치러진 당수 토론에서 민주당 당수가 매니페스토 선거를 하자고 제안하고 나서야 이를 수용했다고 한다(오수길, 2006).

원선거를 거치면서 정착되었다(김영래·이현출, 2006).

영국과 일본의 매니페스토 발전과정을 비교해보면 흥미로운 차이가 발견된다. 영국의 매니페스토는 중앙선거에서 정당을 중심으로 시작되었으며, 아직까지 지방선거에서는 크게 활용되지 않고 있다. 영국은 정당정치가 발전했으며, 중앙정부에 비해 지방정부의 권한이 매우 미약하기 때문이다. 반면 일본은 지방선거에서 후보자중심의 매니페스토가 시작되어, 중앙선거에서 정당중심의 매니페스토로 확산되었다. 이는 각 국가의 정치제도적·정치문화적 상황에 따라 매니페스토가 다른 방향으로 발전할 수 있음을 보여준다.[5]

2) 매니페스토와 관련된 두 가지 쟁점

매니페스토의 의미와 관련하여 두 가지 쟁점이 존재한다. 하나는 매니페스토 작성의 주체가 누구인가 하는 점이다. 정당정치가 발전한 영국에서는 정당 차원에서 매니페스토가 작성·발표되며, 후보자 개인 차원에서의 매니페스토는 없다. 오랜 의원내각제 전통에 따라 정당에 의한 책임정치를 강조하기 때문에 후보자 개인의 공약은 별 의미가 없다.

반면에 일본의 지방선거에서 처음 매니페스토가 도입되었을 당시에는 후보자 개인이 매니페스토를 작성했다. 당시 매니페스토를 작성한 후보는 대부분 무소속후보였으며, 지방선거에서는 정당의 영향력이 상대적으로 약하기 때문이다. 그러나 매니페스토가 중앙선거(중의원선거, 참의원선거)로 확산되면서, 점차 매니페스토 작성주체는 정당으로 변했다. 일본의 의원선거는 1994년 선거제도개혁 이후 혼합형 비례대표제

5) 매니페스토의 발전방향과 관련하여 중요한 제도적 변수 중 하나는 권력구조이다. 의원내각제 국가냐, 대통령제 국가냐에 따라 매니페스토의 의미가 달라질 수 있기 때문이다. 영국과 일본 모두 의원내각제 국가임에 반해, 한국은 대통령제이다. 따라서 영국과 일본의 매니페스토를 한국화하는 과정에서 이러한 권력구조의 차이를 염두에 두어야 한다.

를 채택하여 후보자 개인보다는 정당이 더 중요해졌기 때문이다.

이처럼 매니페스토 작성주체는 선거의 유형에 따라 또한 각국의 정치상황에 따라 정당이 될 수도 있고, 후보자도 될 수도 있다. 다만 현대 민주정치가 정당에 의한 책임정치를 근간으로 하고 있다는 점에서 각 정당이 자신의 정치이념에 바탕한 매니페스토를 작성하는 것이 필수적이다. 그리고 후보자 개인이 매니페스토를 작성한다면, (무소속후보가 아니라면) 자신이 속한 정당의 매니페스토를 참조하여 일관성을 유지하는 것이 바람직하다.

매니페스토의 의미와 관련한 두 번째 쟁점은 구체성과 정치이념의 관계이다. 매니페스토는 구체적이고 실현가능한 정책공약을 의미한다. 그러나 이러한 구체성의 강조가 커다란 비전이나 정치적 목표의 의미를 퇴색시켜서는 안 된다. 제대로 된 매니페스토는 구체적일 뿐만 아니라 그러한 구체적인 정책공약이 정당이나 후보의 일관된 비전이나 이념으로부터 논리적으로 도출되어야 한다.

잡동사니 식으로 여러 구체적인 공약들을 모아놓은 것은 진정한 의미의 매니페스토라고 할 수 없다. 한 사회를 바라보는 정당이나 후보의 철학과 비전(즉 정치이념)에 근거하여 도출된 공약만이 일관성과 정치적 의미를 갖는다. 다시 말하면, 바람직한 매니페스토는 구체적인 공약과 정치이념이 서로 논리적으로 연계되었을 때 가능하다.

3. 매니페스토운동의 전개과정: 매니페스토추진본부를 중심으로

한국의 매니페스토운동은 시민단체에 의해 주도되었다. 영국에서는 정당 차원에서, 그리고 일본에서는 지사 후보 차원에서 매니페스토가 시작된 것에 반해, 한국에서는 시민운동 차원에서 시작되었다는 사실은 매우 흥미로울 뿐만 아니라 매우 중요한 함의를 갖는다.

한국에서 매니페스토운동이 본격적으로 시작된 것은 2006년 2월 1일 '531 스마트 매니페스토 정책선거 추진본부'(상임대표 김영래 외 10인)가 출범하면서부터이다. 매니페스토추진본부는 출범하면서부터 언론의 많은 주목을 받았다. 특히 지난 2000년, 2004년 총선 때의 낙천·낙선운동과는 달리 건설적이고 긍정적인 방향에서 운동을 전개했다는 점에서 높은 평가를 받았다.6)

추진본부는 출범 때부터 지역네트워크를 형성하여, 분권적 운영을 표방했다. 2006년 5월 20일 현재 전국적 차원에서 총 384개 단체가 이 운동에 동참하고 있다. 광역 차원에서 12개(인천, 대전, 충남, 광주 제외) 지역, 그리고 기초 차원에서 20개 지역에 네트워크가 결성되어 있다. 이 중에서 자체적으로 평가활동을 진행한 지역은 광역 9개, 기초 10개 지역이다(〈표 2-1〉 참조).

매니페스토운동은 크게 세 가지 차원에서 이루어졌다. 첫째는 유권자를 상대로 한 홍보 및 캠페인이다. 국민대토론회, 공청회 등을 통해 매니페스토와 정책선거의 중요성을 국민에게 알리려는 노력이다. 전국대학생 매니페스토 공모전, '놀자 매니페스토' 밀레오레 게릴라 콘서트 등의 개최를 통해 특히 젊은 유권자의 관심을 끄는 데 주력하고 있다.

두 번째는 후보자 및 정당에 대한 계몽과 교육이다. 사실 매니페스토에 익숙하지 않은 정당이나 후보자에게 매니페스토운동은 상당한 부담으로 작용한다. 따라서 추진본부에서는 주요 정당을 방문하여 매니페스토의 취지를 설명하고 협조를 부탁하는 간담회를 개최했다. 또한 소위 '매니페스토 아카데미'를 전국적으로 6차례 개최하여, 후보와 정당 관계자들에게 매니페스토의 의미와 매니페스토 작성방법을 교육했다.

---

6) 매니페스토추진본부의 활동은 기존의 시민단체의 활동에도 일정 부분 영향을 미쳤다. 참여연대를 주축으로 한 2006지방선거시민연대와 경실련도 지방선거에서 참공약 운동 혹은 헛공약 가리기 운동에 초점을 맞추었다. 물론 이들 두 단체의 활동도 넓은 의미에서 매니페스토운동이라고 해석할 수도 있으나, 이 글에서는 이 두 단체를 제외하고 매니페스토추진본부의 활동에 초점을 맞추고자 한다.

세 번째는 후보자가 작성한 매니페스토의 평가이다. 추진본부는 중앙선관위의 후원으로 스마트(SMART), 셀프(SELF) 두 개의 독립된 평가지표를 개발했으며,[7] 이러한 지표를 활용하여 후보자가 제출한 매니페스토를 평가했다. 평가는 16개 시도지사 후보 및 10개 시군구청장 후보에 국한했다.[8] 16개 시도지사선거 중 9개 지역에서는 지역네트워크가 자체적으로 평가를 수행했으며, 서울을 포함한 7개 지역에 대해서는 매니페스토추진본부가 구성한 평가단(단장 정용덕 서울대 행정대학원 교수)이 중앙에서 평가를 수행했다. 10개 시군구청장 선거는 모두 지역네트워크가 자체적으로 평가를 수행했다.

2006년 5·31지방선거가 끝난 이후에도 추진본부는 한국매니페스토실천본부로 이름을 바꾸어 다양한 활동을 계속하고 있다. 활동방향은 크게 세 가지로 구분할 수 있다. 첫째는 전국 매니페스토실천본부 네트워크 구축을 통한 이행평가의 추진이다. 매니페스토의 정착을 위해서는 공약평가만큼 이행평가가 중요하다는 인식을 바탕으로 이행평가를 전국에 걸쳐 시행하고 있다.[9] 이를 위하여 이행평가를 위한 평가지표와 이행모델을 개발하고, 이행경진대회를 개최하여 객관적 심사를 통해 우수사례를 선정할 계획이다.

둘째는 정당 매니페스토의 추진이다. 지난 지방선거에서는 그 특성상 후보자 개인의 매니페스토가 중요하였다. 그러나 앞으로의 대통령선거

---

7) 여기서 SMART는 Specific(구체성), Measurable(측정가능성), Achievable(달성가능성), Relevant(적실성), 그리고 Timed(시간계획성)의 첫 자를 모아놓은 것이다. 이 지표는 한국정책학회의 주도하에 개발되었다. 한편 SELF는 Sustainability(지속가능성), Empowerment(자치역량 강화), Locality(지역성), Feedback(이행계획)을 의미하며, 이 지표는 지방선거에 주로 해당하는 것으로 한국지방자치학회의 주도하에 개발되었다.

8) 구체적인 평가내용은 실천본부 홈페이지 http://www.manifesto.or.kr를 참조.

9) 한국매니페스토실천본부는 효율적인 이행평가를 위해 "매니페스토 이행 및 이행평가체계 구축을 위한 제언"을 발표했다. 자세한 내용은 〈부록 2〉를 참조. 또한 향후 이행평가일정에 대해서는 〈부록 3〉을 참조.

와 총선거에서는 정당 차원의 매니페스토가 더욱 중요하게 작용할 것으로 전망할 수 있다. 따라서 기존의 정당공약을 지속적으로 점검함과 동시에 기존의 평가지표를 정당 매니페스토에 알맞도록 더욱 발전시킬 계획이다.

셋째는 매니페스토의 심화 및 확산이다. 일반 선거(교육위, 노조, 총장 선거 등)의 매니페스토화를 추진하며, 매니페스토 가이드 및 매니페스토 매거진(월간 *Korea Manifesto*)을 발간함으로써 일반 사회로의 매니페스토 확산을 추진하고 있다. 또한 정책은행이나 정책증시의 운영을 통해 매니페스토에 대한 유권자의 관심 유지 및 확대를 도모할 계획이다.

4. 매니페스토운동에 대한 평가

1) 매니페스토운동의 정치적 의의

앞에서 언급한 바와 같이, 영국과 일본에서는 정당과 후보자 차원에서 매니페스토가 시작된 것과 달리, 한국에서는 시민운동 차원에서 매니페스토가 도입되었다. 이는 상당한 의미를 갖는다. 영국과 일본에서의 매니페스토는 선거의 승리라는 목적을 위한 수단으로 시작되었으나, 한국에서의 매니페스토는 선거문화개혁을 위한 시민운동의 성격을 갖고 출발한 것이다.

고전적(경제적) 민주정치이론에 따르면, 선거란 정당이나 후보가 만들어낸 다양한 정책 중에서 유권자가 자신의 마음에 드는 것을 구매하는 시장과도 같다. 그러나 그간 한국의 선거는 정책과 이념보다는 금권, 지역, 연고주의에 기반하였음은 주지의 사실이다. 따라서 선거운동도 정당 혹은 후보간 정책대결보다는 조직선거, 흑색선전과 상호비방의 네거티브 선거운동이 중심을 이루었다.

매니페스토운동은 이러한 선거문화와 정치문화를 바꾸자는 데 궁극적 목적이 있다(김영래, 2006b). 우선, 정당과 후보로 하여금 구체적인 정책목표와 방안(즉 매니페스토)을 명시하도록 유도함으로써 정책정당화를 도모한다. 그리고 이러한 정책공약을 평가함으로써 유권자들로 하여금 정책에 기초한 선택을 하도록 도와준다. 마지막으로, 당선자가 과연 자신의 공약을 잘 이행하고 있는지 평가함으로써, 소위 '매니페스토 사이클'(소네 야스노리, 2006)을 완성시킨다. 이처럼 정치인(정당과 후보)과 유권자 사이에 건설적인 상호작용이 이루어진다면, 한국의 선거문화는 정책을 중심으로 하는 정책선거의 방향으로 발전하게 될 것이다.

민주정치과정이라는 보다 넓은 관점에서 보면, 이러한 정책선거의 실현은 이익집약(통합)기능을 제고하는 데에도 기여한다. 정당의 가장 중요한 기능은 사회의 다양한 이익들을 집약하고 통합하는 데 있다. 그런데 이러한 기능의 수행은 정당들이 정책대안을 공약으로 제시하는 과정에서 자동적으로 이루어진다. 국민의 보다 많은 지지를 얻기 위해서는, 특수집단의 이익을 대변하기보다는 보다 많은 국민의 이익을 도모하는 정책공약을 만들어야 하기 때문이다. 따라서 매니페스토운동이 활성화되고, 그에 따라 한국의 정당이 정책정당으로 발전하고 정책선거가 자리잡는다면, 이는 한국 민주정치의 가장 커다란 문제점으로 지적되어왔던 정당의 취약성과 그에 따른 이익통합의 부재현상을 극복하는 데 커다란 기여를 할 것으로 기대할 수 있다.

2) 부정적 견해 및 잠재적 문제점

시민사회의 매니페스토운동에 대한 부정적인 견해도 존재하는데, 이는 크게 두 가지로 구분할 수 있다. 하나는 이러한 운동의 효과에 대한 의문이다. 아직 대부분의 유권자가 이념적·정책적 정체성을 갖고 있지 못할 뿐만 아니라, 정당간 이념적 차별성도 뚜렷하지 못한 상황에서 이러한 운동이 실효를 거두기 어렵다는 의견이다. 한 마디로 아직 시기상조라는 것이다.

사실 영국이나 일본과는 달리 한국에서의 매니페스토운동은 정치권 자체에서 자발적으로 시작된 것이 아니라, 외부(시민사회)에 의해 주도되었다는 점은 이러한 부정적 견해가 어느 정도 타당성을 갖고 있음을 의미한다. 그러나 과거와는 달리 최근의 선거에서 정치이념의 중요성이 부상하고 있다는 점, 그리고 민주노동당의 부상으로 기존 정당의 이념적 색깔이 과거에 비해 분명해지고 있다는 점 등을 감안할 때, 미래가 그리 어둡지만은 않다.

일부에서는 매니페스토운동이 지난 2006년 지방선거의 결과에 영향을 미치지 못했다는 점을 들어, 운동의 실효성을 부정적으로 평가하기도 한다. 그러나 앞에서 이미 강조한 바와 같이, 매니페스토운동의 목적은 선거결과에 직접적으로 영향을 미치는 데 있지 않다. 그보다는 보다 근본적 차원에서 정책에 의해 경쟁하는 선거문화를 만들어나가자는 데에 있다. 따라서 매니페스토운동의 실효성 평가는 선거결과보다는 선거문화의 변화(즉, 얼마나 많은 후보가 매니페스토를 작성했고, 얼마나 많은 유권자가 매니페스토를 고려했는가 등) 정도에 초점을 맞추어야 할 것이다.[10)]

매니페스토운동에 대한 또 다른 부정적 견해는 매니페스토 평가의 정치적 공정성에 관련된 것이다. 평가와 관련해서 제기되는 문제점은 다양하다. 예를 들어, 공약의 구체성을 강조하다 보면 자칫 내용보다는 형식에 치우칠 수 있으며,[11)] 특히 보다 많은 정보를 가진 현직 후보에

---

10) 이같은 선거문화의 측면에서의 체계적인 평가는 아직 이루어지지 않았다. 사실 이러한 측면에서 실효성을 평가한다고 하더라도 매니페스토운동이 지난 2006년 지방선거를 통해 한국 선거문화의 획기적인 변화를 가져왔다고 보기는 어려울 것이다. 뒤에서 다시 강조하겠지만, 매니페스토운동은 장기적인 차원에서 지속적으로 추진되어야 하며, 따라서 지난 선거는 앞으로의 변화의 단초를 마련했다는 점에서 평가받아야 한다.

11) 공약의 내용보다는 형식에 특히 치우친 것이 SMART 지표이다. 추진본부에서

게 유리할 수 있다는 점 등을 지적하고 있다. 이러한 우려를 조금 논리적으로 확대한다면 매니페스토운동이 보수적인 후보나 정당에게 유리하다는 주장으로까지 이어질 수 있다.12)

이러한 우려는 상당한 근거를 갖고 있다. 추진본부에서도 이러한 문제점을 인지하고 있으며, 앞에서 언급한 후보자 대상 매니페스토 아카데미 개최는 이러한 문제를 극복하려는 노력이라고 볼 수 있다. 앞으로도 이러한 부작용을 최소화하기 위해서는 공약의 내용을 보다 충분히 반영할 수 있는 방향으로 평가지표를 보완해야 할 것이며, 이와 더불어 모든 후보가 정보를 공유할 수 있는 조치가 필요하다.

매니페스토 평가와 관련된 가장 핵심적인 비판은 평가가 정치적으로 악용될 가능성이 있다는 것이다. 사실 아무리 객관적인 지표를 개발하기 위해 노력한다고 할지라도, 100% 객관적인 평가는 불가능하다. 평가에는 주관적인 입장이 개입될 수밖에 없기 때문이다. 따라서 이러한 평가행위가 지난 낙천·낙선운동 때와 마찬가지로 자칫 시민단체의 권력화로 이어질 가능성도 배제할 수 없다.

이러한 우려와 비판을 극복하기 위해서는 두 가지 방향에서의 노력이 필요하다. 첫째, 평가발표를 점수화하여 후보들을 줄 세우기보다는 일반 유권자들의 평가를 도와주는 방식으로 이루어져야 한다. 매니페스토운동의 진정한 목적은 평가 그 자체에 있는 것이 아니라, 평가라는 수단을 통해 정치인과 유권자가 정책을 매개로 서로 상호작용할 수 있도록 유도하는 데 있기 때문이다. 이러한 점에서 추진본부가 '등수 매기기'의 유혹을 물리치고 분야별로 '좋은 공약'을 선정하는 쪽으로 평가결과를 발표한 것은 높이 평가할 수 있다.

는 이러한 단점을 보완하기 위해 내용을 중심으로 한 SELF 지표를 개발하였으나, 형식에 치우친 평가를 지양해야 한다는 지적은 여전히 매우 적절하다고 생각한다.

12) 이러한 논리에 바탕하여 일부 진보적 성향의 언론에서는 이번 매니페스토운동에 대해 상대적으로 부정적인 입장을 취한 바 있다.

둘째, 평가를 한두 개 단체가 독점해서는 안 되고, 많은 단체가 자발적으로 평가하도록 유도해야 한다. 지난번 낙천낙선운동의 가장 큰 문제점은 바로 이러한 독점의 문제였다. 평가는 누구나 할 수 있어야 한다. 물론 그 중에는 편파적인 평가도 있고, 엉터리 평가도 있을 수 있지만, 이들은 결국 시장원리를 통해 걸러질 것이다. 장기적인 관점에서 보면, 평가단체의 다양화만이 문제를 해결하는 유일한 방안이다.

이러한 측면에서 지난 지방선거 때 다양한 단체에 의해서 공약평가가 이루어진 것은 바람직한 현상이다. 매니페스토추진본부 외에 조선일보와 정책학회, 그리고 동아일보와 의회발전연구원이 각각 공동으로 공약을 평가한 바 있으며, 기타 다양한 시민단체들도 나름대로의 기준을 가지고 공약을 평가했다.

일부에서는 이러한 다양한 단체에 의한 평가가 서로 일관성이 없다는 점을 들어, 매니페스토 평가의 객관성 문제를 지적하고 있으나, 이는 잘못된 비판이다. 단체마다 다른 기준을 적용했기 때문에 서로 다른 평가가 나오는 것은 당연한 결과이다. 오히려 이처럼 다양한 기준에 의한 다양한 평가결과가 도출될 때, 정치적 악용가능성을 방지할 수 있는 것이다.

5. 매니페스토운동의 향후 발전방향

앞에서 언급한 바와 같이, 시민사회의 매니페스토운동이 갖는 가장 커다란 장점은 건설적이고 긍정적인 운동방식에 있다. 따라서 앞으로 이 운동을 전개함에 있어서도 이러한 측면을 강조해야 한다.

향후 매니페스토운동이 발전해나가야 할 방향을 크게 세 가지로 정리하면 다음과 같다. 첫째, 공약평가 자체보다 '계약'의 의미를 강조해야 한다. 사실 매니페스토운동의 핵심은 공약평가에 있다기보다는 이러한 평가를 통해 좋은 공약을 유도하고 동시에 이러한 공약이 지켜지는 분위기를 조성하는 데에 있다. 사전 공약평가보다도 사후 이행평가가 중요한 이유가 여기에 있다.

그럼에도 불구하고 지난 2006년 지방선거에서의 매니페스토운동은 공약평가의 측면이 지나치게 강조되었다. 물론 처음 도입되었기 때문이기도 하지만, 이와 더불어 평가의 매력이 많이 작용했다. 평가는 권력(힘)을 내재하고 있으며, 흥미를 유발한다. 따라서 누구나 평가하고 싶은 유혹에 빠지기 쉽다. 특히 언론의 경우는 이러한 유혹에 취약하기 때문에 평가결과의 보도에 집착하게 된다.

공약평가가 갖는 잠재적인 문제점은 이미 앞에서 논의한 바 있다. 이러한 문제를 극복하기 위해서라도 향후 매니페스토운동의 초점은 공약평가에서 정당(혹은 후보자)과 유권자 간의 계약(약속)이라는 측면으로 전환되어야 한다. 따라서 당선자의 공약을 (백서 등을 통하여) 유권자들에게 널리 알리려는 노력이 필요하며, 이와 더불어 이행평가에 지속적인 관심을 가져야 한다.

둘째, 정당중심의 매니페스토운동이 되어야 한다. 지난 지방선거에서는 민주노동당을 제외하고는 정당보다는 후보자 개인이 매니페스토 작성의 주체가 된 경우가 많다. 지방선거라는 선거의 특성상, 그리고 이 운동이 처음 도입되었기 때문에 발생한 일시적인 현상이라고 보여진다. 그러나 앞에서도 언급했듯이, 현대 민주정치가 정당중심의 책임정치를 기반으로 하고 있다는 점에서 후보자 개인보다는 정당이 매니페스토운동의 핵심이 되어야 한다.

앞으로의 대통령선거와 국회의원선거에서는 자연스럽게 정당 매니페스토가 중요하게 부각될 것이다. 그런데 정당 매니페스토에 대한 평가를 위해서는 후보자 개인의 매니페스토를 평가하는 것과는 다른 분석틀이 필요하다.[13] 특히 구체성이나 실현가능성 외에도 정책들의 이념

13) 실제로 매니페스토실천본부는 2007년 대선을 앞두고 공약평가보다는 내용분석

적 일관성을 강조해야 한다.

그리고 앞에서 강조한 바와 같이, 후보 개인이 매니페스토를 작성할 경우에도 이것이 소속정당의 매니페스토와 논리적으로 일관성을 갖는 것은 매우 중요하다. 후보와 정당의 매니페스토가 논리적 일관성을 가질 수 있도록 하는 한 가지 방안은 정당의 후보공천과정에도 매니페스토를 활용하는 것이다. 즉 후보공천과정에서 여러 예비후보에게 매니페스토를 작성하여 제출하도록 한 후, 이것을 후보심사의 한 기준으로 활용하는 것이다. 이러한 과정을 통해 후보와 그가 속한 정당의 매니페스토는 서로 유기적 연관성을 갖게 된다. 후보는 자신의 매니페스토를 작성할 때 정당의 입장을 고려하게 되고, 반대로 특정 후보의 매니페스토가 그가 속한 정당의 매니페스토에 영향을 미칠 수도 있는 것이다.[14)]

셋째, 이 운동은 장기적인 관점에서 지속적으로 추진되어야 한다. 매니페스토운동이 추구하는 궁극적인 목표는 선거문화와 정치문화를 바람직한 방향으로 개선하는 데 있다. 그러나 정치문화의 변동은 하루아침에 이루어지지 않는다. 많은 시간이 필요하다. 매니페스토운동의 일상생활로의 확산이 중요한 이유가 바로 여기에 있다. 따라서 시민운동으로서의 매니페스토운동은 장기적인 관점에서 지속적으로 추진되어야 한다. 시민운동은 그 속성상 언론의 도움이 필요하지만, 동시에 언론의 일시적인 스포트라이트에 너무 집착해서는 안 될 것이다.

이러한 장기적인 관점에서 본다면 시민사회의 매니페스토운동이 당장 커다란 효과를 가져올 것으로 기대하기는 어렵다. 사실 단기적으로 볼 때, 지난 2006년 지방선거에서도 이 운동이 후보의 당락에 미친 효과가 매우 컸다고 평가하기는 어렵다. 그러나 변화가 어렵다고 해서 변화를 무작정 기다리기보다는 이를 조금이라도 앞당기기 위해 노력하려

에 중점을 두는 새로운 분석체계를 개발하고 있었다.

14) 이러한 측면에서, 2007년 12월 대통령선거를 앞두고 각 정당의 후보경선과정에서도 후보들이 작성한 매니페스토가 활용되었다.

는 인간의 의지는 당연하다. 이러한 측면에서 시민사회의 매니페스토 운동은 지난 지방선거에서의 실효성에 대한 판단과는 상관없이 바람직한 시민운동으로 평가할 수 있다.

〈표 2-1〉 지역네트워크 구성 현황(2006년 5월 20일 현재)

1) 광역 지역네트워크

지 역	추진기구 명칭	참여 단체명	단체 수	평가 구분
강원도	531 지방선거 매니페스토 강원추진 본부	강릉경실련, 강릉기윤실, 강릉생명의숲, 강릉소비자고발센터, 강릉여성의전화, 강릉종합자원봉사센터, 강릉한살림생협, 강릉YMCA, 강원민주언론운동시민연합, 광산지역사회연구소, 광산지역환경연구소, 동강보존본부, 동해환경사랑회, 백두대간보전회, 속초경실련, 속초고성양양 환경운동연합, 속초YMCA, 원주21세기정책연구소, 원주시민연대, 원주여성민우회, 원주환경운동연합, 원주YMCA, 원주YWCA, 참여자치횡성군민연대, 춘천경실련, 춘천나눔의집, 춘천노동복지센터, 춘천생활협동조합, 춘천시민연대, 춘천여성민우회, 춘천환경운동연합, 춘천YMCA, 춘천YWCA, 태백가정법률상담소, 태백생명의숲, 한국민족예술인총연합 강원지회, 한국민족예술인총연합 태백지부, 한국소비자연맹 강원춘천지회, (사)함께사는세상, 홍천환경운동연합, 횡성21세기정책연구소, 횡성환경운동연합	51개	●
경기도	531 좋은정책 경기연대	경기민주언론시민연합, 경기환경운동연합, 경기여성연대 경기복지시민연대, 경기시민사회포럼, 경기여성연합회, 경기전국교직원노동조합, YWCA 경기도협의회, 경제실천시민연합경기지부, 녹색자치 경기연대, 흥사단 경기도협의회	11개	●
충청북도	531 지방선거 충북연대	괴산을사랑하는사람들, 생태교육연구소'터', 외국인노동자인권복지회 원불교충북교구, 증평시민회, 청주경실련, 청주여성의전화, 청주환경운동연합, 청주C.C.C, 청주KYC, 청주YMCA, 청주YWCA, 충북기독교협의회인권위원회, 충북민주언론시민연합, 충북여성민우회, 충북여성장애인연대, 충북여성정치세력민주연대, 충북민예총, 충북외국인노동자센터, 충북참여자치시민연대, 충북환경운동연합, 한국가톨릭농민회청주교구본부, 행동하는복지연합, 통일청년회, 충주환경운동연합, 제천환경운동연합	26개	●

전라북도	매니페스토 운동 전북 추진본부		개인 참가	
전라남도	531 매니페스토 전남 추진본부	목포공무원노조, 순천참여자치시민연대, 광양공무원노조, 참여자치고흥군민연대, 고흥공무원노조, 참여자지완도시민연대, 완도공무원노조, 함평사랑군민연대, 곡성공무원노조, 광양환경운동연합	10개	
부산	부산 매니페스토 공약검증단	부산참여자치시민연대, 국제신문, PSB부산방송	3개	●
경상남도	531 매니페스토 경남추진본부	거제YMCA, 거제경실련, 한국농업경영자협의회, 거제통영환경운동연합, 진주참여연대, 진주청년불교연합회, 진주기독교윤리실천운동, 진주인권회의, 창원대학교 사회과학연구소, 경남민주언론시민연합, 경남정보사회연구소, 경남한살림, 창원여성의전화, 창원YMCA, 주용도(경남도본부위원), 강재규(인제대 교수), 황현(창신대학 교수)	15개	●
울산	531 정책선거 울산연대	건강한사회를위한울산약사회, 건강한사회를위한울산치과의사회, 민주사회를위한울산변호사회, 여성의전화울산지부, 울산경실련, 울산민족예술인총연합, 울산YMCA, 울산YWCA, 울산환경운동연합, 울산참여연대, 1218이주노동자지원센터, 홍사단울산지부, 참교육학부모회울산지부	13개	●
대구	531 매니페스토 대구 추진본부	주민과선거, 지방분권 대구경북본부, 대구교육누리, (사)거리문화시민연대, 대구경북녹색연합, 달구벌역사문화연구소, (사)대구사회연구소, 대구경북분권혁신아카데미	8개	●
경상북도	경북 531 매니페스토 운동본부	바른선거시민모임 경북협의회	1개	●
제주	제주경실련 매니페스토 운동본부	제주경실련	1개	●
서울	추진본부 서울 지역위원회	열린사회시민연합, 투명성협약실천협의회, 바른사회시민모임, 바른선거시민모임서울연합회, 서울시사회복지사협회, 531지방선거특별위원회, 볼런티어21, 한국장애인단체총연합, (사)한국자활후견기관협회서울지부	8개	

2) 기초 지역네트워크

지 역		추진기구 명칭	참여단체명	단체수	평가 구분
강원	속초시	바른일꾼뽑기 속초지역 유권자 운동본부	속초경제정의실천시민연합, 속초고성양양환경운동연합, 속초성폭력상담소, 속초YWCA, 한국민예총 속초지부	6개	●
	춘천시	531 지방선거 춘천 유권자 운동본부	춘천시민연대, 춘천여성민우회, 춘천YMCA, 춘천YWCA, 춘천환경운동연합, 춘천노동복지센터, 춘천경실련, 춘천나눔의집, 춘천생활협동조합, 춘천민예총, 소비자연맹 강원·춘천지회, 춘천가정법률상담소	12개	●
	강릉시	531 지방선거 매니페스토 강릉 추진본부	강릉경실련, 기윤실, 대한주부클럽, 민예총, 생명의숲, YMCA, YWCA, 여성의전화, 제일강산강릉21, 종합자원봉사센터, 한살림, 함께사는세상	12개	
	태백시	매니페스토 태백추진본부	태백상공회의소, 태백시민연대, 강원관광대학(관광품질경영학과), 음식업중앙회지부, 태백민예총, 태백시지역사회복지협의체, 태백시장애인단체연합회, 태백가정법률상담소, 태백시여성단체협의회, 새마을운동중앙회태백시지회, 황지초운영위원(황지중교사), 태백생명의숲	12개	●
	원주시	531매니페스토 원주 추진본부	상지대학교총학생회, 상지영서대학총학생회, 원주대학총학생회, 연세대학교총학생회, 한라대학교총학생회, 원주지역시민단체	5개	
경기	안산시	안산 유권자 운동본부	안산경실련, 안산녹색소비자연대, 안산환경운동연합, 안산YMCA, 안산YWCA, 안산여성노동자회, (사)나눔과연대, 안산의료생협, 안산시민들의생협, 안산소비자시민의모임, 외국인노동자센터, 악취끝카페, 안산시사회복지협의회, 시화호생명지킴이, 통일포럼, 통일마당, 안산시자연보호협의회, 안산교육을생각하는학부모모임	18개	●
	군포시	531 군포 지방선거 좋은정책 네트워크	군포시 가야종합사회복지관, 군포기독교청년회, 군포문화원, 군포시 매화종합사회복지관, 군포시민신문, 군포시민의모임, 군포신문, 군포시 주몽종합사회복지관, 군포시 청소년수련관, 군포여성민우회, 군포환경자치시민회, 민주평화통일자문회의, 경기군포시지회, (사)디딤돌문화원, (사)대한민국고엽제후유증전우회 경기지부 군포시지회, (사)한국장애인부모회, 군포시지부, 수리산 자연학교, 전국교직원노동조합, 경기도군포의왕지회, 청소년을위한군포내일여성센터, JCI-Korea 군포, 푸른희망군포21실천협의회	20개	

경기	수원시	531 좋은정책 만들기 수원 시민행동	경기복지시민연대, 수원경실련, 수원여성회, 수원환경운동센터, 수원KYC, 수원YMCA, 수원YWCA	7개	
	오산시	531 매니페스토 오산추진본부	오산대교수협의회, 오산환경연합, 오산포럼	3개	
	평택시	531 지방선거 평택 시민연대	YMCA, YWCA, YFC, 홍사단, 사회복지협의회, 시민아카데미, 외국인노동자센타, 성폭력상담소	8개	●
	안양시	531 좋은정책 안양 네트워크	안양·의왕경실련, 안양·군포·의왕 환경운동연합, 안양여성회, 안양지역시민연대, 안양여성의전화, 안양포럼, 안양사랑청년회, 전국교직원노동조합 안양시지회, 안양YMCA, 안양KYC, 안양YWCA, 안양시민대학, 안양전진상복지관	13개	●
충남	예산군	예산군 좋은정책 만들기 추진위원회	예산군학교운영위원장협의회, 예산군학교어머니회연합회, 예산청년회의소(JC), 예산군의사회, 예산군치과의사회, 예산군한의사회, 예산군약사회, 예산군장애인복지협의회, 예산군농업인단체협의회, 매헌사랑회, 대홍현보존회, 전교조예산지회, 공무원노조예산군지부, 책마당, 예산문화연구소, 예산군농민회, 예산시민네트워크, 한국예술문화단체총연합회예산지부, 예산군생활체육협의회, 예산군여성단체협의회	20개	●
	연기군	연기 매니페스토운동본부	연기사랑청년회, (사)청소년마을연기지회, 고려대학교 교직원노조, 고려대학교총학생회, 홍익대학교 총학생회, 충북일보 연기지사, 연기군청소년위원회, 조치원 YWCA(협의중), 연기자활후견기관	9개	
충북	옥천군	531 정책선거를 위한 주민연대	전교조 옥천지회, 공무원노조 옥천군지부, 옥천군 이장협의회, 주민자치위원회, 옥천예총, 옥천민예총, 옥천향토사연구회, 동화읽는어른모임, 옥천군 기업인협의회, 옥천종합상가, 옥천군 음식업지부, 한농연, 한여농, 옥천군 농민회, 흙살림, 농촌지도자회, 산계뜰, 참여자치주민연대, 희망연대, 옥천군 해병대전우회, 대청호주민연대, JCI코리아 옥천, 옥천라이온스클럽, 옥천군 여성단체협의회, 옥천군 노인장애인복지관, 옥천군 장애인연합회, 옥천군 자활후견인센터, 한국어학당, 옥천군 보육시설연합회, B.B.S 옥천군지회, 옥천군 생활체육협의회	31개	●

전북	군산시	2006 지방선거 군산 정책연대	군산경실련, 참여자치군산시민연대, 군산YMCA, 군산YWCA, (사)하천사랑운동, (재)군산환경사랑, 군산여성의전화, 군산실업극복운동본부, 군산시사회복지협의회	9개	
	익산시	531 매니페스토 정책선거 익산 추진본부	익산교육시민연대, 익산참여자치연대, 익산솜리생협, 익산의미래를생각하는시민연대, 익산여성의전화, 익산성폭력상담소, 익산YMCA, 익산시농민회, 익산환경운동연합, 희망연대, 익산시의제21, 익산시사회복지협의회	12개	
전남	나주시	531 정책선거 추진 나주 시민연대	공무원노조국립나주병원지부, 나주사랑시민회, 나주상가번영회, 나주시노인복지회관, 나주시민사회단체협의회, 나주시여성단체협의회, 나주시청년회연합회, 나주시행의정지기단, 대한노인회나주시지회, 불교사암연합회, (사)전남지체장애인협회나주시지부, 전교조나주지회, 지석강살리기운동본부, 참교육학부모회나주지회, 천주교나주지구, 큰나주21협의회, 한국농업경영인나주시연합회, 한국상록회나주지회, 한국예총나주지회, LG화학노조나주지부	20개	
경남	창원시	531 매니페스토 창원 추진본부	창원대학교 사회과학연구소, 경남민주언론시민연합, 경남정보사회연구소, 경남한살림, 창원여성의전화, 창원YMCA, 주용도(개인자격)	6개	●
	진해시	진해 정책선거 유권자 위원회		개인 참가	
서울	강북구	531 매니페스토 강북 시민연대	강북구바른선거시민모임, 강북구장애인단체총연합회, 강북연대, 교육을 생각하는 시민모임, 녹색삶을 위한 여성들의 모임, 돌산 아동·청소년센터 판, 강북경실련, 생명평화연대, 열린사회 북부시민회, 열린학교, 품 청소년문화공동체, 한살림 강북지부, 21세기 삼각산 공동체, KT&G 강북재가복지센터	14개	●

주: ● 표시지역은 지역 자체에서 평가활동을 진행한 곳임.
출처: http://manifesto.or.kr(검색일 2006년 5월 31일)

■ 참고문헌

김미경, 2006, 「매니페스토와 스마트분석도구」, 『정책과 혁신』 한국정책학회 하계학술대회 발표논문집, 137-148쪽.

김영래, 2006a, 「매니페스토의 개념과 발전 과정」, 『531 스마트 매니페스토 정책선거 추진본부 출범식 자료집』(2월 1일, 세종문화회관).

——, 2006b, 「매니페스토와 정치문화의 변화」, 『NGO 연구』 제4권 제1호, 1-22쪽.

김영래·이현출, 2006, 『매니페스토와 지방선거: 일본의 경험과 한국의 실험』, 서울: 논형.

김영태, 2006, 「5·31 매니페스토운동의 비판적 검토」, 『시민과 세계』 9, 298-314쪽.

김욱, 2006, 「시민사회의 매니페스토운동」, 한국학술연구원 주최 '한국의 매니페스토운동과 정치선진화' 세미나(6월 12일) 발표 논문.

김재용, 2006, 「일본 로컬매니페스토의 사례와 효과」, 제1회 매니페스토 아카데미 자료집.

박찬욱·이현출, 2006, 「5·31지방선거 매니페스토 평가와 과제」, 제52차 의정연구논단 발표 논문(6월 9일).

소네 야스노리, 2006, 「일본 지방선거에서의 매니페스토 도입과 정치변화」, 『내나라』 제15권, 25-52쪽.

송근원, 2002, 「2002년 대선공약 비교분석을 위한 기준과 척도」, 『한국정책학회보』 제11권 제4호.

오수길, 2006, 「5·31 매니페스토운동의 의의와 시민운동의 전망」, 『시민사회와 NGO』 제4권 제2호, 141-173쪽.

유문종, 2006, 「한국의 매니페스토운동의 평가와 향후 과제」, 『예산군 매니페스토운동의 평가와 과제』 예산군 매니페스토 심포지엄(7월 20일) 자료집, 42-74쪽.

이노우에 료이치, 2006, 「일본의 매니페스토 추진현황과 시민운동의 과제」, 『내나라』 제15권, 85-102쪽.

이주희, 2006, 「지방자치발전과 로칼매니페스토운동 방안」, 531정책선거추진본부·중앙선거관리위원회 주최, "한국형 매니페스토 확산과 정착을

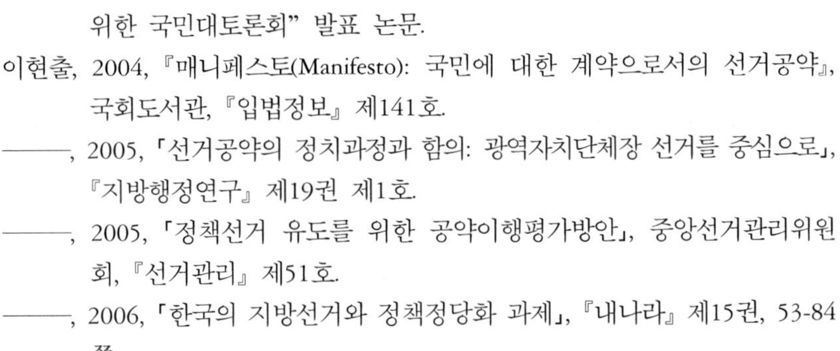

위한 국민대토론회" 발표 논문.

이현출, 2004, 『매니페스토(Manifesto): 국민에 대한 계약으로서의 선거공약』, 국회도서관, 『입법정보』 제141호.

———, 2005, 「선거공약의 정치과정과 함의: 광역자치단체장 선거를 중심으로」, 『지방행정연구』 제19권 제1호.

———, 2005, 「정책선거 유도를 위한 공약이행평가방안」, 중앙선거관리위원회, 『선거관리』 제51호.

———, 2006, 「한국의 지방선거와 정책정당화 과제」, 『내나라』 제15권, 53-84쪽.

http://www.manifesto.or.kr

http://www.donga.com

http://joins.com

http://www.peoplepower21.org

http://www.humanbelt.net

http://www.ccej.or.kr

3장

대통령선거와 매니페스토운동 영향력 제고 방안

이현출*

1. 서론

간접민주주의체제에서 선거공약은 유권자의 의사를 정치엘리트에게 전달하는 매개체가 되며, 공직자에게는 선거 후의 정책활동에 정통성을 부여하는 기능을 수행한다. 따라서 일반적으로 대의민주주의가 효과적으로 작동하고 있다면 선거과정에서 정책선호가 효과적으로 표출되고 수렴되기 위한 정책선거가 필수적이다. 그리고 이러한 정책선거는 후보자 측의 구체적인 선거공약, 즉 매니페스토(참공약)의 제시와 이를 두고 활발한 상호 의견교환과 토론을 통해 정권담당자를 선택하고, 정권담당자는 이러한 위임에 기초하여 정책을 형성하고, 그 결과를 두고 유권자의 평가를 받는 구조가 이루어져야 하며, 그 중심에 매니페스토가 위치하게 된다. 따라서 유권자의 매니페스토 평가는 선거정치의 시작이며, 대의민주주의의 정치과정에서 매우 중요한 과정이기 때문에 매니페스토는 중요한 의미를 지닌다.

2006년 실시된 5·31지방선거는 매니페스토 선거의 새로운 기원을 열면서 과거 어느 선거보다 정책선거에 관심이 높았던 선거라고 평가

* 국회도서관 입법정보연구관.

할 수 있다. 또한 5·31지방선거는 정책선거의 첫발을 내디뎠다는 점에서 한국 선거문화를 크게 변화시켰으며, 대통령선거와 총선을 앞두고 매니페스토 선거의 큰 흐름은 되돌릴 수 없을 것이다. 2006년 지방선거에서 당선된 당선자들의 인수위원회 활동에서부터 지방행정의 전 과정에 책임성이 반영되는 등 지방행정의 질적 변화가 나타나고 있다. 즉, 공약사항에 대해 스스로 구체적인 추진계획을 마련하고, 이를 유권자에게 공개하여 공약이행의 투명성을 강화하고 있다. 나아가 공약이행을 담보하기 위해 조례를 제정하거나, 행정조직개편을 단행하고, 정보공개를 적극 추진하는 등 지방행정 전반의 변화가 일어나고 있다.

이러한 지방정치의 변화에 주목하며, 2007년 대통령선거를 앞두고 매니페스토 선거에 대한 관심이 고조되었다. 또한 지방선거의 여세를 몰아 대통령선거에도 매니페스토를 활성화하자는 운동이 공감대를 형성하였다. 특히 2007년의 대통령선거는 과거와 같은 지역주의나 이념적 양극화가 약화되어, 그 어느 때보다 이슈와 정책 아젠다(agenda)의 영향력이 클 것이라는 전망이 우세했다. 이러한 측면에서 매니페스토 선거가 활성화될 것이라는 전망이 제기되기도 했다.

또 한편으로 2007년 대통령선거는 제도적·환경적 요인으로 인해 정책선거가 어려울 것이라는 전망이 나오기도 했다. 첫째, 당내 후보경선이 제도화되어 있지 않아 본선에서 후보자간 정책경쟁을 위한 시간이 주어지지 않는다는 점을 들 수 있다. 즉, 선거 종반까지 정당간의 합종연횡이나 후보 단일화에 쫓겨 후보자들의 정책을 진지하게 점검하기 어려운 상황이 전개될 것이라는 우려가 그것이다. 둘째, 법적·제도적 정비가 이루어지지 않아 잘 만든 매니페스토를 유권자에게 전달할 방법이 봉쇄될 우려가 있다는 점이다. 선거법 개정을 통한 매니페스토 제작과 배포가 가능하도록 하는 문제가 그것이다. 셋째, 캠페인 방법상 아직도 네거티브 캠페인에 의존하려는 구태가 상존하고 있다는 점을 지적할 수 있다.

그러나 향후 5년간의 국정을 위임하는 대통령선거가 매니페스토를 통해 철저히 검증되지 않는다면 향후 국정운영의 혼란과 비효율을 초래할 것은 불을 보듯 뻔한 일이다. 또다시 주인과 대리인 간의 감상에 젖은 계약, 허위정보를 바탕으로 한 계약을 채결한다면 주인인 유권자의 분노와 불신은 더욱 깊어만 갈 것이다. 따라서 향후 대통령선거에서는 어떠한 상황에서도 유권자와 대표 간에 정책매니페스토를 통해 계약이 체결될 수 있도록 매니페스토 선거의 정착방안이 강구되어야 할 것이다. 이 글에서는 대통령선거에서 매니페스토의 중요성을 민주화 이후 역대 선거에서의 매니페스토를 점검하면서 강조하고, 나아가 유권자의 매니페스토 선거에 대한 의식을 분석하여 이를 통해 대통령선거에서 매니페스토운동의 확산을 위한 과제를 고찰하는 데 목적이 있다. 논문의 구성은 크게 세 가지 부분으로 이루어진다. 첫째, 대통령선거 매니페스토가 갖는 의미를 고찰한다. 둘째, 역대 대통령선거에서의 정책대결의 실태를 살펴본다. 끝으로 대통령선거를 앞두고 매니페스토에 관한 유권자의 의식조사결과를 분석한다.

2. 대통령선거와 매니페스토의 의미[1)]

선거공약의 이상은 민주주의의 사상적 기초에 따라 다르게 인식된다. 선거에서 확인된 유권자의 뜻을 유권자로부터의 위임(mandate)받아 국정을 운영해야 한다는 위임명령이론(mandate theory)은 매니페스토가 국정을 이끌어야 한다는 입장을 취할 수 있다. 그러나 대중의 목소리가 여과 없이 국정에 반영되기보다는 정치권을 통해 걸러져야 한다는 시각인 독립적 수탁자(independent trustee) 이론의 입장에서는 선거공약과 국정 간의 지나친 연계를 경계하고 있다. 어느 입장을 취하건 대의민주

1) 이현출(2006c)를 수정·보완한 것임.

주의의 시작은 선거의 위임에서 비롯된다는 점에는 이론이 없다. 유권자의 의사는 정당과 정치인을 매개로 하여 정치체계에 투입되며, 유권자는 정치과정에서 정책이라는 산출을 통해 정당과 정치인에게 책임성을 부과한다. 이 때 책임성 확보의 근거가 되는 것이 매니페스토이다.

그런데 대의민주주의 운영원리상 매니페스토는 다수주의(majoritarianism)에는 잘 부합되지만, 합의주의(consensus)와는 잘 부합되지 않는다는 주장이 있다(임성호, 2006). 그러나 매니페스토의 중요성은 대통령제나 내각제나 다를 바 없다. 매니페스토가 활발히 운용되고 있는 나라가 영국과 일본과 같은 내각제 국가라는 이유로 대통령제를 취하고 있는 한국과는 상황이 다르다는 주장이 제기되고 있으나, 미국과 같은 대통령제를 취하는 국가에서도 그 명칭은 다르지만 선거과정에서의 정책공약이 다루어지는 중요성은 다를 바 없다.

또한 권력분립을 전제로 하는 대통령제 하에서 매니페스토는 국회와 사법부의 견제를 받게 되므로 그 실천에 어려움을 겪게 될 것이라는 문제가 제기되기도 한다. 특히 여소야대의 분점정부가 형성될 경우에는 더욱 큰 어려움을 겪게 될 것이다. 물론 권력융합을 원리로 하는 내각제를 취하는 영국과 일본의 경우와는 다른 점이라고 할 수 있다. 그러나 매니페스토를 도입하게 되면 대통령선거과정에서 주요 쟁점에 대해 국민의 위임을 받게 됨으로써 대(對)의회 설득과 설명이 더욱 쉬워진다고 할 수 있다.

이하에서는 한국 대통령선거에서의 매니페스토 도입의 필요성을 고찰해보고자 한다. 첫째는, 책임성을 강화하여 대의민주주의가 실질적으로 기능하도록 하고 국민주권을 극대화할 수 있다는 데 있다. 매니페스토는 정당과 정치의 체질을 변화시켜 "구체적인 목표가 확실한 정치", "명확한 평가가 가능한 정치", "구체적인 정책집행을 담보하는 정치"를 실행하기 위한 도구이다. 매니페스토는 민주주의 정치과정에 책임성을 부여하기 위한 시스템 변화의 도구로서 상정되고 있다. 매니페스토는 국민이익의 집약과 표출을 명료하게 하고, 반응성과 책임성을 확실히 할 수 있다는 점에서 반응하는 정치, 책임지는 정치를 구현할 수 있는 최적의 도구라고 할 수 있다.

둘째는, 정당간 정치투쟁이 아닌 정책경쟁을 본격화할 수 있기 때문이다. 매니페스토 선거에서 추구되어야 할 것은 지도자의 개인적 이미지나 몇몇 스타플레이어의 대중적 인기가 아니라 무엇보다 정당이라는 집단이 실행하겠다는 선거계약이다. 따라서 대통령선거와 총선은 정권선택의 장이기도 하며, 정책 패키지를 선택하는 기회가 되기도 한다. 정권의 자리를 담당할 정당은 매니페스토라는 형식을 통해 나라의 장래에 관한 뚜렷한 방향을 제시하고, 국정과제의 우선순위를 부여하여 국민의 선택을 구하는 것이다. 이러한 정책에 대한 이해의 심화와 상호감시를 통해 정책경쟁을 유도하는 구조를 만드는 것이 매니페스토 도입의 가장 큰 의의 중 하나라고 할 수 있다. 매니페스토는 정당에게 투명성을 갖도록 강요하는 매개체이며, 그것에 의해 정당은 정치문화의 변화 속에서 예측가능한 존재가 되는 것이다. 정당이 선거과정에서 자신들의 약속을 투명하게 제시하고 그것의 타당성과 실현가능성 등을 국민이 평가하여 위임하면, 정권을 잡은 정당은 선거가 끝나면 즉시 실천에 옮길 것이 상정된다.

셋째는, 국정혼란을 최소화하고 대통령의 리더십을 강화할 수 있다. 매니페스토의 도입은 정권의 임기중 실시하고자 하는 구체적인 정책 패키지를 국민의 손에 의해 사전에 위임을 받는 과정이다. 따라서 국정개혁은 선거단계에서부터 국민의 위임이 형성되며, 선거 후 정치인들에게 일정한 행동의 룰을 부여하고, 행정부에는 집행계획을 사전에 제시하게 되는 것을 말한다. 3김정치가 끝난 후 국회의원 개개인의 당내 자율성이 확산됨에 따라 정당정치는 더욱 책임성을 잃어가게 되고 행정부 또한 당정분리의 흐름 속에서 정보의 우위를 내세워 정당을 정책결정의 후면에 배치시키려는 노력이 두드러지고 있다. 이러한 분위기 속에서 매니페스토의 도입은 정책을 중심으로 정당의 정체성을 재확립하게 됨으로써 정당뿐만 아니라 행정부에 대한 당선자의 리더십을 더욱 강화하는 효과를 지닌다.

넷째는, 연고주의, 조직동원형 선거를 정책선거로 대체해야 한다는 당위이다. 영국과 일본의 경우와 같이 매니페스토 시스템이 구축되면, 새로운 매니페스토에 대한 평가와 매니페스토 이행평가가 언론기관이나 민간 싱크탱크, 또는 시민단체 등에 의해 꼼꼼히 이루어지기 때문에 구체적인 정책 패키지 없이 지역주의나 연고주의에 호소하여 표를 얻고자 하는 행태는 사라지게 될 것이다. 백지 위임장을 발급하는 것과 같이 "맡겨만 달라"는 식의 선거를 치르고, 결과에 대해서는 유권자의 책임으로 돌리는 것은 공정하다고 할 수 없다.

다섯째는, 정당간의 연합을 위해서 담합에 의한 막후거래보다 매니페스토를 통해 정책적 거리가 가까운 세력끼리 투명한 결합을 모색하는 데도 도움을 줄 수 있다는 점이다. 2007년 대통령선거는 정책과 아젠다가 주된 이슈가 되는 선거가 될 것이다. 막연한 구호와 지역대결을 넘어 국가를 국민소득 4~5만 달러 시대의 선진국으로 끌어올리는 대안과 비전이 무엇인가가 핵심이 될 것이다. 그리고 지지세력의 규합 역시 국가목표를 둘러싼 정책이 고리가 될 것이다.

3. 민주화 이후 역대 대통령선거에서의 매니페스토

넓은 의미의 대선공약은 장소와 표현의 형식에 상관없이 대통령후보와 소속정당이 대통령 당선을 목적으로 유권자에게 한 모든 약속을 말한다. 따라서 정치철학, 국정이념, 국정방향, 국정지표, 기조정책, 정강, 정책, 정견, 방침, 계획, 전략, 과제, 약속, 다짐, 예측, 해석, 판단, 견해, 생각 등의 표현으로 발표되는 모든 약속이 다 대선공약이라고 할 수 있다(허범, 2002). 발표의 형식도 대통령선거공약집을 통해 정리된 공약의 일체를 발표하기도 하지만 전국적인 유세과정에서 지역에 따라 개별공약을 발표하기도 한다. 나아가 선거 종반에 깜짝 공약을 발표하여 부동층을 흡수하거나 열세지역의 득표를 만회하려 하기도 한다.

이 절에서는 대통령선거를 앞두고 각 정당이 공식적으로 발표하는 대통령선거공약집을 통해 후보자간 정책공약을 비교하여 분석하고자 한다. 민주화 이후 네 차례의 대통령선거를 치르면서 나타난 공약의 특성을 살펴보면서 대통령선거에서의 공약이 갖는 의미를 강조하고자 한다. 먼저, 지난 대통령선거까지 제시된 공약은 구체화되지 못한 주먹구구식의 공약이 많았다고 할 수 있다. 둘째, 우선순위가 제대로 반영되지 않은 공약이다. 셋째, 체계적인 검증이 이루어지지 못한 공약이다. 특히 선거 종반의 '깜짝 공약'에 대해 충분한 검증을 할 메커니즘이 갖추어지지 못했다고 할 수 있다. 넷째, 공약의 관리가 공개되어 있지 못하고, 정기적인 외부의 이행평가를 거치지 못하고 있다는 것이다. 이처럼 향후 임기동안 국론을 가를 수 있는 중요한 국정과제가 선거과정에서 제대로 검증되지 못하고 선거가 치러졌다고 생각한다면 대통령선거에서의 매니페스토가 얼마나 중요한지 짐작할 수 있을 것이다.

1) 갖추지 못한 공약: 주먹구구식 공약

제13대 대통령선거에서의 주요후보 공약은 공약기조와 정치·행정, 외교·안보·통일, 농어촌대책, 국민복지, 교육·문화, 근로자, 기업, 세제·금융 등의 분야로 나뉘어 제시되고 있다. 공약기조는 "위대한 보통 사람들의 시대", "지역감정의 타파", "넉넉하고 고른 경제" 등으로 제시되고 있지만 이에 대한 구체화 방안은 없었다. 특히 재원과 추진일정이 구체적으로 제시된 공약은 찾아보기 어려웠다.

제14대 대통령선거공약 또한 한 줄짜리 나열형에 그치고 있다. 김영삼 후보는 신한국창조를 위한 10대 과제 77개 공약을 발표했고, 민주당 김대중 후보도 100대 중점공약을 제시했으나 구체성이 약했다. “계층간 갈등을 해소하여 균형잡힌 사회를 이룩한다”고 공약하고 있지만 구체적으로 어떤 목표를 언제까지, 어떻게 추진하겠다는 내용은 빈약하다. 제14대 대선의 경우 신정당의 공약은 추진일정을 연차별로 제시하여 돋보인다. 신정당은 143개의 공약을 ‘집권 1년 내 실천할 목표’ 등과 같이 구분하여 집권하면 실시할 목표를 연차별로 제시하고 있다.

제15대 대통령선거는 미세하긴 하지만 후보간 공약의 차이가 나타났다. 김대중 후보는 중소기업 육성 등 중산층·서민을 위한 공약에 비중을 두었다. 특히 1997년 12월부터 IMF 관리체제를 받아들이면서 이에 대한 대처방식에 차이를 보이며 이를 둘러싼 대결이 격렬하게 전개되었다. 이러한 측면에서 이전 선거의 공약과는 대조적으로 후보간 IMF 대처방안을 두고 논쟁이 있었다는 점에서 정책선거로의 진전이 있었다고 평가할 수 있다.

제16대 대선공약의 경우에도 공약집은 구체성을 결여하고 선언적 규정으로 일관되어 있음을 볼 수 있다. 노무현 후보도 21세기 국가발전을 위한 전략으로 4대 비전과 20대 정책목표, 150대 핵심과제, 분야별 정책공약을 제시했다. 과거보다는 구체적인 체제와 방안이 제시되었지만 매니페스토 요건을 갖추지 못하고 있기는 마찬가지였다. 당락에 결정적 영향을 미친 행정수도 이전의 문제는 4조 5,000억 원이면 가능하다고 공약한 것이 그 단적인 예이다. 특히 노무현, 이회창 후보 모두 개별 사업에 대한 구체적인 예산내역을 밝히지 못했다. 교육, 복지, 농업 부문 등에 GDP 대비 몇 %의 예산을 투입하여 개선하겠다는 의지는 있으나 구체적인 프로그램은 제시하지 못했다.

2) 우선순위 없는 망라형 공약

역대 대통령선거공약을 살펴보면 공약의 기조와 10대 과제 등을 밝히고 있지만 이는 모든 분야의 나열에 불과하다. 또 그 내용도 포괄적이며 구체성을 결여하고 있다. 제14대 대통령선거의 경우, 민주당 김대중 후보는 "대화합의 정치"를 강조했고, 정주영 후보는 경제대통령을 강조한 점이 특징이다. 그러나 우선순위를 부여하면 특정 계층에 치우친다는 인상을 줄 수 있고, 이는 고른 득표에 지장을 줄 수 있다는 점에서 우선순위를 밝히기를 꺼리게 된다.

노무현 정부의 출범을 준비하던 인수위원회는 후보시절 제시한 1,336개의 공약 중 참여정부의 이념과 기조를 반영한 181개의 정책을 핵심공약으로 분류했다(대통령직인수위원회, 2003). 즉 정책의 우선순위가 선거과정이 아닌 인수위원회 활동을 통해 가려지게 된다. 역대 대통령선거의 경우도 이와 마찬가지 현상을 보여주고 있다. 선거 때에 제시한 수많은 공약의 타당성을 검토하고, 우선순위를 정하는 것이 인수위원회 활동을 통해 이루어진다는 점은 대동소이하다고 할 수 있다.

특히 후보들은 예산운영에 있어 "우선순위를 조정하여"라는 표현을 자주 인용하지만 '나열과 분산'만 있을 뿐이지 '선택과 집중'은 보이지 않는다(이원희, 2007). 예산의 이면(裏面)에는 이해관계자가 있고 이들의 표를 의식하는 후보로서는 모든 부문의 예산을 증액하고 싶지만 감내할 수 있는 예산규모에는 한계가 있는 것이 당연하다. 따라서 주어진 예산추계의 틀 속에서 우선순위를 부여해야 함은 당연한 일임에도 불구하고 이에 대한 조치가 없는 것은 매니페스토의 요건을 갖추지 못한 단어의 나열에 불과한 것이다.

3) 선심성 정책

제13대 대통령선거에서 김대중 후보는 농가부채 전면탕감 공약을 내세워 타 후보로부터 "공약(空約)"이라는 비판을 받았다. 김종필 후보도 농가부채 10년 거치 20년 상환 공약을 내걸었고, 김영삼 후보도 그린벨트 해제 공약을 내걸어 선심공약이라는 비판을 받았다. 각 주자들은 지역을 방문할 때마다 각종 지역공약을 제시하여 "발전의 1번지"로 만들겠다는 식의 선심공약을 남발했다.

제14대 대선에서 국민당 정주영 후보가 제시한 "아파트 반값 공급" 공약이 서민층의 마음을 사로잡는 공약으로 부상하여 이를 두고 공방이 제기되었다. 정 후보는 채권입찰제를 폐지함으로써 아파트를 수도권의 경우 반값으로, 지방도시는 3분의 2 값에 공급하겠다고 약속했다. 그러나 이에 대해 선심성 공약이라는 공방은 오고갔으나, 토론을 통해 구체적으로 검증하지는 못했다.

제15대 대선에서 김대중 후보는 IMF 하에서도 물가인상률 3%대로 억제하겠다고 공약하였고, 복지예산을 매년 30% 이상 증액하겠다고 약속했다. 성장의 목표도 2000년대 초 1인당 GNP 3만 달러 달성이나 세계 5강 진입과 같은 공약을 제시하였으나 공약(空約)으로 끝났다. 또한 6개월간 해고중지와 임금동결을 내놓았지만 시장자율을 강조한 공약과는 모순되는 것이었다. 결국 1998년 대통령직 인수위원회에서 '국민의 정부 100대 과제'를 발표하면서 '2000년대 1분기 세계 5강 진입', '농가부채 탕감' 등 장밋빛 대선공약에서 상당 부분의 거품을 뺐다.

4) 검증 안 된 깜짝 공약

제13대 대통령선거에서 노태우 후보는 올림픽을 치른 후 국민들로부터 6·29선언과 선거공약 이행 여부에 대한 중간평가를 받겠다는 중간

평가 공약을 발표했다. 이 공약은 실천에 옮겨지지도 않았지만 뒤에 노무현 후보의 행정수도 이전 공약과 함께 위헌의 소지가 있었음에도 검증되지 못했다.

제15대 대통령선거에서의 대표적인 깜짝 공약은 내각제 개헌이었다. 1997년 11월 국민회의와 자민련은 '야권후보 단일화 합의문 서명식'을 갖고 대통령후보에 김대중, 총리에 김종필이 맡도록 하고, 내각제 개헌을 대선공약으로 채택했다. 1999년 말까지 개헌을 완료하기로 했으나 이 또한 실현에 옮겨지지 않았다.

제16대 대통령선거에서 대표적인 깜짝 공약은 노무현 후보의 행정수도 이전 공약이라고 할 수 있다. 실행계획과 재원조달문제에 대한 구체적인 검토가 이뤄지지 않은 상태에서 서둘러 발표된 것으로, 이에 대해 당시부터 한나라당은 "행정수도를 이전하려면 40조 원이 든다"고 반론을 제기했지만, 노무현 후보 측은 4조 5,000억 원이면 충분하다는 주장을 밀고 나갔다. 결국 '행정수도 이전' 공약 자체는 위헌인 것으로 헌법재판소에서 결정이 났다. 당시 이에 대한 공익적인 검증작업은 이루어지지 못했다.

5) 정치공세에 눌린 정책대결

제13대 대통령선거는 처음부터 노태우 후보를 "가짜 보통 사람", "쿠데타의 주역", 김대중 후보를 "오로지 자신만이 대통령이 되기 위해 분당하고, 거짓말을 일삼는 후보"로 매도하며 정치공세로 일관했다. 선거가 가열되면서 원색적인 인신공격, 흑색선전, 폭로전 그리고 정체불명의 유인물이 범람하는 선거가 되었다. 특히 중반에 "득표에 관한 기본전략" 지침서가 발견되면서 야당에 의한 관권선거 공방이 주류를 이루었다.

제14대 대선에서도 초반부터 색깔론 시비, 현대그룹을 동원한 금권선거 시비, 부산기관장 모임 및 도청사건 등이 쟁점으로 부상하며 공약을 둘러싼 논쟁은 수면 하에 묻히게 되었다. 특히 민주당과 전국연합의 연대를 계기로 촉발된 이른바 색깔론은 선거기간 내내 시비의 요인이 되었다.

제15대 대통령선거의 기본 이슈는 정권교체, 3김청산, 세대교체 등이 주를 이루었다. 내각제도 정권교체와 맞물린 이슈였다. 이와 함께 이회창 후보 아들의 병역문제, DJ 비자금 사건, 경제파탄 책임론과 IMF 재협상론 등이 중심이 된 이슈였으며, 이 과정에 정책은 뒷전으로 밀려났다.

제16대 대선의 경우에도 여권의 대선후보 국민경선과 이후 후보 단일화 등이 주된 이슈가 되어 사실상의 정책대결을 가로막았다. 월드컵 열풍과 미군 장갑차 사건, DJ 정부 말기에 터진 각종 게이트, 서해교전 등도 정책중심의 선거분위기와는 조화를 이루지 못했다고 볼 수 있다.

6) 폐쇄적 입안과 집행

또 하나의 문제는 역대 선거의 정책공약 입안과정의 폐쇄성을 지적할 수 있다. 당내 경선을 앞둔 예비후보자들의 정책 매니페스토는 개인의 매니페스토의 성격을 띠기 때문에 폐쇄성을 띨 수 있다. 그러나 정당의 후보자가 되면 이때는 후보자의 공약과 정당의 정책 간의 조율이 필요하고 이를 통해 정당이 그 실행을 담보하는 정당의 매니페스토로 거듭나게 되는 것이다. 미국의 각 정당이 예비선거를 거쳐 전당대회를 통해 정당의 강령(platform)을 만드는 과정과 유사한 경우라고 할 것이다. 따라서 한국의 정당도 전당대회를 통해 후보를 확정하면서 정당의 정책공약을 미국의 정당처럼 공론화하여 치열한 공방을 통해 확정하는 절차가 필요하다. 이러한 절차를 사전에 거치게 되면 당선 이후에 당내에서 당론을 결집하는 데에도 시간을 절약할 수 있다.

아울러 당선 이후에도 공개적인 정책공약관리가 허술하였다. 우선 집권한 측에서 자신의 공약이행에 대한 자기평가가 공개적으로 이루어지지 않았다. 심지어 정권 인수위 등에서 공약이행계획을 작성하면 이것이 대외비 문서로 관리되는 것이 현실이다. 이러한 결과가 초래된 것도 구체적인 매니페스토식 공약이 제시되지 못했기 때문이다.

4. 매니페스토에 관한 유권자 의식

지금까지 매니페스토 공급자의 입장에서 과거 대통령선거 정책대결의 실상을 살펴보았다. 여기에서는 매니페스토 정책선거에 관한 국민의식조사 결과를[2] 고찰하며 정책의 수요자인 유권자의 입장에서 대통령선거에서의 매니페스토 정착을 위한 방안을 모색한다.

1) 정책선거의 필요성에 대한 인식

한국 유권자의 정책선거 필요성에 대한 인식은 매우 높게 나타나고 있다. 조사결과를 보면, '매우 동의'가 49.2%로 나타났으며, '동의'가 31.1%, '별로 동의하지 않는다'가 14.7%, '전혀 동의하지 않는다'는 응답이 4.8% 등으로 나타나고 있다. 연령대별로는 20대에서 높은 지지를 보여주고 있는 것으로 나타났다(〈그림 3-1〉 참조).

정책선거 주장에 대한 유권자들의 동의가 높은 이면에는 기존 정당이나 후보자들의 정책공약에 대한 불신이 그대로 반영되어 있다. 즉 "우리나라 선거에서 공약이나 정책내용은 모호하다"는 주장과 "정당이나 후보자들의 공약이나 정책은 별로 차이가 없다"는 주장, 그리고 "정

2) 서강대학교 현대정치연구소가 2007년 3월 29일부터 30일까지 전국 1,002명의 유권자를 대상으로 한국리서치에 의뢰하여 조사한 결과이다.

〈그림 3-1〉 정책선거 필요성 인식 정도

단위: %(매우 동의와 동의를 합친 비율임)

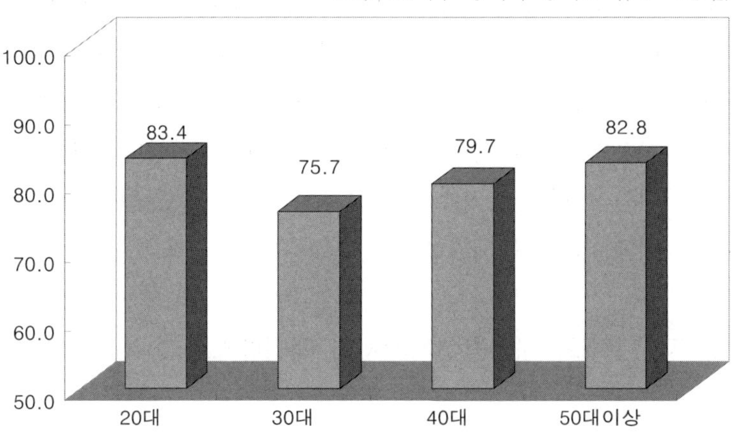

당이나 후보자들이 제시한 정책은 제대로 지켜지지 않는다"는 주장에 대한 입장을 알아본 결과 유권자들은 정책선거를 위한 정당과 후보자들의 역할이 부족하였음을 지적하고 있다. 〈표 3-1〉에서 보는 바와 같이 세 가지 주장에 대한 동의 정도가 높은 것은 그동안 선거의 정책공약 실태를 그대로 반영한 것이며, 이에 대한 국민의 불신을 드러낸 것이라고 볼 수 있다.

〈표 3-1〉 정책선거 인식

(단위: %)

	매우 동의	대체로 동의	①+②	별로 동의하지 않는다	전혀 동의하지 않는다	③+④
우리 선거에서 공약이나 정책내용은 모호하다	41.6	37.7	79.3	15.2	3.2	18.4
정당이나 후보자들의 공약이나 정책은 별로 차이가 없다	37.7	40.1	77.8	17.2	3.6	20.8
정당이나 후보자들이 제시한 정책은 제대로 지켜지지 않는다	49.2	33.9	83.1	12.8	3.3	16.1

* 모름/무응답은 생략.

3절의 예에서 살펴본 바와 같이 한국 선거에서의 공약은 내용이 구체적이지 못하고, 정당간에 뚜렷한 차이를 나타내지 못해왔다는 것은 알려진 바이다. 이처럼 공약의 차이가 나타나지 않은 가운데 유권자의 입장에서는 투표선택기준으로 지연, 학연, 혈연과 같은 연고주의가 중요하게 작용하였을 것이다. 아울러 애매모호한 장밋빛 공약을 제시할 뿐만 아니라 제시된 공약조차도 실천에 옮겨지지 않는 경우가 대부분이라는 데에 더 큰 문제가 있다.

2) 지방선거와 대통령선거에서의 매니페스토

먼저 2006년 5월 실시된 지방선거에서 후보들의 정책공약 내용의 인지도에 대해 알아보았다. 지방선거의 경우 매니페스토가 처음 도입되어 활발한 캠페인이 전개되었음에도 불구하고 인지도가 크게 높지 않은 것으로 나타났다(〈표 3-2〉 참조). 특히 인지도의 차이는 연령대별로 두드러지게 나타나고 있으며, 29세 이하의 연령층에서 크게 낮음을 알 수 있다(36.3%). 상대적으로 40대 연령층에서 안다(매우 잘 알고 있다 + 어느 정도 알고 있었다)는 비율이 가장 높게 나타났다(61.1%).

〈표 3-2〉 지방선거 정책공약 인지도

(단위: %)

	매우 잘 알고 있었다	어느 정도 알고 있었다	별로 알지 못했다	전혀 알지 못했다	Pearson's χ^2
29세 이하	1.4	34.9	50.2	13.5	47.387 (p<.000)
30대	4.1	47.7	39.1	9.1	
40대	6.0	54.9	34.3	4.7	
50세 이상	8.5	47.9	38.6	8.1	

다음으로 매니페스토운동의 효과를 조사해보았다. 먼저 "매니페스토

운동의 영향으로 언론이 이전보다 공약이나 정책을 더 많이 보도했다"는 주장과 "매니페스토운동의 영향으로 후보자나 정당이 이전보다 공약이나 정책을 강조하는 선거운동을 펼쳤다"는 주장에 대한 의견을 알아보았다(〈표 3-3〉 참조). 응답결과를 보면 매니페스토운동으로 언론보도가 정책을 더 많이 보도했고, 따라서 정당과 후보자의 캠페인을 정책중심으로 이끌었다는 평가가 50%를 넘고 있다. 아울러 선관위의 홍보가 매니페스토운동 확산에 기여했다는 의견에 찬성하는 응답이 51.8%로 선관위의 홍보활동을 긍정적으로 평가하고 있는 것으로 나타났다.

〈표 3-3〉 매니페스토운동의 영향력 평가

(단위: %)

	매우 찬성	약간 찬성	①+②	약간 반대	매우 반대
언론이 이전보다 공약이나 정책을 더 많이 보도했다	15.8	36.0	51.8	38.2	6.0
후보자나 정당이 이전보다 공약이나 정책을 강조하는 선거운동을 펼쳤다	13.7	40.8	54.5	34.7	6.4
선관위 홍보가 매니페스토운동 확산에 기여하였다	12.1	39.7	51.8	36.7	6.6

* 모름/무응답은 생략.

2006년 지방선거에서 정책선거를 유도한 데에는 언론의 역할이 컸다고 평가할 수 있다. 지방선거에서 중앙일보, 조선일보, 동아일보와 같은 주요 일간지는 물론 방송까지 거의 모든 언론이 매니페스토를 주요 기사로 다룸으로써 매니페스토를 확산시키는 데 결정적인 계기가 되었다고 평가할 수 있다. 역대 선거보도를 보면 주로 경마식 보도라고 비판받아온 바와 같이 정치권이 생산하는 정치 이슈(2006년 지방선거의 경우 야당의 정권 심판론 대 여당의 지방권력 심판론)를 그대로 옮기거나, 판세분석, 후보인물탐구 등에 치중해온 것은 주지의 사실이다. 그러나 2006년 지방선거에서의 언론의 태도는 다른 면모를 보여주었다. 〈표 3-4〉에서 보는 바와 같이 각 언론은 앞 다투어 매니페스토 정책선거운동을 보도했고, 시도지사 후보자 공약평가를 시도했다. 주요 일간지의 매니페스토 관련 보도를 보면 이러한 경향을 알 수 있다. 이러한 언론의 적극적인 관심과 경쟁적인 보도는 후보자로 하여금 메니페스토 작성이 선거캠페인의 필수과정이라는 인식을 심어주었다고 할 수 있다.

〈표 3-4〉 지방선거 당시 주요신문의 매니페스토 관련 보도

기간별 / 신문별	게재 분량(건수 / 분량=원고 매수)				
	합계	2월	3월	4월	5월
동아일보	34건 / 364매	6건 / 31매	4건 / 10매	7건 / 45매	17건 / 278매
중앙일보	54건 / 303매	12건 / 74매	4건 / 24매	10건 / 46매	18건 / 159매
조선일보	16건 / 169매 (27건 / 259매)	1건 / 14매	1건 / 2매	8건 / 64매	6건 / 89매 11건 / 90매 별도*

*: 조선일보는 동일한 날짜에 지방면 별로 각 시도지사 매니페스토 평가(11건 / 90매)를 동시에 게재.
출처: 윤승모(2006) 참조.

다음으로 차기 선거에서의 매니페스토 영향력에 관한 유권자의 평가를 알아보았다. 국민들은 차기 선거에서 매니페스토가 더 중요성을 갖게 될 것으로 전망하고 있는 것으로 나타났다. 먼저 지방선거 당선자들이 제시한 공약의 이행 여부가 다음 선거에서 얼마나 중요하다고 생각하느냐는 질문에 대해 '중요하다'는 응답이 88%에 이르는 것으로 나타났다(〈그림 3-2〉 참조). 이러한 결과는 매니페스토 도입의 효과이기도 하다. 즉, 후보자가 구체적이고 요건을 갖춘 공약을 제시하게 되면 검증이 가능하게 된다는 점에서 매니페스토의 의미가 있는 것이다. 선거 당시의 사전평가뿐만 아니라 공직 취임 이후의 중간평가와 임기 말의 사후평가를 통하여 공직자에 대한 책임성(accountability)을 부여할 수 있게 된다. 나아가 "지난 지방선거와 비교해서 이번 제17대 대선에서 매니페스토운동이 얼마나 중요하게 될 것으로 생각하느냐"는 질문에 대해

서도 대선에서 더 중요하게 될 것이라는 응답이 48.9%, 지방선거와 비슷한 정도가 될 것이라는 응답이 37.1%, 지방선거에서 보다 덜 중요할 것이라는 응답이 11.6% 등의 순으로 나왔다.

〈그림 3-2〉 공약준수 여부의 중요성 인식

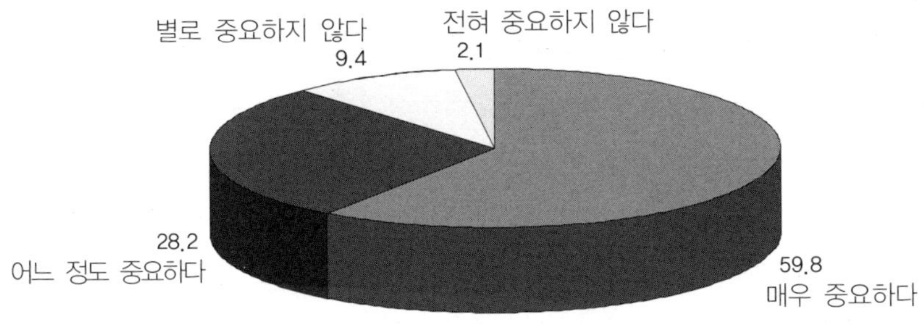

3) 매니페스토운동의 영향력 제고 방안

다음으로 지방선거와 비교할 때 대통령선거에서 매니페스토 영향력의 중요성 인식에 차이를 가져오는 요인이 무엇인지 회귀분석을 통해 알아보았다. 독립변수로 영향을 미칠 수 있는 요인을 상정하면 먼저 인구통계학적 요인으로 성별, 연령, 학력, 도시규모 등의 요인을 지적할 수 있다. 정치적 태도로서는 이념성향을 고려할 수 있다. 다음으로 정보량 및 정보처리능력을 알아보기 위해 정치적 인지도, 관심도, 그리고 효능감[3]이라는 지표를 통해 살펴보고자 했다.

3) 정치적 효능감이란 자신에 대해 정치적으로 얼마나 중요하게 생각하는가를 나타내는 개념이다. 여기서는 자신이 정치과정을 이해할 수 있고, 정치에 영향을 줄 수 있을 것이라는 내적 효능감을 의미한다[내적 효능감과 외적 효능감에 대해서는 Converse(1972)를 참고]. 이 글에서는 효능감을 측정하기 위해 "내가 투표한 한 표가 선거결과에 영향을 미친다"는 주장에 대한 의견으로 측정했다.

일반적으로 유권자 투표행태분석에서 유권자들은 모두가 합리적으로 투표한다고 상정하는데 유권자들은 이 범위 내에서 크게 두 가지의 투표성향을 보인다(Sniderman·Brody·Tetlock, 1991). 두 가지의 투표성향은 간단한 선택기준으로 지지후보를 결정하는 유권자와 복잡하고 세련된 논리도구를 가지고 지지후보를 결정하는 유권자가 그것이다. 후자의 경우가 우리가 상정한 정책지향적 투표와 연결이 된다. 이 두 가지 투표성향을 결정하는 기준이 되는 것은 교육수준, 정보량의 다과, 정보처리능력이다. 즉 교육수준이 낮을수록, 정보량이 적을수록, 정보처리능력이 낮을수록 해당 유권자는 후보선택기준을 단순화한다.

예를 들어, 이 경우는 정보요약도구(Information short cut)를 사용하는데, 정보요약도구란 정보량도 많지 않고 정보처리능력도 없는 경우 정보를 요약하여 판단의 도구로 삼는 것이다. 다른 사람의 빈부를 판단할 때 다양한 정보를 통해 그의 경제상태를 판단하는 것이 아니라 그가 가진 차의 종류라는 단순화된 요약도구를 통해 그의 경제상태를 판단하는 것이다. 일반적으로 이런 유형의 유권자들은 후보가 제공하는 단순화된 정보를 가지고 정보요약도구를 거쳐 후보를 선택한다. 반면 교육수준이 높고, 정보의 양이 많으며 정보처리능력이 높은 유권자일수록 세련된 논리적 도구를 사용하고 꼼꼼한 판단과정을 거쳐서 선택하는 성향이 높다. 이런 점에서 전자의 경우는 인물을 기준으로 선택하고 후자의 경우에는 정책지향의 선택가능성이 높아진다. 이렇게 볼 때 정책지향적 투표를 하게 되는 경우에는 정보의 양, 정보처리능력, 교육정도와 밀접한 관련이 있다고 할 수 있다(김민정 외, 2003).

따라서 정보량이 많고 처리능력이 있으면 정치적인 사실에 대한 인지도가 높아질 것이며 정보처리능력의 상승은 정치적 관심도를 높일 것이다. 정보의 양과 처리능력은 정치적 효능감으로도 표시될 수 있다. 즉 들어온 정보와 이를 처리한 결과치인 정보는, 정치는 선거에 의해서 결정되며 이 결정이 정치에 영향을 준다는 것을 인식하게 된다고 볼 수 있다. 이것은 곧 우리가 누구를 찍느냐 하는 것이 정치를 바꾼다고 하는 효능감과 연결된다고 할 수 있다.

회귀분석결과는 다음의 〈표 3-5〉와 같다. 대선에서 매니페스토가 더 중요하게 될 것이라고 인식하는 데에는 정치적 태도로서의 이념성향과 심리적 요인으로 인지도와 효능감이 영향을 미치고 있음을 알 수 있다. 즉 이념성향이 진보적일수록 대통령선거에서 매니페스토의 중요성이 강화될 것이라고 인식하고 있는 것을 알 수 있다. 그리고 지방선거에서 후보들의 정책공약 내용을 잘 알고 있을수록 대통령선거에서도 매니페스토가 중요할 것이라고 인식하고 있다. 나아가 정치적 효능감이 높을수록 대통령선거에서 매니페스토가 더 중요할 것이라고 인식하고 있는 것을 알 수 있다.

〈표 3-5〉 대통령선거에서의 매니페스토 중요도 인식 회귀분석

	비표준화계수	표준오차	표준화계수	t-value	유의수준
상수	.679	.327		2.078	.038
성별	.011	.079	.004	.136	.892
연령	-2.70E-05	.040	.000	-.001	.999
학력	.004	.038	.004	.114	.909
도시규모	.041	.063	.020	.658	.511
이념성향	.192	.031	.202	6.101	.000
선거관심도	-.020	.089	-.007	-.222	.824
공약인지도	.131	.057	.075	2.316	.021
효능감	.159	.053	.099	3.001	.003

* R^2=.061; F=8.072; 유의수준 .000

이러한 결과는 정책선거에 대한 인식에서도 나타나고 있다. "인물이나 정당보다는 정책이나 공약중심으로 선거가 치러져야 한다"는 주장에 대한 인식에 영향을 미치는 요인들을 분석한 결과에서도 이념성향, 인지도, 효능감이 영향을 미치고 있음을 알 수 있다. 다만 인구통계학

적 요인으로 남녀의 성별에 따라 정책선거에 대한 인식이 다르게 나타나고 있다. 즉 남성의 경우가 여성의 경우보다 정책선거가 중요하다고 판단하고 있는 것으로 나타났다.

〈표 3-6〉 정책선거 중요성 인식 회귀분석

	비표준화 계수	표준오차	표준화 계수	t-value	유의수준
상수	1.017	.238		4.281	.000
연령	-.009	.025	-.013	-.342	.732
성별	.164	.060	.088	2.755	.006
학력	-.003	.029	-.003	-.087	.931
도시규모	.047	.047	.031	1.002	.316
이념성향	-.004	.002	-.068	-1.987	.047
관심도	-.043	.039	-.038	-1.090	.276
효능감	.134	.040	.112	3.376	.001
인지도	.136	.036	.124	3.831	.000

* R^2=.040; F=5.214; 유의수준 .000

이러한 측면에서 매니페스토운동의 영향력 제고 방안도 논의되어야 한다. 즉 정보의 양과 처리능력을 향상시키는 것이 향후 정책지향적 투표를 확산하는 방안이라고 할 수 있다. 조사결과에서도 매니페스토운동의 영향력 확대방안으로 당선 이후 공약이행 여부 평가(32.4%), 매니페스토운동에 대한 홍보 강화(18.3%), 정당과 후보자의 공약개발 노력(17.5%), 유권자들의 공약 중시 노력(15.2%) 등의 순으로 나타났다(〈그림 3-3〉 참조).

선거과정에서의 사전평가만이 중요한 것이 아니라 당선 이후 이행과정에 대한 평가가 향후 매니페스토운동 정착에 중요한 관건이 될 것이라는 예측은 주목할 만하다. 매니페스토가 정착되기 위해서는 당위론적 차원에서 정책선거가 이루어져야 한다는 주장만으로는 어려움이 있다. 실제로 유권자 입장에서 매니페스토가 유용하고, 왜 중요한지 인식

〈그림 3-3〉 매니페스토운동 영향력 제고 방안

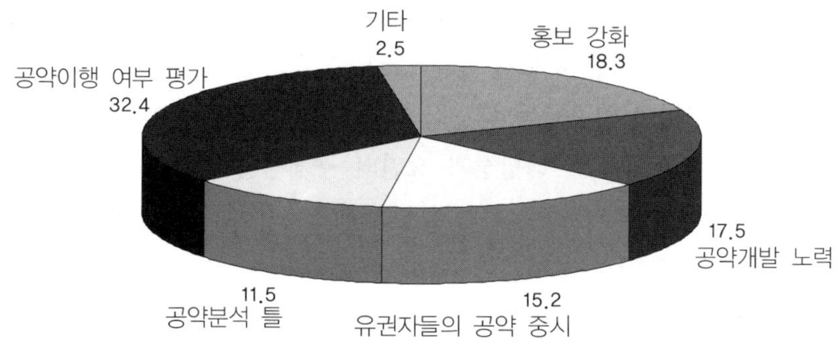

하는 것이 중요하다. 이러한 의미에서 매니페스토 사이클이 움직여가는 과정을 유권자들이 직접 체험함으로써 매니페스토가 갖는 효용성을 높일 수 있을 것이다(이현출, 2007).

이러한 맥락에서 지방선거 매니페스토 도입 2주년을 계기로 주인인 유권자가 대리인인 대표가 제시한 공약이행에 대한 중간평가를 실시함으로써 매니페스토 선거가 왜 중요한지 인식시켜주는 것은 그 의미가 크다고 할 것이다. 어려운 평가지표를 개발해 제시하는 것보다 주민들의 손에 의해 선출된 당선자의 공약을 점검함으로써 매니페스토가 왜 중요한지 인식할 수 있도록 해주는 것이 더 중요하다. 이를 통해 매니페스토 실천 성공사례를 발굴해 전파함으로써 정책선거에 대한 이해도를 확산시킬 수 있을 것이다. 특히 2008년은 매니페스토 도입 지방선거 2주년이 되므로 당선된 대표들이 유권자에게 제시한 매니페스토를 어떻게 추진하고 있는지 점검하는 것은 대의민주주의의 반응성 제고를 위해 중요한 의미를 지닌다고 할 것이다.

다음으로 홍보의 강화를 들 수 있다. 특히 20대층에서 홍보를 강조하고 있는 것을 알 수 있다(24.2%). 유권자들에게 아직도 낯선 매니페스토라는 용어에 대한 홍보를 강화해야 한다. 지방선거 당시에도 매니페스토라는 용어를 인지하지 못하고 있는 경우가 많았음을 볼 때 대통령선거에서는 홍보활동이 강화되어야 한다. 제17대 대선에서는 각 언론이 중심이 되어 대선 후보자 매니페스토를 평가했다. 후보자가 일찍 확정된 한나라당과 민주노동당의 경우에는 후보자간 정책적 입장의 차이와 대표정책을 둘러싼 타당성과 요건의 구체성을 둘러싼 논쟁이 가능했다. 그러나 여권의 경우에는 정당간 통합논의 이후에도 범여권 후보단일화 논의로 인해 후보자간 매니페스토 토론이 순탄치 않았다. 이처럼 본선 경쟁구도가 오리무중인 상황에서는 예비후보자간 정책검증에도 관심을 가져야 할 것이다. 또한 정치자금법 제60조에서 선관위에 정치자금촉진홍보를 의무화하고 있는 바와 같이, 현재 계류중인 공직선거법 개정안에 정책선거 촉진 또는 기반조성 홍보를 의무화하는 조항을 선거법 보칙으로 삽입하는 것도 입법정책적 측면에서 바람직할 것이다.

5. 결론: 2007년 대통령선거와 매니페스토운동의 과제

이 논문을 통해 살펴본 바와 같이 민주화 이후 실시된 대통령선거에서의 정책공약을 살펴보면 허술한 깜짝 공약이 선거판세를 좌우하고, 정책보다는 정치공세 위주로 선거캠페인이 진행되어왔음을 볼 수 있다. 나아가 선거판세에 결정적 영향을 미친 위헌적 공약에 대해 제대로 검증도 못하고 투표에 임해온 것이 사실이다. 이렇게 선거를 치르고 나니 대통령 임기가 끝날 무렵이 되면 대통령의 지지도가 10%대로 곤두박질치는 현상이 낯설지 않았는지도 모른다.

매니페스토를 통해 집권기간을 실행할 정책 아젠다가 철저히 검증되지 않는다면 향후 국정운영의 혼란과 비효율, 이로 인한 정치불신은 피

할 수 없다. 따라서 다음 선거에서는 어떠한 상황에서도 유권자와 대표 간에 정책매니페스토를 통해 계약이 체결될 수 있도록 매니페스토 선거 정착방안이 강구되어야 할 것이다.

대선과정에서 행해진 주요정당 예비후보자 정책토론회에서도 이러한 개연성이 보였다. 구체적이고 타당한 매니페스토를 제시하지 않은 상태에서 토론이 벌어지는 것을 보면 안타깝기 그지없다. 아울러 여야를 불문하고 정책보다 네거티브 캠페인에 매달리는 구태를 벗어나지 못하고 있는 점 또한 아쉬운 점이다.

선거를 매니페스토 정책선거로 이끌기 위해서는 공급자로서 후보자와 정당이 알을 낳는 산고가 필요하다. 정책수요자 입장에서 유권자도 이제 정책 매니페스토가 왜 중요한지 인식하고 꼼꼼히 평가하고 투표에 임하는 노력이 필요하다. 이를 위해서는 유권자 의식조사에서 지적되었지만 매니페스토의 이행평가를 철저히 함으로써 매니페스토운동의 영향력을 키워야 할 것이다. 이를 위해 지방선거 중간평가와 같이 매니페스토 중간 이행평가를 철저히 해서 유권자 스스로 매니페스토의 중요성을 인식할 수 있도록 유도하는 노력이 필요하다. 이와 함께 대통령선거 매니페스토 평가틀을 만들고, 이를 유권자에게 홍보하는 노력이 뒤따라야 할 것이다. 이를 위한 매스미디어와 인터넷 미디어의 역할이 중요하다. 매니페스토가 유권자의 목소리에 반응하지 않는 정치, 책임지지 않는 정치, 되는 일도 없고 안 되는 일도 없는 무능한 정치를 바꾸는 도구로 기능하기를 바란다. 앞으로 대선 캠페인은 누가 향후 5년간 국가선진화를 위한 비전과 이를 구체화할 정책 프로그램을 가지고 있는지 꼼꼼히 평가하는 장이 되어야 할 것이다.

■ 참고문헌

김민정·김원홍·이현출·김혜영, 2003, 「한국여성유권자의 정책지향적 투표행태: 제17내 대통령선거를 중심으로」, 『한국정치학회보』 제37집 제3호.

김영래·이현출 편, 2006, 『매니페스토와 지방선거』, 서울: 논형.

대통령직인수위원회, 2003, 『대선공약 진단 및 점검결과 보고서』.

새천년민주당, 2002, 『새로운 대한민국 국민후보 노무현』.

소네 야스노리(曾根泰教), 2006, 「일본 지방선거에서의 매니페스토 도입과 정치변화」, 김영래·이현출 편, 『매니페스토와 지방선거』, 서울: 논형.

송근원, 1994, 「대통령선거 아젠다 분석: 제14대 대통령선거 이슈를 중심으로」, 『한국정치학회보』 제28집 제1호.

———, 2002, 「2002년 대선 공약 비교분석을 위한 기준과 척도」, 2002년 대선공약 분석모형개발 심포지엄 발표논문.

윤승모, 2006, 「한국의 매니페스토형 선거도입과정에서의 언론의 역할」, 매니페스토 추진 한·일 공동세미나(8월 28일, 게이오대) 발표논문.

이원희, 2007, 「16대 대선 공약집 예산분석을 통한 대선 정책공약의 예산관련 작성방향 제안」, 한국매니페스토실천본부 세미나 자료(4월 10일).

이현출, 2005, 「정책선거 유도를 위한 공약이행평가방안」, 중앙선거관리위원회, 『선거관리』 제51호.

———, 2006a, 『매니페스토와 한국정치 개혁』. 서울: 건국대학교출판부.

———, 2006b, 「지방선거와 매니페스토: 평가와 전망」, 매니페스토 추진 한·일 공동세미나(8월 28일, 게이오대) 발표논문.

———, 2006c, 「대통령선거와 매니페스토」, 『국회보』 통권479호(10월호).

———, 2007, 「매니페스토 참여행위자들의 바람직한 역할구분」, 서강대 현대정치연구소 "매니페스토운동의 바람직한 방향과 영향력 확대방안" 토론회 발표논문(4월 20일).

임성호, 2006, 「한국 대통령선거와 매니페스토」, 매니페스토 추진 한·일 공동세미나(8월 28일, 게이오대).

허범, 2002, 「대통령선거공약토론의 유권자 참여지향적 조직과 운영」, 2002 대선공약 분석모형개발 심포지엄 발표논문.

金井辰樹, 2003,『マニフェスト: 新しい政治の潮流』, 東京: 光文社新書.
北川正恭, 2004,『早稲田パブリックマネジメント』No.2, Autumn.
大山礼子·藤森克彦, 2004,『マニフェストで政治を育てる』, 東京: 雅粒社.

Brady, David and Barbara Sinclair, 1984, "Building Majorities for Policy Changes in the House of Representatives," *Journal of Politics*, 46: 1033-1060.

Converse, Philip E., 1972, "Change in the American Electorate," in Campbell, Angus & Converse(eds), *The Human Meaning of Social Change*, New York: Sage.

Erikson, Robert S. and Gerald C. Wright, Jr., 1980, "Policy Representation of Constituency Interests," *Political Behavior*, 2: 91-106.

Fiorina, Morris P., 1981, *Retrospective Voting in American National Elections*, New Haven: Yale University Press.

Mair, Peter, 2001, "Searching for the positions of political actors: A review of approaches and a critical evaluation of expert surveys," in Michael Laver(ed.), *Estimating the Policy Positions of Political Actors*, London: Routledge.

Sniderman, Paul, Richard A. Brody and Philip Tetlock, 1991, *Reasoning and Choice: Explorations in Political Psychology*, Cambridge: Cambridge Univ. Press.

Wright, Gerald C., Jr., 1986, "Elections and the Potential for Policy Change in Congress," in Gerald C. Wright Jr., Leroy Rieselbach and Lawrence C. Dodd(eds.), *Congress and Policy Change,* New York: Agathon Press.

Wright, Jr. Gerald C. and Michael B. Berkman, 1986, "Candidates and Policy in United States Senate Elections," *American Political Science Review*, Vol. 80, No.2.

http://531.joins.com/predge_bank/predge_bank_list.php
http://www.nec.go.kr/notice/report/index.html?id=b12&mode=view&idx=7523
http://www.local-manifesto.jp/network/index.html
http://www.local-manifesto.jp/headleague/
http://www.local-manifesto.jp/gikaigiin/

Specific

매니페스토와 정책선거

Measurable

2부

외국의 사례

Achievable

Relevant

Timed

4장
일본의 매니페스토 등장
문맥과 의미

하동현*

이 논문은 세 부분으로 구성되어 있다. 첫째, 일본에서 매니페스토가 정치행정개혁의 수단으로 변용되는 과정을 살펴본다. 둘째, 매니페스토가 전달하고자 하는 주요 키워드와 기능을 분석한다. 셋째, 매니페스토와 지방 매니페스토의 차이점을 설명하고 마지막으로 한국을 위한 시사점을 모색한다.

1. 일본의 매니페스토 등장과정

일본의 매니페스토 등장은 민간에서 정치권으로 유입되어 확산되는 흐름을 보여준다. 기본적으로 21세기임조(世紀臨調)로 대표되는 민간 사이드가 매니페스토라는 아이디어를 새롭게 구성해 공급했고, 정계가 정당개혁의 수단으로 흡수했던 것이다. 민간의 문제제기가 점차 정치가 개인 혹은 일부 그룹에 의해 정당의 하위 위원회에 공식 아젠다로

* 일본 게이오대학교 박사과정.

채택되었고, 이와 동시에 민간 내부의 논의도 심화되었다. 여기에서는 시기별로 나누어 매니페스토의 침투와 확산의 양상을 설명한다.

제1기는 전문가에 의해 매니페스토라는 언어가 정치가에게 전달되어 공유하는 시기이다. 매니페스토란 정치전문가들, 특히 영국 정치행정에 정통한 전문가들 사이에서는 널리 알려진 정치학 용어이다. 그것이 국회라는 공식적 논의의 장에서 전문가에 의해 소개되면서 현실 정치가들이 주목하기 시작했다. 1997년 5월 28일 소네 야스노리 게이오대학 교수는 중의원의 제140회 '공직선거법 개정에 관한 조사특별위원회'에 참고인으로 출석하여 다음과 같이 매니페스토를 소개했다.

"이번 영국의 선거에서 정당 매니페스토라는 선거를 위한 공약을 상당한 시간을 투자하면서 준비하고 있습니다. …이것은 당에서 논의합니다. …즉 판매해야 할 상품이라는 것이 명확하기 때문입니다. 그것을 가지고 선거에 임하게 되므로 개인의 상품판매가 아닙니다. 그러니까 이것은 하나의 방법, 방향성입니다. …일본의 정당이 선거용 매니페스토를 작성할 수 있을지 여부는 장래의 과제가 될 것입니다. …그러한 점에서 정당이라는 브랜드와 개개 의원이라는 개별 상품, 그것과의 관계를 좀더 일관성을 가지도록 해야 할 것입니다. 그것은 정당 혹은 대표에 있어서 책임의 문제와 밀접하게 관련되어 있기 때문이라고 생각합니다."

이 발언은 일본 국회 회의록에 등장하는 매니페스토에 관한 최초의 기록이다. 이후 1999년 7월 1일 참의원의 제145회 '재무행정개혁·세제 등에 관한 특별위원회'에 야마구치 지로 홋카이도대학 교수가, 2001년 5월 9일 제151회 참의원의 '헌법조사회'에는 마에다 히데아키 코마자와대학 교수가 참고인으로 출석하여 매니페스토와 관련된 의견을 증언했다. 전문가들은 영국선거에서의 매니페스토의 의미와 그 역할을 소개하고 구체적인 정책 제시와 실현이 리더십의 원천이 되고 있다고 평가했다. 그리고 이는 향후 일본 정치발전에 중요한 과제임을 지적했다.

이러한 개별 전문가들의 문제의식이 점차 민간단체의 제언으로 등장하기 시작했다. 21세기임조는 소선거구 비례대표 병립제로 처음 실시되는 1996년 제41회 중의원의원선거 직전에 "총선거를 향한 긴급 제언"이라는 성명서를 발표했다. 여기에서 ① 선거 전에 수상, 정책 등의 정권의 틀과, ② 구체적인 일정, 기한, 책임의 소재가 명확한 공약을 국민에게 제시할 것을 각 당에 호소했다. 이는 일본 매니페스토의 기본 발상이 되는 개념이었다. 2000년 6월 6일, "정치가와 유권자의 공동작업: 총선거를 의의 있게 하기 위해서"라는 긴급제언에서 처음으로 매니페스토 용어가 사용되었다. 정당은 4년간의 임기중에 로드맵, 기한, 재원이 기재된 정권운영의 매니페스토(공약의 실행계획)를 제시해야만 한다고 이 단체는 주장했다.

정치권에서도 소장파 정치인들을 중심으로 정책이나 공약 관련 연구모임이 활성화되었다. 1999년 민주당의 3선 이하의 젊은 의원들이 '대쉬의회'를 결성하여 자민당의 정책이나 공약을 철저히 연구했다. 이 모임에서 자민당의 공약은 구체성이 없기 때문에 매니페스토라고 부를 수 없다고 평가했다. 이는 정치인들이 정당의 기존 공약이 매니페스토라는 새로운 공약과 다르다는 것을 의식하기 시작한 최초의 문서이다(金井, 2003). 2002년 2월 14일 제154회 중의원 헌법조사회의 '정치의 기본 기구 본연의 자세에 관한 조사 소위원회'에서 민주당의 마쓰자와 시게후미 의원은 참고인인 타카하시 카즈유키 도쿄대학 교수가 제시한 국민내각제의 개념을 확인하는 자리에서 이 개념이 매니페스토의 제시를 통해 정책과 수상 선택을 일원화하여 정치적 리더십을 획득하는 영국형 의원내각제와 일맥상통하다는 결론을 이끌어냈다. 이후 마쓰자와 씨는 2003년의 가나가와현 지사선거에 매니페스토를 내걸고 당선된다. 이 시기에는 매니페스토는 정치학 용어에서 점차 정치개혁의 수단을 상징하는 정치운동적 성격으로 변용되기 시작했다.

제2기에는 매니페스토가 유력한 정치개혁의 수단으로 인지되면서 점차 구체화된다. 자민당은 고이즈미 수상이 취임한 후, 2001년 6월에 국가전략본부를 설치했다. 고이즈미 수상이 본부장의 위치에서 국가 비전을 그리는 '국가비전책정위원회'의 설치를 지시했다. 동위원회는 8개의 테마를 선정하여 각각 개혁 보고서를 작성했는데 그 가운데 하나가 정치시스템이었다. 9회의 논의를 거쳐 그 해 12월에 중간보고, 2002년 3월 13일에 "정치시스템: 새로운 정책결정시스템"이라는 최종 제언을 제출했다. 이 보고서에서 선거공약은 국가전략과 국가경영의 기본으로 정의되고 일본판 매니페스토의 창설을 제안했다. 한편 민주당은 자민당과의 정책적 대립 축을 명확히 하기 위한 작업을 진행시켜왔다. 2002년 6월 11일 하토야마 유키오 민주당 대표는 정책원안을 작성하여 넥스트 캐비넷(next cabinet)에 보고했다. 이는 "우애사회창조에 의한 일본재생을 위한 10의 정책 매니페스토(강령)"로 새로운 개혁정책으로 매니페스토라는 언어를 내세웠다. 넥스트 캐비넷은 민주당의 이념이나 정책의 기준이 되는 형태로 명료하고 구체적으로 정리해야 한다고 평가하고 몇 차례의 검토를 통해 완성시키기로 하였다.

한편 경제단체인 경제동우회는 2002년 10월 22일, "수상의 리더십 확립과 정책본위의 정치실현을 요구하며"를 공표했다. 경제계로서는 처음으로 매니페스토 도입을 제안했던 것이다. 동단체의 정치위원회는 영국, 벨기에, 미국 등 3개국을 2회에 걸쳐 현지조사하고 심포지엄이나 세미나를 거쳐 제언을 정리했다. 3가지의 구체적인 제언 가운데 한 가지가 매니페스토의 도입이다. 여기에서는 민주주의나 정당정치의 본질은 정치가, 정당들이 정책으로 경쟁하고 유권자가 이를 선택하여 민의를 형성하는 것으로 일본에서는 정당의 실적평가에 따른 정치사이클의 확립이 시급한 과제라고 지적했다. 따라서 정당들은 다음 총선거부터 매니페스토(정권정책)를 제시하여 정책경쟁에 나설 것을 요구하였다.

제3기는 새로운 정치개혁수단으로 매니페스토가 본격적으로 정치가에게 도입된 시기로 통일지방선거가 첫 번째 실천의 장이 되었다. 전문가나 관계자의 논의에서 선거라는 본격적인 실천으로 옮겨진 것은 어느 심포지엄이 계기가 되었다. 2003년 1월 25일부터 이틀 동안 미에현 요카이치시에서 "분권시대의 자치체 변혁: 스스로의 손으로 어떻게 벽을 깰까"라는 심포지엄이 개최되었다. 매니페스토의 제안이 실천으로 전환된 것은 '지사들의 열띤 토론, 분권개혁과 정치개혁'이라는 섹션에서 발생했다. 후일 지방 매니페스토운동의 추진주체가 되는 기타가와 마사야스 미에현 지사가 패널리스트로 참석하여 선거출마예정인 현직 지사들을 상대로 매니페스토 작성을 권유하는 장면이 연출된 것이다. 그 후 패널의 한 사람이었던 마스다 히로야 이와테현 지사가 2월 27일 일본 최초의 매니페스토를 공표하는 것으로 현실화되었다. 이 움직임은 타 지역으로 확산되어 4월 13일 제15회 통일지방선거가 실시된 11도현의 총 45명의 지사 후보자 중 7도현 11명이 매니페스토를 공표하고 6명(현직 2명, 신인 4명)이 당선되었다. 특히 후쿠오카현, 후쿠이현, 가나가와현에서는 2명 이상의 후보자가 매니페스토를 제시하여 정책경쟁이 전개되었다.

이러한 움직임은 한층 더 강화되어 그 해 실시된 다른 7현의 지사선거에서는 모든 지역에서 1인 이상이 매니페스토를 발표했다. 총 22명의 후보자 중 12명(현직 3명, 신인 9명)이 매니페스토를 내세워 다섯 개 현에서 당선되었다. 사이타마현, 토쿠시마현, 미야자키현에서는 2명 이상의 후보자가 매니페스토를 제시하여 유권자의 관심을 모았다. 이 시기는 지금까지 국정을 염두에 두고 논의되어온 매니페스토가 지방 매니페스토라는 형태로 분화되어 지방의 논리에서 매니페스토의 유용성이 성립되어가는 전환점이 되었다고 평가할 수 있다. 당선된 지자체 단체장은 매니페스토를 행정현장에서 실천하면서 정치주도권을 잡으려고 모색하는 동시에, 이원대표제의 다른 축인 지방의회도 매니페스토를 통해 새로운 정치적 위상을 정립하려는 경향이 대두되었다.

제4기는 지금까지 정당 내외에서의 매니페스토 도입의 제언, 지방의 매니페스토형 선거실험 등의 동향에 중앙정치가 반응하게 되면서 국정선거에도 매니페스토가 본격적으로 도입되는 시기이다. 제1야당 민주당은 다음의 총선거를 매니페스토 선거로 임할 것을 내부 방침으로 결정하여 공약작성에 몰두했다. 칸 나오토 민주당대표는 2003년 6월 11일의 당수 토론에서 고이즈미 총리에게 기존 공약과 매니페스토의 차이를 설명하면서 양당이 국민에게 매니페스토를 제시하여 정권을 선택하게 하는 선거로 만들 것을 제안했다. 이에 대해 고이즈미 수상을 비롯한 자민당의 집행부는 정당공약의 중요성을 인정하면서도 매니페스토 선거를 찬성하지 않았다. 그 배경에는 고이즈미 총리의 구조개혁을 둘러싼 의견이 상호대립하여 그 조정에 난항을 겪는 당내 사정이 있었다. 하지만 자민당 내부에서도 매니페스토에 대한 관심은 점차 높아져 가고 있었다. 5명의 소장파 의원들은 5월부터 스스로 '매니페스토 연구모임'을 조직하여 8월에 자신들의 매니페스토 안을 표명했다. 국가전략본부도 "우리 당의 정권공약에 관한 제언"을 총리에게 제출하면서 자민당의 총재선거에 출마한 후보자들은 매니페스토를 제시하여 당선된 후보자의 매니페스토에 기초한 당의 공약을 작성해야 한다고 제언했다.

이러한 상황 속에서 고이즈미 총리가 매니페스토를 전격 수용하게 되면서 정국의 흐름은 매니페스토형 선거로 급진전하게 된다. 그는 『중앙공론』 8월호(7월 10일 발매)에 게재된 인터뷰에서 "당총재선거에서 자신이 승리를 거두면 그 방침이 당의 공약이 될 것이다"라고 강조하면서 총재선거의 공약과 자민당의 정책공약이 일치될 것임을 확언했다. 그 수용 배경에는 매니페스토로 구조개혁과 관련된 당내의 정책대립을 억제하려는 전략적 의도가 숨겨져 있었다. 이 시사지에는 칸 민주당대표가 민주당의 매니페스토 실행력을 제시하는 기사도 포함되어 양당의 대표가 11월의 총선거는 매니페스토 선거가 될 것임을 합의하는 모양새가 되었다. 이러한 움직임을 지원하는 초당파적 모임인 정권공약(매니페스토)추진의원연맹이 발족하였다. 이 연맹은 매니페스토 실천의 당면

과제로 공직자선거법을 개정하여 매니페스토 배포를 가능하게 하는 것을 긴급과제로 설정했다. 결국 공직자선거법 개정안은 10월 3일 중의원 본회의에서 가결되어 매니페스토 선거를 위한 최소한의 법률정비가 이루어졌다. 각 정당들은 매니페스토 작성위원회를 설치하여 공약작성에 힘을 쏟게 되었고, 11월 9일 총선거를 앞두고 정권공약을 발표한다.

2003년 국정의 매니페스토 도입 연표

『중앙공론』 2004년 5월호

6월 11일: 국회의 당수 토론, 칸 나오토 민주당대표가 고이즈미 수상에게 차기 총선거에 있어서의 매니페스토 선거를 요구
7월 10일: 『중앙공론』에서 고이즈미 총리는 "총재선거에서 자신이 승리하면 그 방침이 당의 공약이 될 것이다"라고 발언
7월 28일: 자민당 '정권공약검토위원회' 발족
9월 4일: 21세기임조 공직자선거법PT가 "정권공약의 도입을 향한 공직선거법 개정에 관한 긴급제언"을 발표
9월 18일: 민주당이 매니페스토 제1차안 공표
9월 20일: 자민당 총재선거(고이즈미 수상 재선)
9월 25일: 자민당, 정권공약검토위원회를 '정권공약책정위원회'로 개편
10월 2일: 공명당이 매니페스토(최종판)를 발표
10월 3일: 중의원 본회의에서 공직선거법 개정안 가결
10월 5일: 민주당이 자유당과의 합당대회를 개최, 매니페스토를 발표
10월 6일: 자민·공명·보수 신3당 기획회의. 자민당, 정권공약책정위원회에서 정권공약 원안 발표
10월 10일: 자민당 "정권공약 2003 고이즈미 개혁 선언"을 당의 결정으로 하고, 중의원 해산
10월 14일: 자민당 "정권공약 2003 고이즈미 개혁 선언"을 발표
10월 17일: 민주당이 매니페스토 완전판 공표
10월 28일: 제43회 중의원의원 총선거 공시
11월 4일: 민주당 '인사 매니페스토'를 발표
11월 9일: 제43회 중의원의원 총선거 투표
11월 18일: 자민당·공명당 연립정권 합의

요컨대, 매니페스토는 전문가로부터 소수의 정치가에게, 민간 사이드로부터 정당으로, 지방에서 국정으로 확산되면서 정치개혁의 수단으로 등장하게 되었다.

2. 매니페스토의 특징과 기능

1) 매니페스토가 전달하는 세 가지의 키워드

매니페스토의 개념과 사이클의 등장은 정치행정에 관련된 이해관계자들에게 선거, 실행체제, 정책의 의미를 재인식시키는 계기가 되었다.

첫째, 정치가 기능하는 근저에는 역동적인 국민의 선택이 존재하며, 그 제도적 실체로 선거가 기능한다는 사실을 환기시켰다. 지금까지 자민당 1당지배라는 장기집권구조에서는 정권교체가 행해지지 않는 것이 당연시되어왔다. 자민당 총재선거가 사실상의 수상선택 선거가 되었으며, 그것을 둘러싸고 자민당 내 파벌들의 역학이 정국의 초점이었다. 국민의 선택과 동떨어져 닫혀진 형태로 특정 정당 내부의 정치적 이해관계로 인한 유사적 정권교체만이 반복되었다. 주인·대리인의 관계에서 본다면, 이것은 주권자로서 궁극적인 주인인 국민이 대리인인 정당에 의사표명을 하는 중요한 채널이 제 기능을 못한다는 것을 의미한다. 선거를 통해서 주고받는 계약행위가 부실화되는 것은 계약내용의 불투명성으로도 연결된다. 매니페스토는 이와 같이 상실되고 있는 선거의 의미를 부활시켜 국민과 정당 간의 관계를 재구축하는 것을 목적으로 한다. 선거는 특정 시점에서 국민들의 의사를 새롭게 묻고 정당과의 결합관계를 갱신하여 향후 정당이 제시하는 정치활동에 정통성을 부여하는 행위이다. 선거기간에 정당(후보자)들은 국가 혹은 지역이 처해진 현실인식을 제공하고 향후의 청사진을 제시하여 국민들의 지지를 이끌어낸다. 국민들은 과거의 실적을 바탕으로 제시된 국가의 방향들 가운데 하나를 선택하게 된다. 선거란 국정 아젠다에 대한 국민과 정치권의 인식을 공유하는 과정이다.

또한 선거는 정치활동의 에너지를 공급하는 최대의 자원이다. 특히 집권당은 선거로 생성된 국민지지라는 최대의 정치자원을 기반으로 개혁을 진행시킨다. 관료기구에 명확한 정책목표를 부여하고 지도·통제하며 개혁을 향해서 정치가집단의 합의를 이끌어낸다. 매니페스토는 선거가 생성하는 정치적 활력을 최대한 이용할 수 있는 수단으로 활용될 수 있다.

두 번째, 핵심정부(core executive)의 역할과 책임을 부각시킨다. 전후(戰後) 헌법을 비롯한 일본의 통치구조 관련 제도들은 전전(戰前)과는 달리 일원화된 행정권, 각 성청에 대한 지휘감독권 등 강력한 지도력을 발휘할 수 있는 권한을 내각에 부여하여 내각을 중심으로 국정을 운영하는 시스템을 규정하고 있다. 그럼에도 불구하고 최고지도자인 총리대신은 그 권한을 충분히 발휘하지 않는 리더십의 유형을 보여왔다고 평가되었다. 리더십의 특징을 연구한 하야오(Hayao, 1993)는 일본의 수상들은 이념과 정책의 선도자라기보다는 집단지도체제 가운데 첫 번째 서열에 있을 뿐이며, 사전에 명확한 목적을 수립하여 정책을 추진하기보다는 그 때의 상황에 임기응변적으로 대응하는 경향이 있다고 하였다. 그는 이것을 반응적(reactive) 리더십이라고 특징지었다. 크라우스(2000)는 국가의 리더십을 형성하는 요인을 설명했는데, 지도자는 국가, 사회, 대외문제의 세 가지 영역과 관계되어 있으며, 각 영역에는 제도적 문맥, 이미지 관리, 국제관계의 변수가 각각 포함되어 있다. 이 변수가 부과하는 제약이나 기회를 어떻게 능숙하게 대처할 수 있을까에 따라 수상의 지도력 수준을 결정할 수 있다. 지금까지 일본정치의 특징은 상대적으로 약한 수상, 파벌화된 지배정당, 분권적인 정책형성과정, 특수이익의 배분, 정책중심이 아닌 정치, 여론지지율과 매스컴 보도의 무관계성 등으로 특징지어진다.

매니페스토는 핵심정부(core executive)의 운용원리가 변용되는 것을 촉진한다. 핵심정부는 "중앙정부 내의 각 기관의 대립을 최종적으로 조정하는 모든 조직"을 가리키며 정부 측에서는 수상, 내각(각료) 각 성청의 고급관료, 자민당에서는 파벌, 3역(간사장, 총무회장, 정무조사회장), 업계의 이익을 대변하는 족(族)의원이 포함된다(伊藤, 2006). 이와 같은 내각, 여당, 관료의 다극화된 일본의 핵심정부구조를, 매니페스토는 내각을 중심으로 수직화된 핵심정부로 전환시키는 작용을 하는 지렛대 역할을 한다.

수상후보는 선거를 통해 국민들에게 공약을 선언하며 당선된 정책공약집은 국민적 공인을 얻게 된다. 정당성을 획득한 수상의 매니페스토는 내각에서 여당과 관료에 전달되는 정책형성의 근원이 된다. 이것은 기존의 정책결정구조의 특징이었던 여당의 족의원이나 관료의 합의에 의해서 내각의 각료회의까지 상향되는 보텀 업(bottom-up)형의 정책 패턴과는 배치되게 된다. 수상은 국민과의 계약을 의식하여 주어진 권한을 행사하여 정책을 추진하려고 하며 국민과 매스컴도 이를 감시한다. 특히 수상과 여당, 수상과 관료 간 정책입장이 대립되었을 때 양자간 운용구조의 충돌은 정치위기로 표출될 수도 있다. 정책추진의 출발점으로서 의식적인 매니페스토 실행은 분산화된 거버넌스 구조를, 내각의 주도 하에 여당과 관료가 움직이는 핵심정부를 변화시키는 역할을 수행한다.

세 번째로, 매니페스토는 선거와 선거를 연결하여 실적투표를 가능케 하는 검증할 수 있는 공약이라는 점이다. 선거로 당선된 후보자는 최대 4년(일본 중의원의 임기)의 임기를 가진다. 한정된 시간에 효율적으로 사업을 진행하기 위해서는 실행체제와 더불어 비전, 방향성, 우선순위, 대안을 가지는 정책프로그램이 필요하다. 새로운 계약을 갱신할 기회가 선거이며 실적에 대한 유권자의 판단이 정권의 지속 혹은 교체 여부를 결정한다. 매니페스토는 실적평가의 기본자료가 되는 것이다.

일본에서는 1990년대 중반부터 무당파층이 급증했다. 1955년체제의 붕괴 이후 이합집산을 거듭하는 정국에 대하여 국민의 실망감이 표출되어 정당이탈현상이 가속화되었다. 1990년대 초반 30%대였던 '지지정당 없음'의 무당파층이 1995년을 기점으로 전체 유권자의 절반에 이르게 되었다. 지방선거에서는 정당 공천이나 추천을 거부하는 무소속 후보자가 속출했다. 이는 유동화하는 정국 속에서 국민들이 정당을 통해 정책 혹은 이익실현을 성취하겠다는 것에 회의적임을 뜻한다. 그 대신에 수상이 인솔하는 내각에 직접 호소하는 방식으로 전환하고 있다(久米編, 2003: 397). 도시지역을 중심으로 1993년의 정치개혁, 1996년의 구조개혁과 같은 포괄적 비이데올로기적 쟁점이 선점되는 경향도 이러한 흐름을 반영한다(品田, 2000). 기존의 정치가중심의 이익 유도형 정책에서 정당 대표의 지도력과 정당정책으로 국민적 기대가 높아지고 있는 것이다.

합리적인 유권자의 투표행동으로 두 가지의 모델이 제시된다. 하나는 쟁점투표(issue voting)로 선거쟁점에 대하여 유권자가 자신의 입장에 따라 투표한다는 것이다. 미시간 모델(Michigan model)로 불리는 이 모델은 특정 쟁점에 관해서 유권자의 높은 인지도, 관심도, 정당과의 관계를 파악하는 것이 전제조건이 된다. 한편 실적투표(retrospective voting)란 유권자들이 정권을 담당한 정당의 실적을 회고·평가하여 투표한다는 것이다. 매니페스토는 실적투표를 가능하게 하는 기초자료로 위치 지어진다. 쟁점투표에서도 매니페스토는 중요하다. 선거 때마다 쟁점은 바뀌지만, 각 정당은 쟁점정책에 관한 입장을 매니페스토를 통해서 국민에게 전달할 필요가 있기 때문이다.

매니페스토는 커뮤니케이션의 수단이다. 후보자가 정권의 비전을 어떠한 이념, 가치, 방향성에 기초를 두어 실현해가는지, 그 목표에 접근하기 위해서는 현실적으로는 어떠한 방법을 채택해야 하는지, 그 방법은 어떠한 우선순위로 접근해야 하는가를 알아야 한다. 그 방법이 정책이며, 그 우선적 정책을 후보자는 유권자에게 구체적인 언어로 검증가능한 형태로 제시한다. 정권교체는 매니페스토의 교체이며 이것은 정책 전환을 의미한다.

2) 매니페스토 사이클과 3가지의 중심이동

제도는 개별적이기보다 다른 제도와의 상호보완을 통해서 설계의 효과를 발현한다. 제도군(institutional matrix)은 몇 개의 제도들이 상호의존적 관계로 결합되어 있는 제도들의 집단이다. 그 관계의 양상이나 정도가 어떠한 모습인가에 따라 개개의 제도 혹은 전체적 제도군의 유효성에 영향을 받는다. 일련의 제도들간의 의존관계가 점차 강화되어 제휴하게 되면, 제도군은 긍정적 환류(positive feedback)에 의한 자기 강화과정(self-reinforcing process)을 통해 정착한다. 그리고 경로의존적 경향을 노정시킨다(Arthur, 1994; North, 1990).

매니페스토 사이클은 정치사이클 전반에 있어서의 핵심 키워드를 의식적 연결하여 재구성한 개념이다. 각 단계에는 선거, 행정관리, 정책평가 등 일련의 제도가 포함되며, 다양한 제도를 조합한 제도군으로 평가할 수 있다. 미시적 제도들이 하나의 거시적 개념(제도군)으로 결합하여 점차 강화되면, 새로운 긍정적 환류가 만들어진다. 정책결정구조는 고유의 운영메커니즘을 가지고 있다. 기존의 시스템에 매니페스토와 같은 새로운 개념이 이식되면 기존의 환류와 새로운 환류는 충돌하게 된다. 이러한 단계에서 각 단계에서의 제도간 마찰이 발생할 수 있다. 이와 같이 매니페스토 사이클이라고 하는 한 개의 루프가 정치사이클을 관통함으로써 정치개혁작업 전체의 재건을 모색하게 되는 것이다(21世紀臨調, 2003). 매니페스토라는 새로운 환류에 의해 정책결정구조에서 3개의 중심축 이동을 생각해볼 수 있다.

첫 번째로, 정책형성기점의 이동이다. 지금까지 정책형성사이클은 선거와는 비(非)상관관계로 정책형성과 정치적 책임소재가 불일치하는 것으로 평가되었다. 국정은 내각보다 여당(족의원)과 관료 간의 교섭, 지방은 단체장보다 직원이 정해진 종합계획에 의해서 쌓아올리는 방식(보텀업)으로 정책이 형성되는 것이 일반적 형태였다. 이것은 선거가 만들어내는 새로운 정치사이클이 실제의 정책형성에는 연계되지 못하며 이 구조 하에서 정권이 교체되어도 정책전환이 발생하지 않음을 의미한다. 매니페스토의 등장은 정책실현의 출발점을 선거의 시점으로 옮기는 것을 의미한다. 매니페스토 선언으로 정치적 책임과 범위를 명확히 하고 선거는 민의에 기초한 정책을 구체화하기 위한 출발점으로 자리매김하는 것이다.

두 번째로, 정책형성주역의 이동이다. 국정과 지방 양쪽 모두 지금까지의 정책형성은 정보량과 전문지식이 우위인 관료가 주도적으로 진행해왔다. 관료가 작성해온 안을 둘러싸고 자신의 고객에게 이익을 유도하는 활동이 정치의 임무로서 인식되었다. 일본의 정책결정과정을 설명하는 모델로 관료우위론(辻, 1969; ジョンソン, 1982)과 정당우위론(村松, 1981; ラムザイヤーローゼンブルス, 1995)이 오랫동안 치열한 논쟁을 전개하여왔다. 법과 제도에서 규정된 것과는 별도로 정책형성과정에서 정치가와 관료 중 누가 실질적인 영향력을 발휘하고 있는가가 논의의 핵심이었다. 최근에는 구체적인 사안과 정책의 개별 단계로 범위를 좁혀 관계를 살펴보는 정관융합론이 제기되고 있다(飯尾, 1995). 이러한 접근법은 정권과 관료 간의 관계보다는 족의원으로 대표되는 여당정치가 개인과 관료와의 관계에 초점을 맞추고 있다. 따라서 1990년대 일본 정치행정개혁의 방향이 개별 정치가의 주도가 아닌 내각주도의 정책결정 구조라는 점을 상기한다면 현재의 체제는 관료내각제로 평가될 수 있다(飯尾, 2007).

매니페스토의 제시는 선출직이 정책운영의 기본방침을 결정하는 것이다. 초기에는 매니페스토를 기존 공약과의 차별화를 도모하기 위해 "수치, 재원, 공정표가 들어간 구체적이고 명확한 공약"으로 정의되어 처음부터 완결된 정책을 제시해야 한다는 오해가 있었다. 정책이란 바람직하다고 판단되는 가치를 현실화하기 위한 구체적 방법론이며, 정치와 행정이 서로 분담하는 공동작업이다. 국민과 커뮤니케이션을 취하는 정치는 방법론의 가치를 만들어내며 행정은 그 구체안을 효율적으로 집행한다. 매니페스토에 대하여 요구되는 구체성의 정도는 후보자에 따라 다르지만, 적어도 임기 내의 정책과 행정운영 기본방침이 포함되어야 한다. 이것은 정책형성의 주역을 관료에서 정치가로 이동시키는 것을 뜻한다.

세 번째로, 정책운영의 전 과정에서 파생하는 다양한 행정사이클을, 정치사이클을 중심으로 일체화하는 것이다. 정책 형성과 집행 과정은 정치와 행정의 사이클로 성립된다. 지금까지는 2개의 사이클이 분리되어 각각의 논리로 작동되어왔다. 즉 정치사이클과 별도로 행정부는 행정의 논리로 움직인다. 선거를 통해 국민과 대표자인 선출직이 의견을 교환하여 정부운영의 방향성을 결정한다. 정권에 들어가면 공약을 행정의 집행계획으로 전환하는 프로세스가 필요하다. 그러나 지금까지는 정치가 혹은 정당의 공약과 행정계획을 연결하는 경로가 단절되어 있었기 때문에 선거는 선거, 행정은 행정의 메커니즘으로 운영되어왔다.

정치개혁이나 행정개혁은 다양한 제도를 양산한다. 개혁제도의 효과는 그 제도의 주변을 구성하는 다른 제도와의 관계로부터 영향을 받게 된다. 즉 도입된 특정 제도가 타제도간의 정합성과 제휴수준에 의해서 작동효과의 범위와 정도가 결정되는 것이다. 예를 들어, 행정개혁에 의해서 정책평가제도를 도입하였다면, 각 부처는 매년 진행하고 있는 각 사업을 효율성, 타당성, 유효성 등의 관점에서 평가한다. 정책평가는 행정운영의 효율화와 함께 궁극적으로는 민주주의에 있어서의 공공성의 창출을 목표로 하고 있다. 하지만 현재의 정책평가는 행정기관이 실시하는 매니지먼트를 개선하는 단계에 머무르고 있다(山谷, 2006). 이것은 정책평가가 정치제도와의 제휴가 불충분하다는 사실에 기인한다. 정책평가의 결과는 행정의 자기평가뿐만 아니라 선거의 실적투표의 기본이 되는 구조가 필요하다. 매니페스토의 제시는 행정 측의 정책평가를 정치의 실적평가로 전환하는 역할을 한다. 유권자에게 행정운영의 결과는 정치책임이라는 것을 인식시켜 투표의 판단기준이 되는 것이다. 이는 행정사이클과 정치사이클의 일체화를 촉진시키는 과정인 것이다.

3. 매니페스토와 지방 매니페스토

일본의 매니페스토는 국정 매니페스토와 지방 매니페스토로 크게 구분된다. 처음에는 국정의 정당정치 개념에서 등장했지만 통일지방선거에서 우선적으로 매니페스토형 선거가 실시되면서 그 구별을 위해 지방 매니페스토로 명명되었다. 따라서 양자간의 개념차가 크다고 볼 수 없을 것이다. 즉 개념적 차이보다는 활용공간에 따른 용도상의 차이를 보여준다. 이러한 과정의 반복을 통해 둘간의 정체성이 점차 형상화되고 있다. 이는 국정의 정당정치로부터 도출된 매니페스토 개념이 국정과 지방을 둘러싼 각각의 정치·행정적 맥락과 결합하면서 개별과제에 대한 개혁수단으로 진화·발전하고 있기 때문이다. 여기에서는 지방 매니페스토의 탄생의 배경과 그 탄생의 모델 사례를 중심으로 기술하고자 한다.

국정과 지방은 1990년대 이후 각각의 개혁 흐름들이 존재하였다. 국정은 자민당 1당우위체제의 붕괴, 관료들의 연속적인 스캔들, 연립정권의 항상화 등 정치의 유동화가 진행되는 가운데 금융위기 등으로 대표되는 정책대응능력이 크게 저하되는 시스템 피로현상을 보여왔다. 국민과 정치권은 기존의 정권운영체제를 변화시킬 필요성을 느끼게 되었고, 이는 정치개혁과 행정개혁의 원동력이 되었다. 정치행정구조개혁의 방향성은 권력을 내각에 일원화시키는 정치주도형 책임체제의 확립이었다.

한편 지방은 1990년대에 두 가지의 커다란 환경변화에 직면하게 된다. 첫째는 지방분권개혁이 1993년부터 정치 아젠다가 되어 제1차 분권개혁이 추진되었다. 아직 여러 과제가 남아 있지만, 기관위임사무 폐지로 상징되는 법과 제도의 정비로 지방의 자율성이 향상되었다. 두 번째는 재정악화가 지자체 거버넌스 개혁의 압력으로 작용했다. 버블 붕괴 이후 정부는 경기부양대책과 대미 공약을 이행하기 위해 공공투자 630조 엔 계획을 통해 대규모 공공사업을 실시했다. 정부는 지방에 대한 보조금 지출을 삭감하면서도 경기부양대책에 지방재정을 동원하기 위해 지자체 단독의 사업을 확대하도록 권고했다. 이를 위해 정부는 지자체에게 지방채 발행을 대대적으로 허가했고, 지방채의 원리상환과 일반재원의 보전을 위해 지방교부세를 활용했다. 이것이 지방재정위기의 근본원인으로 작용했다. 많은 지자체는 정부의 정책추진에 무원칙적으로 동의하게 되면서 공공사업을 확대했다. 이로서 지자체의 차입금은 급증했으며 정부의 소비세 인상(3%에서 5%)은 부진했던 경제회복에 한층 더 타격을 주게 되면서 정부와 지자체의 재정위기를 더욱 심화시켰다(宮本, 2000: 46).

지방분권이란 각 지자체가 자기결정과 자기책임의 원칙에 근거하여 지역을 운영하는 것이다. 각 지자체는 지자체의 관점에서 지역의 미래상을, 그리고 그것에 접근하기 위해 현재의 지역과제를 추출한다. 그리고 현재 동원가능한 지역의 자원과 정보, 재정에 기초하여 이를 해결한다. 분권시대에 적합한 지자체의 모습을 갖추기 위해서는 다양한 과제가 산적해 있으며, 특히 지금까지의 지자체를 둘러싼 다양한 관계를 재구축하는 과정이 요구되고 있다. 재정이 악화되는 현실은 새로운 변화에의 시급성을 일깨우는 압력으로 작용한다.

일본의 지자체는 지역의 미래상을 종합계획으로 제시한다. 1969년 지방자치법 개정으로 종합계획 수립이 시정촌에서는 법률로 의무지어졌고, 대부분의 도도부현도 이를 수용하여 시행하고 있다. 이후 종합계획은 행정운영의 중심축으로 간주되면서 지자체가 제시하는 정책과 계획책정의 근거가 되었다. 그리고 정책간의 전체적인 조정과 체계화를 이루는 데 공헌하고 있다(齊藤, 2003: 4). 종합계획은 기본구상, 기본계획, 실시계획이라는 세 가지 층위로 구성된다. 기본구상은 지자체의 장기 비전을, 기본계획은 기본구상에 근거한 구체적인 시책의 내용을, 실시계획은 기본계획을 기초로 한 각 시책의 실현을 위한 사업을 일컫는다. 이러한 계획 가운데 기본구상은 법률에 의해 책정이 의무지어지고 있는 점, 기본계획은 실질상 종합계획의 중심적 역할을 한다는 점에서 대부분의 지자체들은 100%에 가깝게 책정하고 있다. 실시계획의 경우, 행정계획에 대한 투명성이나 실효성 확보를 요구하는 시대적 배경 하에 서서히 지자체 속에서 구체화되고 있다(齊藤, 2003: 24-25).

한편 종합계획의 문제점도 노정되어왔는데, 주로 4가지 측면에서 지적된다(大塚, 2005). 첫째, 정책, 시책, 사무 사업의 우선순위가 명확하지 않다는 점, 둘째, 추상적이며 구체성이 결여되어 공무원, 주민들의 인지도가 낮다는 점, 셋째, 진행관리가 철저하지 않다는 점, 넷째, 종합계획의 전략적 적실성을 평가·개선하는 구조가 없다는 점이다. 하지만 이와 같이 종합계획 자체가 지닌 문제점도 있지만, 종합계획의 실효성이 결여된 무엇보다 큰 원인은 지자체의 행정운영구조에 기인한다고 볼 수 있다. 3할 자치의 시대에는 중앙정부의 할거구조가 지자체에도 그대로 투영되었다.

예를 들어, 지방의회 의결을 필요로 하지 않고 단체장의 결제만으로 결정되는 행정계획이 지자체 계획의 일부를 구성하고 있다. 문제는 대부분의 실시사업이 중앙정부의 각 성청이 소관하는 개별법으로 의무지워져 개별적인 정령, 성령, 고시나 지도, 조언에 의해서 시행되었다. 이러한 사무사업은 개별적인 행정계획에 근거하여 예산편성이 행해졌기 때문에 종합계획이 있더라도 실제 지자체 행정은 종적 관계로 분절되었다. 개별사업을 소관하는 담당부서는 권한방어를 위해 이러한 운영방식을 고집하는 경향이 있었다(大森, 2002: 12-13). 따라서 실제 사업은 중앙 성청과의 교섭에 의해 개별적으로 시행되었고 종합계획 책정으로 달성하고자 한 지자체 행정의 정합성이나 체계성은 결핍되어왔다. 즉 이러한 행정구조 하에서의 종합계획은 수립 자체에 의미를 부여하는 형식적인 역할에 그치고 있다고 평가할 수 있다.

지방분권의 진전으로 국가와 지방 간의 관계를 재구축하는 논의가 활발한 가운데 지역의 미래와 방향을 제시하는 종합계획의 중요성이 한층 더 높아지고 있다. 이러한 관점에서 지자체는 종합계획이 실제로 유효성 있는 장래의 계획으로서 기능시키고자 노력하고 있다. 최근에는 주민참가를 통해 행정과의 협동작업으로 이를 책정하는 시도가 늘어나고 있다. 하지만 무엇보다 중요한 것은 그 계획을 시행하는 행정구조의 변화이다. 이러한 변화의 시도는 선거에 의해서 선출되는 주민의 대표자인 단체장에 의해 이루어질 수 있다.

단체장에게는 두 가지 책임이 요구된다. 우선 주민의 정책수요를 정확히 파악하여 정책으로 현실화시키는 것, 다음은 그것을 실현시키기 위한 행정체제를 정비하는 것이다. 전자는 지역에 필요한 정책의 우선순위를 설정하고 대안을 준비하는 정책내용의 측면이며, 후자는 중앙의존형 지자체 행정의 체질을 개선하여 분권의 원칙 하에 지자체의 경영자로서 행정시스템을 관리하는 것이다.

상술한 것처럼 지금까지의 종합계획은 지역을 경영하는 차원에서 계획 자체에 여러 가지 문제점을 지니고 있었다. 한편 행정의 안전성과 지속성을 유지할 명목으로 행정 내부에서 단체장의 정책전환을 견제하는 수단으로 활용되기도 하였다. 주민의 위임을 받은 단체장은 종합계획 속에 주민과 합의된 이념과 정책방향을 투영시키고 기존의 잘못된 정책은 과감히 전환할 수 있는 결단력과 지도력을 발휘할 수 있어야 한다. 그리고 집행체제로서 관료조직을 중앙 성청이 아닌 자신의 정책집행수단으로 사용해야 한다. 그렇다면 이러한 원동력을 어디에서 가져와야 하는가가 과제로 부상한다.

기타가와 마사야스에 의한 미에현의 개혁은 이러한 지자체 운영의 실천적인 전환점을 제공했다. 1995년 당선된 미에현의 기타가와 지사는 행정개혁의 구상으로 '사와야카 운동'을 내걸면서 구체적인 개혁방법으로 신공공관리론(New Public Management: NPM)을 활용했다. 특히 사무사업평가시스템이라는 행정평가제도의 도입은 그 이후 2~3년 동안 일본 전국에 파급될 정도로 평가 붐을 조성했다. 이후 자치체는 성과지향적 조직, 고객만족경영, 벤치마크, 정책입안과 집행의 분리, 총체적 품질관리(Total Quality Management: TQM) 등 다양한 민간의 관리수법이 행정에 도입되었고 정착을 시도했다. 하지만 일본의 정책평가는 탈정치화 경향이 두드러지면서 공급자로서의 행정에 대한 내부평가에 머물렀다. 이는 정책형성 전반에 걸친 과정에 대한 몰이해로 연결되었다(山谷, 2006). 행정평가의 대상이 종합계획의 하위계획인 사무사업평가에 집중되면서 특정 사업의 비용편익분석으로 활용되는 데 그쳐, 예산반영과 정책전환이라는 평가 본래의 의미를 살리지 못하고 있다. 특히 공공서비스의 제공을 둘러싼 행정, 주민, 지역단체 간 관계의 재설정, 바꾸어 말하면 거버넌스의 재구축이 중요한 과제가 되고 있는 시점에서 기술적인 방식으로 지역 전반의 통치구조를 개선시키는 데는 한계를 드러내고 있다. 따라서 근본적인 정책전환을 가능하게 하기 위해서는 상위 정책의 기본방침, 적어도 기본계획을 평가하여 반영하는 시스템이 필요하다. 기타가와 지사는 이러한 문제의식 속에 종합계획의 상위계획, 정책방향성을 나타내는 기본계획을 평가하여 반영하는 행정시스템의 변환에 몰두하여 2002년에 정책추진시스템을 출범시켰다. 그가 지방 매니페스토 주창자로 나서게 된 것은 이러한 문제의식의 연장선상이었다.

일본에서 지방 매니페스토 사례로 주로 논의된 것은 2000년 영국의 '대런던 시장선거'였다. 간략히 소개하자면, 1986년 당시의 보수당 정권은 대런던위원회(Greater London Council)로 불리는 지자체를 폐지한 이래, 런던 지역 전체를 총괄하는 지자체 부활의 필요성이 제기되었다.

1997년의 총선거에서 노동당은 대런던 정부를 창설하겠다는 공약을 발표했다. 총선 승리로 정권을 잡은 노동당은 대런던시 창설의 공약을 구체화시켜나갔다. 그러한 구상을 1998년 3월 『런던시장과 의회』라는 보고서로 정리하여 1998년 5월 7일 주민투표를 통해 72%의 찬성으로 창설을 최종 결정했다. 2000년 5월 영국에서는 처음으로 시장선거가 실시된다.

일본의 지방 매니페스토 주창자들은 이 선거의 한 후보자에 주목했다. 영국의 정치구조상, 정당의 후보자가 아니면 당선하는 것이 어렵다고 평가되었지만 켄 리빙스턴은 무소속으로 입후보하여 당선된 것이다. 주창자들은 그가 제시한 매니페스토로부터 당선의 원인을 찾고 있다. 리빙스턴의 매니페스토는 첫째, 정당의 입장이 아니라 주민의 시선에서 정책을 제시하려는 자세가 두드러진 점, 둘째, 그것에 기초한 구체적 대안제시 방식이 다른 후보자를 능가했던 점으로 평가되었다(四日市大學地域政策研究所, 2003). 후보자에게 유권자를 설득할 수 있는 명확한 정책만 있다면, 조직과 자금이 없더라도 당선가능하다고 이 사례는 입증했다.

주창자들은 매니페스토의 도입이 지반, 간판, 가방이라고 일컬어지는 기존의 선거운동구조를 극복하고 지자체의 정책집행력과 관련된 다양한 과제를 해결할 수 있는 무기가 될 것으로 상정했다. 이 사례가 그들의 이목을 끌게 된 것은 지자체의 사례라는 점으로 기존에 논의된 국정의 매니페스토 개념과 별개로는 볼 수 없다는 점이다.

요컨대 국정은 1955년체제 붕괴와 정권운용능력의 저하, 선거구제 개편에 따른 2대 정당화 경향을 배경으로 내각중심의 정치주도시스템 확립의 방편으로 매니페스토 도입이 주창되었다. 지방의 경우, 지방분권의 진전과 지방재정의 위기라는 환경변수를 배경으로 지자체의 자율운영과 운영방식의 관리화 경향이 매니페스토 도입의 근저가 되었다. 이러한 배경 차이는 매니페스토라는 동일한 개념이 국정과 지방이라는 무대에서 그 활용방법에 미묘한 차이를 드러내고 있다.

4. 결론을 대신하여

일본의 매니페스토 도입은 통치구조의 재구축을 목적으로 한다. 선거를 기점으로 한 유권자와 선출직 간의 합의를 매니페스토라는 형태로 이끌어냄으로써 분산화된 권력구조를 집중화시킨다. 이를 통해 책임의 소재가 불명확하다는 일본의 정책결정구조의 문제점을 해결하려는 시도이다.

한국의 경우, 일본과는 상이한 도입양상을 보여준다. 한국의 매니페스토운동은 시민운동의 차원에서 도입되어 공약검증운동으로 발전하고 있다(河, 2007a; 2007b). 지금까지 양국의 선거공약은 공통된 문제점을 지녀왔다. 한국은 공약(空約), 일본은 고우야쿠(口約; 公約과 발음이 같음)로 불리면서 추상적이고 불투명한, 승리를 위한 전략전술에 불과하다는 비판을 받아왔다. 매니페스토운동은 유권자들에게 공약의 중요성을 부각시키고, 후보자들은 실천가능한 정책약속을 이행해야 한다는 인식을 부과했다는 점에서 중요한 의의를 가진다. 특히 각종 시민단체와 언론, 그리고 선관위의 적극적인 매니페스토운동 참여는 단기간임에도 불구하고 익숙지 못했던 매니페스토라는 용어를 전국적으로 확산시켰다. 하지만 스마트와 셀프형의 지표적 검증평가는 때로는 이념적 불투명성을 방치하기도 한다. 즉 후보자와 정당은 국정(로컬)이념을 바탕으로 장래의 청사진과 이를 실현하는 구체적이고 검증가능한 사업의 순으로 제시해야 한다. 목표, 예산, 로드맵 등 구체적인 수치를 지나치게 의식하는 매니페스토 평가는 어떠한 이념을 바탕으로 미래 비전을 제시하는가라는 측면을 간과할 소지가 많다. 이는 관료들이 작성한 하위의 구체적인 사업계획들을 평가하는 것과 같은 우를 범할 수 있다.

그렇다면 매니페스토운동의 본질이란 후보자들에게 공약제시를 요구하고 이를 평가하여 순위를 매기는 정도의 것인가? 현대 민주주의의 핵심은 대표성과 책임성을 연계하는 부분이다(최장집, 2006: 24). 즉 민주주의체제에서 시민들이 해결해야 할 최대의 과제는 유권자들이 선출한 그들의 대표자들이 국민들의 요구에 반응하고 책임질 수 있도록 구현하는 것이다. 매니페스토는 그러한 대표성과 책임성을 잇는 매개고리에 위치해 있다. 매니페스토는 선거라는 대표자를 선출하는 제도와 권력구조상에서 부여되는 책임구현의 방식이라는 양자를 상호연계시킨다. 매니페스토운동의 궁극적인 목표도 이러한 연계고리의 의미를 확장시킬 수 방향으로 나아가야 한다. 따라서 이러한 목적에 맞는 한국형 매니페스토운동을 창출하기 위해서는 현재 한국이 안고 있는 권력의 형성구조와 집행구조 상의 개별적이고 상호연계관계에 관한 분석작업이 선행되어야 한다. 이러한 분석에서 추출된 과제를 바탕으로 한국에 적합한 정치·행정 개혁수단으로서의 매니페스토의 개념을 새롭게 구성하고 활용할 수 있을 것이다. 이렇게 등장한 매니페스토운동은 한국 민주주의를 실질화시키는 근간으로 작용할 것이다.

■ 참고문헌

최장집, 2006,『민주주의의 민주화: 한국 민주주의의 변형과 헤게모니』, 서울: 후마니타스.

新しい日本をつくる国民会議編, 2002,『政事の構造改革:政治主導確立大綱』, 東信堂.

飯尾潤, 1995,「政治的官僚と行政的政治家」,『年報政治学』, 日本政治学会編.

――――, 2007,『日本の統治構造：官僚内閣制から議院内閣制へ』, 中公新書.

伊藤光利, 2006,「官邸主導型政策決定と自民党」,『レヴァイアサン』, 春.

大塚敬, 2005,「自治体におけるマニフェスト型戦略経営の展望」, *UFJ Institute Report*, Vol.10(3).

大森弥, 2002,「自治体計画の課題転換」, 松下圭·西尾勝·新藤宗幸(編),『岩波講座自治体の構想3政策』, 岩波書店.

金井辰樹, 2003,『マニフェスト: 新しい政治の潮流』, 光文社.

北川正恭, 2004,『生活者起点の行政革命』, ぎょうせい.

久米郁男·川出良枝·古城佳子·田中愛治·真渕勝, 2003,『政治学』, 有斐閣.

クラウス, エリス, 2000,「日本の首相: 過去·現在·未来」, 水口憲人·北原鉄也·真渕勝(編),『変化をどう説明するか: 行政篇』, 木鐸社.

辻清明, 1969,『新版日本官僚制の研究』, 東京大学出版会.

斉藤達三監修, 2003,『総合計画と政策評価』, 地球科学研究会.

品田裕, 2000,「90年代日本の選挙公約」, 水口憲人·北原鉄也·久米郁男(編),『変化をどう説明するか: 政治篇』, 木鐸社.

曽根泰教, 2001,「失われた10年か、改革の10年か」, 井上達夫·河合幹雄(編),『体制改革としての司法改革―日本型意思決定システムの構造転換と司法の役割』, 信山社.

――――, 2005,「衆議院選挙制度改革の評価」,『選挙研究』第20号, pp.19-34.

ジョンソン, チャーマーズ(矢野俊比古 訳), 1982,『通産省と日本の奇跡』, ティビーエス·ブリタニカ.

西尾勝, 2001,『行政学』, 有斐閣.

———, 2007, 『地方分権改革』(行政学叢書), 東京大学出版会.

UFJ総合研究所国土·地域政策部, 2004, 『ローカル·マニフェストによる地方のガバナンス改革』, ぎょうせい.

河東賢, 2007a, 「政策移転過程における韓国ローカル·マニフェスト運動の論理形成」, 『年報自治体学』 20号, 第一法規.

———, 2007b, 「韓国のマニフェスト普及と政策移転ネットワーク形成」, 『アジア経済』 第48巻 第11号, アジア経済研究所.

宮本憲一·小林昭·遠藤宏一, 2000, 『セミナー現代地方財政: 地域共同社会再生の政治経済学』, 勁草書房.

村松岐夫, 1981, 『戦後日本の官僚制』, 東洋経済新報社.

村松岐夫·伊藤光利·辻中豊, 2001, 『日本の政治(第2版)』, 有斐閣.

山口二郎, 1995, 「現代日本の政官関係」, 『年報政治学』, 日本政治学会.

山谷清志, 2006, 『政策評価の実践とその課題』, 萌書房.

ラムザイヤー, マーク=フランシス·ローゼンブルス(加藤寛監 訳), 1995, 『日本政治の経済学: 政権政党の合理的選択』, 弘文堂.

『中央公論』 2003年 8月号·2004年 5月号.

21世紀臨調, 2003年 7月 7日, 「政権公約(マニフェスト)に関する緊急提言」.

Arthur, W. Brian, 1994, *Increasing Returns and Path Dependence in The Economy*. Ann Arbor: University of Michigan Press.

Hayao, Kenji, 1993, *The Japanese Prime Minister and Public Policy*, Pittsburgh: University of Pittsburgh Press.

North, Douglass C., 1990, *Institutions, Institutional Change and Economic Performance*, Cambridge: Cambridge University.

21世紀臨調 http://www.secj.jp/

5장
일본의 매니페스토 개혁
가나가와현의 실천

마쓰자와 시게후미*

1. 제1기 4년간의 매니페스토 개혁의 실천

1) 일본의 현(縣)지사는 대통령제

일본은 중앙정부가 의원내각제를 취하고 있는 것과는 달리 지사나 시장 등의 지방정부의 정치제도가 유권자의 직접선거로 선출되는 대통령제를 취하고 있습니다. 동시에 지방의원도 유권자로부터 선거를 통해 선출되고 있습니다. 이 점에서 중앙정부의 정당 매니페스토에 의한 선거보다 지방정부의 지방 매니페스토가 대통령제라는 측면에서 한국 정치구조에 참고가 될 것입니다.

2) 지방으로부터 중앙을 변화시킨다

먼저 간단하게 저의 정치배경에 관해 소개하도록 하겠습니다. 저는 28세에 가나가와 의회 의원에 당선되었고, 그 후 7년간 35세까지 현의회 의원직을 지내면서 가나가와 현정에 관해 다방면으로 공부를 했습

* 일본 가나가와현 지사.

니다. 그 후 10년간 중의원의원을 지내면서 국정에서도 '관에서 민으로', '중앙에서 지방으로'를 기본으로 구조개혁을 달성하기 위해 여러 가지 활동을 했습니다.

왜 국회의원을 그만두고 지사에 입후보할 결심을 했는지에 대해 자주 질문을 받습니다. 저는 국회의원 재임 10년간 중앙부처, 중앙정부의 구조개혁이 내부로부터는 어렵다는 것을 실감하게 되었습니다. 중앙부처와 이를 둘러싼 업계단체, 족의원 등 기득권을 옹호하는 힘이 매우 컸던 것입니다. 우정민영화, 도로공단민영화의 개혁에서도 그것을 느낄 수 있었습니다.

일본정치를 근본적으로 변화시키기 위해서는 정치토양 그 자체를 지방에서부터 바꿔가지 않으면 중앙정부는 변하지 않을 것이라는 생각을 가지게 되었습니다. 몇 년 전부터 예전에는 없었던 개혁파 지사가 나타나고 각 지역을 변화시켜오고 있습니다. 이러한 지사님들은 지방으로부터 일본을 바꿔보자는 공통의 문제의식을 가지고 있습니다.

이러한 새로운 흐름을 보더라도 일본의 중앙정부를 구조적으로 개혁하여 새로운 나라로 바꿔가기 위해서는 중앙정부로부터의 개혁이 아니라 오히려 개혁파 지사나 시장이 각 지방에서 좋은 정치를 실현시키며 연계하여, 그 힘으로 '카스미가세키'(霞ケ關: 일본의 관청가, 중앙정부를 지칭함)와 싸워 새로운 일본을 만들어갈 것입니다. 이 편이 더욱 실현가능성이 높다고 생각하여 국회의원을 그만두고 지사선거에 도전했던 것입니다.

3) 매니페스토로 정치를 변화시킨다

2003년 4월 지사선거에 입후보했을 때 저는 가나가와에서부터 일본의 정치를 변화시키고자 하는 큰 목표를 세웠습니다. 정치를 변화시키기 위해서는 그 기반이 되는 선거부터 바꿔가지 않으면 안 된다고 생각했습니다. 선거는 예전처럼 하면서 당선 후에 정치개혁을 하고자 하는 것은 무리입니다. 선거와 정치라는 것은 밀접·불가분의 관계입니다. 저는 정치를 변화시키고자 한다면 선거를 변화시켜야 한다고 생각했습니다. 그래서 매니페스토라는 새로운 구조를 선거에 도입했습니다.

매니페스토는 검증가능한 구체적인 정책을 제시하는 새로운 공약입니다. 매니페스토는 선거 때만 의미를 가지는 것이 아닙니다. 물론 선거 때에 구체적인 정책을 제시하여 유권자에게 판단을 받으며 당선 후는 그 약속을 바탕으로 정치·행정을 운영해나가는 것이 기본입니다. 중요한 것은 매니페스토를 어떻게 실행하고 있는가, 그리고 매년 자신에 의한 자기평가 혹은 제3자에 의한 외부평가를 포함해서 평가하고 그 결과를 공표하며 정책이 어느 정도 진전되고 있는지 매년 정보공개를 해나가는 것입니다. 이렇게 하여 유권자분들이 정치·행정을 점검하는 구조, 즉 매니페스토 사이클을 만들어가는 것이 매니페스토 개혁의 핵심입니다.

선거 때 과거처럼 추상적인 슬로건, 예를 들어, “밝은 복지사회를 만들겠습니다”, “치안을 개선하겠습니다”라는 것만 가지고는 유권자는 선택도, 판단도 할 수 없었습니다. 이렇게 되면 선거 때든, 당선 후 정책실행의 단계에서든 유권자가 공약을 체크하고 평가하는 것이 불가능합니다. 유권자의 입장에서 보면, 백지 위임의 떠맡기기식 정치가 되어 상시 정치에 참여하고자 하는 기력을 상실하는 것도 무리가 아닙니다.

정말로 민주주의의 위기라고 생각합니다. 그러한 상황을 바꾸기 위해서 선거 때 유권자에게 약속하고, 당선 후에도 공약을 어디까지 실천하고 있는가를 공표하며 의견과 판단을 구하는 것, 말하자면 유권자와 항상 대화해가는 정치를 매니페스토로 실현하고자 합니다. 이러한 생각에 기초하여 저는 2003년 4월 가나가와현 지사선거에서 정책논쟁중심 선거를 목표로 37항목에 달하는 매니페스토를 제시하였고, 100만 표가 넘는 표를 받아 2위 후보자와 36만 표의 차이로 당선되었습니다.

4) 매니페스토에서 종합계획으로의 승화

매니페스토는 현민과 저의 약속입니다. 당선 후 이것을 현(縣) 행정으로서 정책에 제대로 위치지울 필요가 있었습니다. 이를 위해 취임 첫 해에는 매니페스토를 기초로 종합계획을 작성하는 일에 착수했습니다. 저는 반 년 동안에 매니페스토를 토대로 종합계획을 만든다고 했습니다. 의회에서는 지금까지 없었던 특별위원회를 설치해서 종합계획을 철저하게 논의했습니다. 기존의 지방정치에는 이러한 정책을 둘러싼 논의가 매우 적었다고 생각합니다.

지방정치는 지사와 의회라고 하는 이원대표제로 운영되므로 매니페스토 도입으로 인해 적극적인 논의가 전개된다면 양자의 정책형성능력이 향상됩니다. 즉 가나가와 현정이 정책중심으로 논의되는 토양이 형성됩니다. 이런 의미에서도 저는 매니페스토의 도입이 옳았다고 생각합니다. 취임 첫 해(2003년도)에는 매니페스토를 토대로 한 종합계획 '가나가와 구상－프로젝트 51'을 책정하는 한편, 매니페스토로 내건 정책들을 차례로 실행에 옮겼습니다.

5) 매니페스토로 공약한 정책의 실현

그 후 2년차(2004년도)에는 개혁실행 원년으로 설정하고 구체적인 정책의 실현, 개혁실행의 몰두, 현(縣) 직원 수의 삭감, 간부직원의 민간인 등용 등의 정책을 실현했습니다.

3년차(2005년도)에는 개혁전진의 해로서 4월에는 '안전·안심하는 마을만들기 조례'를 시행하고 치안대책을 진전시킴과 동시에 9월 의회에서는 '수원(水源)환경보전세'(연간 세수 약 38억 엔)의 조례를 실현했습니다.

4년차인 2006년도는 개혁목표달성의 해로, 특히 "대화로 정책을 만들어간다"는 '현지·현장주의'를 철저히 하면서 목표달성을 향해서 더욱 연구와 노력을 진행해나갔습니다.

■ 현지·현장이 원점

여기서 저의 기본자세를 말씀드리겠습니다. 제가 지사에 입후보했을 때, 하나의 모토(motto)로 "현민과의 대화를 중시하고 현민의 눈높이에 입각한 현정을 하겠다"는 '현민본위의 현정'을 정했습니다. 이러한 것은 어느 후보라도 언급하고 있지만, 당선 후 실제 행동으로 옮기는 것은 어려운 일입니다. 지사나 시장은 매우 바쁘므로 현민과의 대화를 줄이기 시작하고 큰 조직 사람들의 의견만 듣는 경우가 많아지기 시작합니다. 이러한 것을 현민 쪽에서 보면 일부 사람의 의견으로 정치가 움직이고 있지 않는가 하는 불만이 쌓이겠지요. '현민본위의 현정'을 실현하기 위해서는 여러 현장에 가서 현민과 직접 대화하고 실상을 정확하게 파악해야 합니다. 그래서 저는 마쓰시타 정경숙에서 배운 현실현장주의를 철저하게 지속적으로 실천해오고 있습니다.

현지·현장주의의 실천으로, 지사가 된 첫 해에 '만남의 미팅'이라는 현민 여러분과 직접 대화모임을 시작했습니다. 두 번째 해에는 '이동지사실'을 시작했습니다. 이것은 현내의 출장기관에 1일 지사실을 이동해서 그 지역에 밀착하여 지역분들과 대화하는 활동입니다. 3년차부터는 더욱 더 현장에 나아가고자 '주간 지사현장방문'과 '월간 지사학교방문'을 시작했습니다. 말 그대로 일 주일에 한 번 현정의 과제가 되고 있는 지역을 방문하거나 한 달에 한 번은 학교 현장을 방문하여 그곳에서 현장분들의 의견을 듣기 시작했습니다. 올해 5월까지 총 115회 149개소에 이릅니다. 저의 공용차의 주행거리도 16만 km로 지구를 네 바퀴 돈 것과 같은 거리에 상당합니다. 이러한 정치자세를 바탕으로 진행해온 정책과 개혁에 대해 아주 간단히 소개드리도록 하겠습니다.

■ 정책사례 1 – 지역경제의 재생

첫 번째는 산업정책, 지역경제의 재생입니다. 이것은 가나가와현에서 보면 최대의 과제입니다. 과거 10년간 가나가와현 전체의 제조품 출하액, 제조업의 사업체 수, 종업원 수가 약 20% 이상 줄었습니다. 이대로 방치해두면 가나가와의 자랑스러운 산업기반이 점점 축소됩니다. 가나가와현은 기업의 세금이 주된 세입원인데 이와 같은 추세라면 세입이 점점 줄어들 것입니다.

따라서 현의 예산은 점점 부족해지고 교육과 복지, 마을만들기도 전부 예산을 삭감해야 할 상황이 됩니다. 그러면 가나가와현이 점점 위축되어 기업이 밖으로 나가버립니다. 이것은 경제 악순환입니다. 이것을 전면적으로 180도 바꾸기 위해 새로운 산업정책, '인베스트 가나가와'를 책정했습니다. 이 '인베스트 가나가와'는 현내에 50억 엔 이상의 투자를 하는 기업에 최대 80억 엔까지 현이 보조금을 지원하는 것입니다. 그리고 부동산을 취득해서 투자하는 경우에는 부동산 취득세도 감면해주는 인센티브도 제공했습니다.

이 '인베스트 가나가와'의 결과, 2007년 4월말 현재 캐논, 닛산, 아지노모토, 쏘니, 타케다 등 세계적 기업을 포함한 48개 사가 50건에 달하는 시설정비 등의 투자를 가나가와현에 하기로 결정했습니다. 기업의 투자액은 5,400억 엔에 달하고 현의 보조금은 약 700억 엔입니다. 또한 시설정비 등을 위해서 가나가와현 내의 중소기업들에 1,230억 엔에 달하는 발주가 이미 행해지고 있습니다. 향후 10년간의 경제파급효과는 적어도 약 9조 엔으로 예상되며, 세입은 현과 시정촌 등을 포함해서 약 3,750억 엔의 증가가 예상됩니다.

■ 정책사례 2 – 치안회복

가나가와현의 또 한 가지의 과제는 치안이었습니다. 2002년의 자료입니다만, 가나가와현의 범죄검거율은 무려 19.2%까지 떨어졌습니다.

범죄의 인지 건수도 19만 건을 넘어 가나가와현은 '범죄천국'으로까지 불리게 되었습니다. 그래서 저의 매니페스토의 가장 중요한 공약으로 치안대책을 내세웠습니다. 범죄를 줄이기 위해서 먼저 경찰력 증강을 공약했습니다. 저는 매니페스토에 "4년간 경찰 직원을 1,500명 늘이겠다"는 수치목표를 내세웠습니다. 그래서 매니페스토에 현의 직원을 1,500명 줄이고 그만큼의 수를 경찰로 투입해 재정을 대체하는 안을 세웠습니다.

또 하나 중요한 것은 현민 모두가 "우리 마을은 우리가 지킨다"는 활동을 전개하는 것입니다. 그래서 2005년에 '범죄 없는 안전·안심 마을 만들기 추진 조례'를 만들었습니다. 치안을 확립하고 안전한 마을을 만들기 위해서는 경찰의 역할, 현과 시 등 행정의 역할, 그리고 또 하나 현민의 역할도 필요합니다. 그리고 이 3자가 힘을 합쳐 자신들의 마을을 지키는 것, 이것을 가나가와현의 커다란 정책방향으로 삼았습니다. 그 결과, 범죄검거율은 2002년의 19.2%에서 2006년에는 38.6%로 개선되었습니다. 게다가 형법범의 인지 건수는 19만 건에서 12만 건으로 감소했습니다. 이것은 감소 수치와 감소율 모두 전국 최고수준으로 치안이 회복된 것입니다.

■ 정책사례 3 — 수도권연합구상

저는 지사가 되기 전부터 대대적인 정치·행정 개혁을 위해서 수도권연합구상을 제안했었습니다. 지금 수도권 전체는 하나의 경제권·생활권이 되었습니다. 그래서 저는 수도권에서 광역적으로 대응해야 할 안건에 관해서 조정할 수 있는 방안을 만들기 위해 '수도권연합구상'을 발표하고 그 실현을 위해 '상설 사무국의 설치'를 제안했습니다. 저의 제안으로부터 6개월 후인 2004년 5월 사무국 설치가 합의되었습니다. 이처럼 사무국이 설치됨으로써 이미 청소년문제 등 수도권에서 연계하여 대처해야 할 문제에 관해 논의를 진행하고 있으며 앞으로도 여러 가지 공동 프로젝트를 실현해나갈 것입니다.

현재 일본의 도도부현제도는 지금으로부터 130년 전의 폐반치현에 의해 기초가 구축된 것입니다. 그 후 몇 가지 변화과정을 거치면서 47 도도부현이 되었습니다만, 기본적으로는 100여 년 전 메이지시대의 행정구역과 다를 바 없습니다. 그러니까 도도부현을 개혁하기 위해 수도권연합을 제안한 것입니다. 장래에는 도주제와 같은 형태로 도도부현을 광역화하여 재대로 통괄할 수 있는 자치체를 만들어서 경제권·생활권을 통합시켜 대응해야 합니다.

6) 매니페스토 평가의 실천

저는 매니페스토로 현민들께 구체적인 정책을 약속하고 매년 그 평가를 실시하여 진척상황을 검증하고 있습니다. 저의 매니페스토 진척상황에 관해서는 매년 제3자 평가와 자기평가의 두 가지로 평가해왔습니다. 그 중에 제3자 평가는 학자 5명과 현민 공모위원 6명으로 구성된 '마쓰자와 매니페스토 진척평가위원회'가 하고 있습니다. 또한 특별위원으로 한국 유학생 3명도 포함되어 있습니다. 그외에 기타가와 마사야스 와세다대학 매니페스토연구소 소장 및 NPO 법인 자치창조 컨소시엄에 의한 제3자 평가도 받고 있습니다.

저는 지금까지 매년도 종료 후 제3자 평가의 결과를 자기평가의 결과와 함께 전부 매스컴과 인터넷에 공표해왔습니다. 이러한 평가결과를 바탕으로 진척상황이 나쁜 정책에 관해서는 다음 해에 한층 더 노력하는 등 구체적인 개선책을 지시해왔습니다. 그 결과 전년도에 진척도가 나빴던 정책도 그 개선지시에 따라 다음 해에는 진척률이 향상되는 성과를 나타냈습니다. 이러한 운영관리의 진행방법을 '매니페스토 사이클'이라고 합니다.

7) 4년간의 매니페스토 평가

제1기 임기가 끝나면 2006년도의 매니페스토 평가는 선거 전에 그 결과를 제시해야 할 필요가 있기 때문에 3월말을 기다리지 않고 2006년 12월까지의 결과를 바탕으로 1월부터 2월에 걸쳐 평가결과를 공표했습니다.

먼저 제3자 평가는 3개의 상이한 위원회와 연구소로부터 받았습니다. 각자 두툼한 평가결과보고서를 발표했으나 평가결과의 개요를 모아서 '지사의 통신표'라는 형태로 간결하게 게재한 팜플렛도 만들었습니다. 우선 마쓰자와 매니페스토 진척평가위원회(위원장: 코이케 오사무 요코하마 국립대학 대학원 교수)로부터 "80% 이상 달성: 현(縣) 행정에 변화를 일으켰다"는 종합평가를 받았습니다. 기타가와 마사야스(와세다대학 매니페스토연구소 소장, 와세다대학 교수, 전직 미에현 지사)로부터는 "전국을 이끄는 모델로서 높게 평가함"이라는 종합평가를 받았습니다. NPO법인 자치창조 컨소시엄 '로컬 매니페스토 평가연구위원회'(위원장: 히로세 카츠야 호세이대학 교수)로부터는 "종합평가 80점 평가→개선의 리사이클이 확립됐다"는 종합평가를 받았습니다.

한편 자기평가에 관해서는 제3자 평가의 내용을 바탕으로 연도별 대응상황에 관해서 평가해왔습니다. 최종연도의 자기평가에는 매니페스토로 제시한 37개의 정책 중에 33개의 정책에 관해서는 매니페스토의 목표달성을 향해서 구체적인 성과가 있거나 대체로 순조롭게 사업이 실시되어 일정의 결과가 나타나고 있다는 평가를 했습니다. 총괄적으로 제1기 4년간의 성과로 80%의 목표달성이었다고 평가했습니다.

특히 4년간의 매니페스토 개혁 전체 평가로 '매니페스토 선거→종합계획화→매년 외부평가·자기평가 실시·공표'라는 매니페스토 사이클을 확립하고 일본의 지방 정치·행정에 새로운 비즈니스 모델을 제공하여 커다란 변혁을 가져왔다고 자부합니다.

8) 매니페스토 평가결과를 바탕으로 재선출마를 결의

저는 두 번째 지사선거에 도전할 것인가도 어디까지나 이 매니페스토 사이클 안에서 판단하고자 했습니다. 즉 4년간의 평가결과를 확인하지 않고 재선출마를 할 것인지, 안 할 것인지를 판단해서는 안 된다고 생각했습니다.

이미 소개해드린 것처럼 저는 취임 후 매년 이 매니페스토 평가를 해왔습니다. 저 자신의 자기평가와 함께 외부 위원회, 연구소, NPO로부터 외부평가를 받아왔습니다. 이 4년간을 통해서 제3자 평가를 정리해서 '지사의 성적표'를 공표했습니다. 유권자들로부터 약 80%의 목표달성도라는 평가를 받고, 이것으로 재선의 지사선거에 도전하기 위한 합격점을 받았다고 생각합니다. 즉 재선에 출마하기 위한 출마권을 얻었다는 느낌입니다. 이 외부평가결과와 자기평가를 종합해보고 나서 비로소 재선에 도전할 결의를 굳혔습니다. 그래서 이러한 매니페스토 평가를 바탕으로 2007년 2월 5일 저의 매니페스토 보고회에서 1천 명이 넘는 참가자 앞에서 재출마를 정식으로 표명했습니다. 그리고 동시에 "오늘부터 새로운 매니페스토 만들기에 착수한다"고 선언했습니다.

2. '매니페스토 2007'의 도전

1) 매니페스토 작성과정

이번에는 매니페스토 작성과정을 시기 순으로 소개하겠습니다.

- 2007년 2월 5일(월) - 매니페스토 보고회에서 재출마선언, 신매니페스토 작성 스타트 선언
- 2007년 2월 19일(월) - 정책방침 'New TRY 10' 발표. 동시에 현민

들로부터 정책제안 모집개시. 3월 3일(土)까지 팩스, 전자메일 접수. 'New TRY 10'은 A4 양면의 전담물로 인쇄하고 검증단체인 '가나가와의 힘을 만드는 모임'에서 토의자료로 배부

- 2007년 3월 4일(일)—매니페스토 현민토론회 포럼 개최
- 2007년 3월 9일(금)—선진조례 매니페스토 '로컬 룰11'의 발표
- 2007년 3월 15일(목)—'매니페스토 2007 가나가와의 힘 전개 선언: 가나가와의 힘으로 일본을 움직인다' 발표

2) 매니페스토의 이념

먼저 '매니페스토 2007'의 기본내용은 '가나가와의 힘 전개'로 했습니다. 그리고 이념의 핵심은 "가나가와의 힘으로 일본을 움직인다"는 것입니다. '가나가와의 힘'의 핵심은 선진력과 협동력에 있다고 설정했습니다. 이 '가나가와의 힘'을 전개시켜 가나가와현을 일본 제일의 활력 있는, 그리고 살기 좋은 지역으로 만들어가는 것이 기본이념입니다.

3) '매니페스토 2007'의 특징 1—매니페스토 작성 프로세스의 민주화

이번 '매니페스토 2007'의 첫 번째 특징은 대화에 의해 만들어진 매니페스토라는 것입니다. 작성프로세스에 현민들도 참가하여 작성프로세스 자체부터 민주화시켰습니다. 말씀드린 것처럼 1기의 4년간 저는 현지·현장주의를 실천해왔습니다. 현정의 현장에 방문해 직접 현민과 대화를 해왔습니다. 주간 지사현장방문이나 월간 지사학교방문 등으로 현장을 방문해왔습니다. 이외에도 '만남의 미팅'이나 '이동지사실'에서 현내를 빠짐없이 방문하고 현장의 목소리를 들었습니다. 이러한 직접적인 대화를 바탕으로 정책을 만든 것이 이번 매니페스토의 특징입니

다. 또 매니페스토를 작성하는 과정에서 '매니페스토 현민토론 포럼'이나 인터넷 등으로 제안모집을 하고, 58명의 현민, 단체들로부터 123건의 제안을 받아 그 중에 85건, 약 70%는 어떠한 형태로든 매니페스토에 반영했습니다. 이것이야말로 현민 참가 중시에 따른 '현민과 같이 만든 매니페스토'라고 말할 수 있겠습니다.

4) '매니페스토 2007'의 특징 2−조례 매니페스토

다음으로 내용 면에서의 특징을 소개하겠습니다. 먼저 저의 발의로 입안한 '선진조례 매니페스토 로컬 룰 11'은 전국 최초의 도전으로 이번 매니페스토 중에 최대의 특색이라고 할 수 있습니다. 이 중에는 전국 최초의 조례가 5가지 있습니다. '공공시설금연조례', '범죄피해자지원조례', '직원부정행위방지조례', '지사다선금지조례', '자치기본조례'가 그것입니다. 다른 조례도 모두 전국 최첨단의 조례라고 자부하고 있습니다.

이원대표제 하에서 조례를 제정하기란 커다란 난관이 많습니다만, 의회에서 확실하게 정책논의를 하고 반드시 제정되도록 하겠습니다. '선진조례 매니페스토 로컬 룰 11'에는 가나가와현이 전국에서 선구적으로 전국의 모델이 될 선진조례를 정비하여 이것을 모델로 중앙정부에도 법률로 제정되도록 하고자 하는 취지가 담겨 있습니다.

5) '매니페스토 2007'의 특징 3−37개 정책과 151개 사업

알기 쉬움과 체계성에 배려했습니다. 제1부 기본이념을 바탕으로, 제2부 조례선언, 제3부 정책선언, 제4부 현민운동의 제창, 제5부 지사의 행동선언이란 구성으로 이루어져 있습니다. 이번의 '매니페스토 2007'은 거의 모든 정책분야를 망라하고 있는 소위 포괄형 매니페스토입니다. 정책선언은 광범위하면서도 구체적인 정책을 내세우고 있습니다. 정책 수는 37개입니다만 구체적인 방책으로 제시한 사업 수는 151개에 달합니다. 지난번의 매니페스토는 92개 사업이었지만 지난번과 비교해서 1.6배가 늘었습니다.

특히 제3부 정책선언 중에서 중요한 정책핵심은 5가지입니다.

① 교육개혁의 실행(미래의 인재 만들기)

② 암에 지지 않는 가나가와 만들기(안심하는 생활)

③ 투자유치 가나가와와 중소기업 지원(강한 경제)

④ 산림·해안의 보전과 재생, 환경개혁(풍요로운 환경)

⑤ 행정개혁과 선진경영에 의한 현청개혁(선진 매니지먼트)

이러한 광범위한 분야를 포함하는 포괄형 매니페스토는 자칫하면 후보자의 역점과 주장이 불투명하게 될 위험성이 있습니다. 이것을 보완하기 위한 것이 조례선언입니다. 조례의 라인업을 보면, 제가 어떤 정책과 개혁을 실현하고자 하는지에 대한, 저의 지향성이 유권자에게 직접 전달될 수 있으리라 생각합니다. 즉 조례선언은 핀 포인트형으로 저의 주장을 전달한다는 의미를 가지고 있습니다.

6) '매니페스토 2007'의 특징 4－높은 수준의 매니페스토

97개의 목표 중에 수치목표는 76개에 달합니다. 수치목표율은 78.4%입니다. 지난번에는 72개의 목표 중 수치목표가 38개로서 수치목표율이 52.8%였습니다. 지난번과 비교해서 수치목표율은 약 30% 높아졌습니다. 이의 실현을 위해서는 매우 험난한 매니페스토라고 말할 수 있습니다만, 구체적인 목표제시로 향후 매니페스토 평가시 유권자들이 보다 알기 쉬운 평가결과를 받아보실 수 있을 것입니다.

7) '매니페스토 2007'의 특징 5－가나가와로부터 일본을 움직인다

'매니페스토 2007'은 가나가와현 지사의 매니페스토입니다만 가나가와현으로서는 확실히 정책을 실현하고 개혁을 진행하는 과정에서 전국 차원의 새로운 자치제도를 제안하고 있습니다.

특히 일본의 장래를 생각 할 때, 분권형 국가의 모습으로 대폭 전환되기를 기대합니다. 중앙정부로부터 지방정부로의 세원이양 등의 분권개혁과 도주제의 실현 등을 제대로 진전시켜 국가의 모습을 21세기, 나아가서 22세기를 염두에 두고 개혁해가는 것이 필요하다고 생각합니다. 이 분야에도 수도권연합 등이, 일본이 지향해야 할 국가의 모습을 구체적으로 만들어가고자 합니다. 나아가 국정에서도 가나가와의 비즈니스 모델을 참고해 대담하게 구조개혁을 진행했으면 합니다.

3. 제2기 매니페스토 선거

1) 책자형 '매니페스토 2007' 완성

2007년 2월 19일, 정책방침 'New TRY 10' 발표 때에 예고했고 전단지에도 명기한 바와 같이 3월 15일에 '매니페스토 2007 가나가와의 힘 전개선언－가나가와의 힘으로 일본을 움직인다'를 기자회견했습니다. '매니페스토 2007'은 제 개인 홈페이지와 등록단체로 구성된 '가나가와의 힘을 만드는 모임'의 홈페이지에도 게재했습니다. 당초 A4판의 책자로 2천 부를 인쇄했습니다만 요청이 많아 추가로 2천 부를 더 인쇄했습니다.

2) 공직선거법 개정에 의한 매니페스토 인쇄물 금지 해제

2007년 2월 28일 공직선거법이 개정되어 지사·시정촌장 선거부터 고지(告知)한 이후에는 매니페스토를 게재한 인쇄물을 배부할 수 있게 되었습니다. 단 이것은 A4판으로 양면 인쇄물로 구체적인 정책을 기입한 책자형의 매니페스토와는 다릅니다. 그렇지만 지방선거의 개혁으로서는 일보전진했다고 할 수 있습니다. 이번 선거에서 이 매니페스토 전단지를 유권자 수에 맞춰 가나가와현에서는 2종류 내에서 최대 30만 장을 작성할 수 있습니다. 게다가 공식비용으로 이 인쇄물을 작성할 수 있게 되었습니다.

저도 이 매니페스토 전담물 1종류, 30만 장을 작성했습니다. 하지만 A4판형 양면 인쇄물에 게재할 수 있는 정보는 한정되어 있습니다. 저는 매니페스토 인쇄물을 저의 '매니페스토 2007' 본체(本體)의 도입부로서의 역할을 하도록 했습니다. 내용은 ① 6개 분야의 주요정책 개요, ② 정책선언에 제시한 37개 정책의 명칭, ③ 11개의 조례 매니페스토의 명칭과 개요, ④ 제1기 때의 실적, ⑤ 저의 이력, ⑥ 매니페스토의 내용을 볼 수 있는 홈페이지 주소 등으로 구성했습니다. 이 전담물에 관심을 가진 유권자는 책자형의 '매니페스토 2007'을 구입하거나 홈페이지에서 보신 분들이 많았을 것으로 생각합니다. 이러한 의미에서 매니페스토 인쇄물은 매니페스토 본체로 이끌어가는 안내서의 역할을 어느 정도 했다고 평가합니다.

3) 가나가와현 지사 후보자 3명 전원이 매니페스토를 작성

2007년 가나가와현 지사선거에는 저 이외에도 신인후보 2명이 입후보하여 3파전이 전개되었습니다. 신인후보는 1명이 공산당 추천후보인 여성후보, 또 1명은 자민당 가나가와연맹이 추천한 남성후보입니다. 이번 선거에서는 여성후보가 3월 16일, 20개의 정책을 담은 매니페스토를 발표했고, 남성후보는 고시일 전날인 3월 19일 49개의 방안과 상징적인 사업을 제시한 8대 정책이라는 정책집을 발표했습니다.

지난번 2003년 지사선거 때는 7명의 후보자가 입후보해 그 중에 저를 포함한 3명이 매니페스토를 작성했습니다. 단 유력후보였던 자민당 추천 후보는 매니페스토를 작성하지 않아 원성의 목소리가 높았습니다. 이번에는 어쨌든 매니페스토를 제시한 선거로 유권자의 입장에서 보면 모든 후보자의 매니페스토를 비교해서 후보자들의 정책 상이점에 따라 선택하는 것이 가능해졌습니다. 이런 의미에서 지사선거에 있어 본격적인 매니페스토 선거시대를 개막하게 되었다고 평가할 수 있습니다.

4) 공개토론회의 정책논의

이번 가나가와현 지사선거의 또 하나의 특징은 공개토론회에 의한 정책토론이 본격적으로 행해진 첫 선거라는 점입니다. 공개토론회는 공직선거법에 의한 제한 속에 지혜를 짜서 주최자가 개최하고 있습니다. 매니페스토는 정책중심의 선거를 실현하는 도구라는 의미가 있습니다만, 한편으로 공개토론회는 유권자 앞에서 정책을 논의·토론함으로써 생생한 정보를 유권자에게 제공하는 의미가 있습니다. 공개토론회에 각 후보자의 정견, 주장, 정책을 직접 들음으로써 각 후보의 실력은 어떤지, 신뢰성은 있는지를 눈앞에서 비교할 수 있습니다.

이번 가나가와현 지사선거에서는 고시 전 3월 18일에 요코하마에서 가나가와 신문사, 텔레비전 가나가와, 그리고 일본청년회의소 가나가와 지역협의회의 공동개최로 제1회 공개토론회가 개최되었습니다. 이것은 텔레비전 가나가와에 의해 생방송되고 다음날은 가나가와신문을 필두로 각 신문에 토론회의 정경이 상세히 보도되었습니다. 그 후 3월 23일 하다노시, 3월 30일에는 에비나시에서 일본청년회의소 가나가와지역협의회의 기획으로 공개토론회를 가졌습니다.

5) 유권자의 반응

4년 전 선거 때, 저는 전국에서 처음으로 매니페스토를 앞세운 매니페스토 선거에 도전했습니다. 그때에도 많은 호응을 느꼈습니다만 이번 선거에서 매니페스토는 4년간 유권자 사이에 상당히 알려지고 정착됐다고 실감했습니다. 유세장에서 책자형 매니페스토를 1부당 100엔에 판매했습니다. 지난 선거 때는 2천 부였지만, 이번에는 당초 인쇄한 2천 부가 이틀 만에 판매되었고 다시 2천 부를 인쇄해서 총 4천 부의 매니페스토가 모두 팔려 놀랐습니다.

각 신문사의 조사에서도 '지사후보에 투표할 때 무엇을 기준으로 하는가'에 대한 질문에 유권자의 40%가 '정책·공약'이라는 답이 압도적으로 많아졌습니다. 게다가 가나가와신문(4월 2일)에는 매니페스토를 투표에 '참고한다'라고 대답한 유권자가 66%로서 '참고 안 함'의 31.2%를 크게 웃돌아 매니페스토형 선거가 되었다고 보도했습니다. 확실히 매니페스토는 지방단체장 선거에는 거의 정착했다고 보아도 좋을 것 같습니다.

6) 매스컴의 대응과 역할

각 신문에서는 후보자의 매니페스토를 일람표로 작성하여 비교·검토할 수 있도록 고안하고 테마별로 후보자의 정책을 정리해서 연일 보도했습니다. 이러한 매스컴의 보도는 유권자에게 후보자 선택에 큰 참고가 되는 정보제공이었다고 생각합니다. 한국에서도 작년의 지방선거에서 시민단체, 매스컴 각사가 연계해서 후보자의 매니페스토 평가를 보도하는 등의 대응을 했다고 들었습니다. 특히 정책중심의 매니페스토 선거에서 매스컴의 역할은 점점 커지고 있습니다. 전문적인 내용을 포함한 매니페스토를 분석하고 때로는 전문연구소나 시민단체와 연계해서 매니페스토 평가를 하는 등 매니페스토를 이해하고 알기 쉬운 형태로 유권자에게 보도하는 것이 매스컴에 기대하는 역할입니다.

7) 의원선거의 매니페스토

이번 통일지방선거에서는 현의회 의원선거도 같은 날에 이루어졌습니다. 의원선거에서도 매니페스토가 활용된 것이 이번 선거의 특징입니다. 저는 정당의 지방지부나 회파(會派)가 매니페스토를 내세우는 것은 정책중심의 정치를 실현하기 위해 장려해야 할 일이라고 생각합니다. 특히 의회개혁에 관한 매니페스토를 내세우는 것을 의원과 회파가 적극적으로 추진해야 합니다.

8) 매니페스토 선거를 전국에 보급

이번 통일지방선거는 매니페스토 선거 정착(요미우리신문 4월 9일)이라는 평가가 일반적입니다. 한편 마이니치신문(4월 10일)에 게재된 와세다대학 매니페스토연구소가 시행한 저를 포함한 13명의 당선된 지사들의 매니페스토 평가를 보면, '5명의 매니페스토만이 합격점'으로 나와 평가가 엄격했음을 알 수 있습니다. 다행히도 저는 합격점을 받았습니다.

매니페스토가 선거에 정착함과 동시에 이제부터는 그 내용에 의한 승부단계로 접어들었습니다. 앞으로 후보자가 단지 매니페스토를 만드는 것으로부터 그 내용을 어떻게 좀더 좋게 할 것인가 하는 한 단계 높은 연구가 요구됩니다. 동시에 유권자도 매니페스토를 정확히 이해하고 선구안을 기르는 것이 요구됩니다. 매니페스토 개혁은 후보자인 정치가와 유권자의 공동 노력에 의해 발전해나가는 것입니다.

4. 제2기 매니페스토 개혁의 출발

1) 매니페스토 신임

2007년 4월 8일은 가나가와현 지사선거 투표일이었습니다. 오후 8시에 투표는 종결되었습니다. 최근에는 출구조사 등의 활용으로 각 매스컴이 보도하는 당선확실이란 정보가 매우 빨리 발표됩니다. 저도 조금 빠르게 선거사무소로 향했습니다. 오후 8시 20분이 지나서 사무실에 도착하자 벌써 민간방송국에서는 당선확실이라는 보도가 나오고 있었습니다. 잠시 후 NHK에서 당선확실이 보도되었습니다.

8시 반에는 모인 지지자들과 함께 승리를 기뻐하고 여러분께 감사의 뜻을 전함과 동시에 앞으로 4년간의 개혁을 향한 결의를 다졌습니다. 최종적으로 이번에는 지난번의 거의 2배가 되는 2,008,335표를 얻어 2위의 남성후보 627,607표와 여성후보의 561,906표와도 많은 차의 결과를 얻었습니다. 득표율도 4년 전 약 33%에서 62%까지 올릴 수 있었습니다. 승리의 원인은 확실히 저의 매니페스토 개혁의 실적과 새로운 '매니페스토 2007'에 있다고 말할 수 있습니다.

2) 실현을 향한 '로켓 스타트'의 기세

선거 다음날인 4월 9일 현청에 다시 첫 출근을 했습니다. 1,200명이 넘는 직원과 지지자로부터 환영을 받고 취임사, 간부직원에게 인사 등을 했습니다. 그 중에시도 앞으로 4년간의 방향을 매니페스토에서 제시한 이념을 바탕으로 나아갈 것임을 강조했습니다. 그 주부터 간부직원과의 모임을 시작했습니다만 놀란 것은 이미 저의 매니페스토를 어떻게 받아들여 나아갈 것인가에 대한 대응책이 상당히 구체적으로 검토되어 있었던 점입니다. 첫 출근 다음 주부터 향후 책정할 종합계획 등에 매니페스토에서 제시한 정책을 어떻게 반영해갈 것인가에 대해서 보다 구체적인 정책논의를 진행하고 있었습니다.

제1기 때와는 확연히 다른, 매우 자연스럽고 빠른 출발로서 매니페스토의 실현을 향해서 '로켓 스타트'를 했다는 느낌을 가졌습니다. 이제부터 새로운 조직체제를 5월과 6월에 걸쳐서 만들어가고 6월부터는 먼저 '부국장 매니페스토'를 간부직원에게 작성하도록 하고, 저와의 약속 속에 이것을 공표하려고 합니다. 또한 '매니페스토 2007'을 토대로 한 새로운 종합계획 등을 책정해갈 것입니다. 의회에서의 정책논의도 확실히 하고 의회의원님들께도 이해를 구하여 새로운 개혁을 추진할 것입니다.

5. 향후 매니페스토에 의한 정치개혁 전망

1) 매니페스토 개혁의 효과－지방으로부터 국정으로

주지하다시피, 2003년 저희들의 지방 매니페스토의 실천을 기점으로 공직선거법이 2003년 10월에 개정되어 중의원과 참의원 선거기간중에 매니페스토의 책자를 배부할 수 있게 되었습니다. 이것은 지방 매니페스토가 선례가 되어 국정선거 본연의 모습을 개혁시켰다고 평가할 수 있습니다. 즉 지방의 선거개혁이 모델이 되어 국정의 선거개혁을 선도하는 사이클이 생긴 것입니다.

2) 지방으로부터 세계로 새로운 정치·행정의 모델을 펼쳐나감

작년부터 일본 지방 매니페스토의 실천을 모델로 참고하여 한국의 독자적인 지방 매니페스토운동이 매우 강력하게 전개되었습니다. 그런 의미에서 일본 자치체가 도전하고 있는 매니페스토 개혁이 해외의 개혁과 상호 자극하며 발전해가는 실례라고 할 수 있습니다. 향후 각국에서 작은 지방의 커다란 도전이 국경을 넘어 상호 학습하는 그러한 역동성으로 거듭나리라 믿습니다.

3) 매니페스토 한·일 교류 기대－한국과 일본, 선의의 정책경쟁을

한국은 2006년 5월 31일 지방선거에서 처음으로 매니페스토 선거가 도입되어 선거 민주화를 향해 커다란 개혁의 물꼬를 텄다고 들었습니다. 2007년 12월 대선과 2008년 4월 총선에서도 매니페스토가 활용될 것으로 알고 있습니다. 앞으로 한국의 매니페스토 개혁이 크게 진전될 것으로 예상합니다. 그리고 일본에서도 2007년 4월 통일지방선거에 이어 7월에는 참의원선거가 있습니다. 각 정당들이 매니페스토를 내세워 선거에 임할 것으로 예상됩니다. 향후 한국과 일본에서 매니페스토 개혁에 의한 좋은 정책경쟁이 전개되기를 기대합니다.

사실 저의 '매니페스토 2007'의 '정책 37'에는 지자체 외교의 전개를 제시하고 있습니다. 그 지자체 외교의 테마로서 민주정치외교를 내세워 구체적으로는 '한국의 매니페스토에 관련된 학술회의 참가, 지원 및 일본에서의 학술회의 개최지원'을 포함시키고 있습니다. 이미 2006년 2월 3일 한국에서 "지방선거와 정치발전에 관한 한·일 비교 국제학술대회" 이래 다양한 형태의 한일 매니페스토 교류가 깊어지고 있습니다. 앞으로도 한일 매니페스토 교류를 가나가와현이 추진해가고 싶습니다. 또한 한국과 일본의 매니페스토 실천경험을 바탕으로 동아시아의 다른 나라에 매니페스토의 전파, 더 나아가 세계 각국으로의 전파 등 민주주의의 확대·충실을 향해서 한국과 일본이 힘을 합쳐 노력해가고 싶습니다.

6장

일본의 선거와 매니페스토의 영향

부탁에서 약속으로

기타가와 마사야스*

나는 왜 2003년에 매니페스토를 제창했으며, 지금까지 4년간 매니페스토운동을 어떻게 해왔는가를 말하고자 한다. 나는 1983년에 중의원의원으로 당선되어 11년간 중의원의원 활동을 했다. 그 당시는 전후 40년 동안 고도의 경제성장을 달성하면서 일본이 선진국 대열에 들어설 무렵이었다. 이 시기는 자민당의 일당지배가 계속되고 있었다. 그 당시, 자민당을 실질적으로 유지하고 있던 것은 파벌이었다. 다시 말해, 자민당은 사적인 파벌의 집합체였던 것이다. 즉 내각총리와 당 총재가 되는 가장 확실한 지름길은 파벌의 장(長)이 되는 것이다.

공적인 존재가 아닌 사적 집단인 파벌을 유지하기 위해서는 막대한 정치자금이 필요했고, 필연적으로 많은 정치 스캔들이 발생했다. 1970년대, 타나카 가쿠에이 전 총리대신의 체포, 1980년대 다케시타 노보루 전 총리대신의 실각, 1990년대 카네마루 신 전 자민당 간사장의 체포 등은 일본사회에 커다란 정치불신을 야기했다. 그러한 일련의 사건들로 인해서 1990년대 초 대대적인 정치개혁운동이 벌어지게 되었다. 그

* 일본 와세다대학교 교수.

때, 나는 중의원의원으로서 정치개혁운동에 몰두했다. 정치개혁은 부분적인 개선으로는 안 되고, 근본적인 개혁을 해야만 했다.

그 결과, 여러 논의들 가운데 국회의원의 선출방법에 따라 정치 본연의 모습이 달라진다는 논의가 도출되었고, 선거제도개혁을 정치개혁의 출발점으로 삼았다. 이에 국회의원을 선출하는 방식부터 근본적인 정치 틀이 바뀌었고, 무수한 논의를 통해서 결론을 얻고, 일점 돌파, 전면전개의 형태를 취하면서, 정치개혁을 선거제도개혁에 국한시켜 이룩했다. 그런데 정치개혁을 선거제도에 국한시켜 부분적 개혁에 지나지 않는다는 비판은 당시뿐만 아니라 현재에도 있지만, 나는 선거제도에 국한해서 개혁한 것, 즉 중선거구제로부터 소선거구제로 바꾼 것은 올바른 판단이었다고 생각하고 있다.

물론 정치학이나 사회학에서 절대적으로 옳은 이론은 없지만, 상대적으로 비교하자면 소선거구제 도입은 바람직한 것이었다. 정치불신이 극에 달했던 1990년대 초는 이미 역사의 한 페이지가 되어버렸지만, 당시의 정치불신을 극복하려면 소선거제 도입 수준의 과감한 개혁이 필수불가결한 사안이었음을 당시를 겪은 한 사람으로서 증언해두고 싶다.

그럼 왜 정치개혁을 소선거구제 도입으로 국한시켰는가? 중선거구제를 소선거구제로 바꾸면 그만큼 커다란 변화가 일어나는 것인가? 중선거구제는 3인 또는 5인의 당선자를 내는 선거제도이다. 이해를 돕기 위해서 5인의 당선자를 내는 선거제도를 예로 들어보겠다. 이 제도하에 국회에서 여당이 되기 위해서는 각 선거구에서 과반수 이상을 차지해야 한다

선거에 이기기 위해서 자민당은 보통 최저 3인 이상의 후보자를 낸다. 동일 정당에서 입후보자가 3인이 있다면, 당선되기 위해서 야당 후보자는 물론이고, 여당 후보자끼리도 경쟁하게 된다. 그렇게 되면, 동일 정당이기 때문에 정책경쟁선거는 어렵게 된다. 따라서 정책을 서로

경쟁하는 정책선거행태보다는 유권자에 대해서 친밀도를 다투는 비정책적인 정치서비스 전투(부탁형 선거) 또는 민원경쟁이 일어나게 된다. 그래서 정치가는 선거에서 유권자와 '비호와 의존의 관계'를 능숙하게 만드는 것이 당선을 위한 지름길이라고 생각하게 된다. 즉 '온정주의'에 의존하게 된다. 그러면 비호와 의존이라는 후원자와 클라이언트의 정치인 패터널리즘(paternalism)에 빠지는 필연성을 중선거구제는 지니고 있는 것이다.

이러한 중선거구제도 하에서 천재적인 정치수완을 발휘한 정치가가 타나카 가쿠에이 전 총리이다. 타나카가 주장하는 선거이론에는 정권을 잡기 위한 '4분의 1 이론'이 있다. 의회에서 여당이 되기 위해서는 중의원의원의 2분의 1인 과반수를 확보해야 한다. 다음에 여당총재의 자리를 차지하기 위해서 여당 중의원의원의 2분의 1을 확보해야만 한다. 즉 전체 중의원의원의 4분의 1을 영향 하에 두면 총리대신 자리에 앉을 수 있는 것이다. 그러기 위해서는 사적 군단인 파벌에 100명 정도의 국회의원이 있으면 여당의 헤게모니를 장악하고, 총리 자리에 앉을 수 있게 된다.

즉 최대의 정치권력투쟁은 여당인 자민당의 파벌경쟁에서 이기는 것이다. 하지만 파벌이라는 사적 군단의 병사를 양성하기 위해서는 막대한 자금이 필요하다. 그것을 해결하지 않는 이상 정치개혁이란 불가능하다. 이와 동시에 동일 정당 내에서의 각 후보간 정치서비스 전투를 못하게 하고 정책중심의 선거로 전환시키기 위해서 소선거구제가 필요하였다. 소선거구제가 중의원선거로 도입되어 제1회의 소선거구제 선거가 1996년 실시된 이래, 2005년까지 4차례의 소선거구제 선거를 경험하면서, 일본의 선거는 민주주의 본연의 모습으로 돌아와 정책중심의 선거로 크게 바뀌고 있다.

한편 정치부패의 원인이 중앙정책에 권한이 너무 집중되어 일어났기 때문에 지방에 권한을 분산시키는 지방분권의 추진도 선거제도개혁과 아울러 정치개혁운동의 2대 과제가 되었다. 1993년에 참의원과 중의원 양원에서 지방분권추진에 대한 결의가 이루어져 1995년 지방분권추진법이 시행되었다. 이후 수많은 법률과 제도 개정이 이루어졌고, 이후 10년간 중앙집권으로부터 지방분권의 흐름은 가속화되어 더 이상 거스를 수 없는 대세가 되었다.

이러한 시대 배경 속에서 나는 1995년 중의원의원을 그만두고 미에현 지사로 자리를 옮겼다. 나는 중의원의원으로서 정치개혁운동에 참여했지만, 중앙에 의존하는 중앙집권제로부터 지방이 자립해 정치운영을 하는 지방분권시대가 반드시 올 것임을 확신하고 있었다. 그래서 지사 취임 후 즉시 현(縣) 행정체제를 현이 자기결정과 자기책임을 완수하는 지방분권추진체제로 전환했다. 그 체제 전환의 중요 부분을 담당한 것이 'PLAN, DO, CHECK, ACTION'의 매니지먼트 사이클(PDCA 사이클)의 도입이었다. 그때까지 일본의 공공부문에서 PDCA 사이클을 도입한 일은 전무했다.

당시 일본의 정치와 행정 체질은 정보 비공개로 공급자주도(supply-side)의 운영체제였으며, 제3자로부터 평가받지 않는 조직체였다. 미에현이 일본에서 최초로 평가시스템을 도입하면서, 현재는 행정평가법이라는 법률이 제정되어 일본의 중앙정부와 함께 전국의 현, 시읍면들도 도입하고 있다. 나는 이 평가시스템을 1996년 미에 현청에 처음 도입했다. 그런데 첫 시도부터 실패를 거듭해 많은 시행착오를 거듭한 후, 2002년 이 평가시스템의 올바른 버전 업을 이룰 수 있었다. 그런데 지방행정에 평가시스템을 도입해 많은 성과를 올릴 수 있었지만, 현실 정치는 여전히 패터널리즘으로 움직이고 있었다.

행정개혁만으로는 한계와 무리가 있다고 생각해서 나는 2003년 4월 지사를 퇴임했다. 지사 퇴임 이후, 행정중심의 매니지먼트 사이클을 정치 현실에서의 매니페스토 사이클로 명칭을 바꾸고, 정치와 행정이 서로 긴장감을 가져 수요자주도(demand-side)의 운영이 이루어지도록, 정치 현실에도 평가시스템을 도입했다. 이러한 PDCA 사이클을 매니페스토운동이라고 제창해 오늘에 이르고 있다.

일본의 지방자치단체장 선거는 소선거구제 선거이기 때문에 나는 우선 단체장 선거부터 매니페스토 선거를 정착시키기로 했다. 이를 위해 2003년의 통일지방선거부터 내가 잘 아는 지사, 시읍면장에게 매니페스토형 선거도입을 의뢰해 많은 지사와 시읍면장 후보가 이 제도에 관심을 보였고, 정치개혁의 의지가 가장 높은 단체장 후보가 최초로 이 매니페스토형 선거를 시작했다. 즉 지방 매니페스토로부터 일본의 매니페스토형 선거가 시작되었던 것이다. 나는 이 지방 매니페스토 도입의 성공사례를 가지고 중앙의 각 정당에 의뢰를 했다.

다행히 각 정당이 관심을 갖게 되었고, 통일지방선거를 치른 반 년 후의 총선거(중의원선거)가 매니페스토형 선거가 되었다. 현재까지 통일지방선거 2회, 총선거 2회, 참의원선거(2007년의 7월) 2회에 걸쳐 매니페스토형 선거를 경험했고, 각 선거가 조직·단체중심의 부탁형 선거로부터 정책중심의 약속형 선거(매니페스토형 선거)로 크게 변화하고 있다. 예를 들면, "당신은 이 선거에서 후보자를 어떤 이유로 선택했습니까?"라는 앙케이트 조사에서 '정책(매니페스토)으로 선택했다'는 항목이 모든 선거에서 1위로 선택되어 매니페스토형 선거가 상당히 정착되었다고 말할 수 있게 되었다. 또한 매니페스토의 입안·작성·검증의 수준도 향상되고 있다.

한편 매니페스토 문화를 활성화하기 위한 법적 도구의 정착에도 매진하고 있다. 예를 들면, 매니페스토를 시민들에게 배포하려고 했는데 법률(공직선거법)로 배포가 금지되어 있었다. 그러나 2003년 국정선거, 2007년 지방단체장 선거를 위해서 공직선거법이 개정되었고, 2007년 7월에 실시된 참의원선거에 적용되는 공직선거법도 개정되었다.

그러나 아무리 훌륭한 매니페스토를 작성해도 투표율 30% 이하로 당선된다면 정치신임도의 정당성에 문제가 생긴다. 따라서 투표율 향상이라는 과제에 직면하게 된다. 또한 지금까지 정당은 조직관리를 중심으로 활동해왔다. 하지만 매니페스토의 출현에 따라 정책 싱크탱크를 충실화해서 정책제안에 힘을 쏟기 시작하고 있다. 이러한 매니페스토의 출현에 의해 선거 본연의 의미가 되살아났다.

결론적으로 일본의 정치개혁을 실현하기 위해서 선거제도의 개혁이 무엇보다 필요하였고, 따라서 총선거가 중선거구제로부터 소선거구제가 되었다. 소선거구제가 되면서 각 당에서 한 명의 입후보만 출마하게 되어, 유권자의 청탁에 대한 퍼주기식 정치(서비스 전투)로부터, 정책 전투로 바뀌었다. 정책 전투가 되면 매니페스토는 필수적이다. 따라서 매니페스토를 민주주의를 향상시키는 정치도구로 마음껏 활용해 정치신뢰를 되찾아야 하며, 올바른 정치를 확립하기 위해 더욱 더 질 높은 매니페스토운동을 이끌어내야 할 필요가 있다.

7장

매니페스토의 제도적 조건과 일본정치의 변화

소네 야스노리*

1. 서론

매니페스토가 일본에 정식으로 도입된 지 4년이 경과했다. 국정에서 2003년과 2005년 두 차례의 중의원선거가 모두 매니페스토 선거로 치러졌다. 2004년 참의원선거에서도 매니페스토가 작성되었다. 여기에 2006년 자민당 총재선거도 당수 매니페스토를 기초로 한 선거가 이루어졌다.

한편 2003년 통일지방선거에서 처음으로 지방 매니페스토가 도입되었고 4년이 지나면서 이에 대한 평가가 이루어졌다. 그리고 평가에 기초한 새로운 매니페스토들이 제시되었으며 이러한 매니페스토로 2007년 4월 통일지방선거가 실시되었다.

이 4년간의 경험은 매니페스토를 정착시키는 과정이었다. 여론조사를 보면 유권자가 매니페스토를 참고하는 것이 일반화되었다. 매니페스토가 목표로 하는 것은 선거에서 주권자인 유권자가 정권선택과 정책선택을 일체화하여 그 평가와 검증에 따라 다음 선거에서 피드백을 작동하도록 하는 것으로, 정치 거버넌스의 확립을 목표로 한다.

* 일본 게이오대학교 교수.

매니페스토 역할의 기본구조가 이렇다 해도 지난 4년간의 경험은 매니페스토를 실천적으로 진전시키기 위해서, 그리고 매니페스토의 이론화를 위해서 소중한 시기였다. 여기에서 비롯된 다양한 의문들에 관해 대답하는 것이 이 논문의 핵심 주제이지만 각종 질문들이 단순한 것만 있는 것은 아니다.

예를 들어, 통일지방선거에서 우수한 매니페스토를 작성하고 실천을 해온 이와테현(岩手縣)의 마스다 히로야(增田寬也) 지사나 타지미시(多治見市)의 니시데라 마사야(西寺雅也) 시장 등은 은퇴를 표명하며 이번 통일지방선거에는 재출마하지 않았다. 그렇다면 매니페스토 사이클은 재선을 목표로 하는 정치가를 전제로 실적을 평가하고 유권자는 다음 선거의 선택기준으로 삼는다는 실적선거의 실체가 무너진다. 도대체 누가 책임을 지고 매니페스토를 계속 실행하는 것일까? 무소속의 단체장은 정당이 그 책임을 담보할 수 없다. 그렇게 되면 그 주체는 누구인지 생각하지 않을 수 없다.

이 문제는 단임으로 끝나는 한국의 대통령선거에도 그대로 적용되는 문제이다. 제도상 재선이 불가능한 경우, 매니페스토 평가는 사전평가만을 할지, 아니면 그 실적에 대한 평가검증을 매년 해야 하는 것인지, 선거에 의한 평가가 없을 때에 그것을 대신할 다른 방법이 있는지를 논의할 필요가 있다.

이외에도 이원제에서 참의원선거의 자리매김, 지방정치에서의 의회선거의 자리매김, 지방 매니페스토에서의 정당의 역할, 총재선거나 대통령선거에서의 예비경선 등 당내의 당수 매니페스토와 당의 매니페스토의 관계, 사전평가와 사후평가의 관계, 매니페스토의 두 얼굴인 정치적 메시지와 행정을 움직이는 정책방침과의 관계 등 정리해야 할 과제는 매우 많다. 이러한 과제를 순차적으로 해명하고 답을 하는 것이 이 글의 목적이다.

2. 4년간의 경험

2차례의 중의원선거와 그 사이에 있었던 참의원선거, 2차례의 통일지방선거를 종합적으로 되돌아보면 무엇을 말할 수 있을까? 매니페스토를 작성하여 선거에 임하는 것이 일반화되었다고 할 수 있다. 2007년 4월 통일지방선거에서도 매니페스토가 표준도구가 되었다. 어떤 의미에서 매니페스토를 둘러싼 노하우를 축적해온 4년간이었다고 할 수 있다.

이 4년의 변화에 대한 점검항목은 여러 가지가 있지만, 우선 매니페스토 자체의 내용적 변화는 어떠한가, 내용적으로 변화·발전하고 있는가, 수준이 향상되고 있는가 등의 검토가 필요하다. 그것은 이후 제3절에서 논하기로 한다.

당연히 매니페스토를 작성하는 정당이나 후보자의 의식에는 커다란 변화가 나타났다. 정당에서는 정책을 작성하고 매니페스토를 만드는 것으로 무게중심이 옮겨지고 있다. 예를 들어 고이즈미 정권 때 타케베 츠토무(武部勤) 간사장이 임명되었는데 이는 타케베 씨가 매니페스토 작성에 관여하지 않았으면 불가능했을 것이다. 이전에는 권력을 둘러싼 경쟁에서 정국과 정책을 분리해 정국 밑에 정책이 있었지만, 최근에는 정책을 만드는 것이 권력의 원천이 된다는 것을 인식하는 사람들이 증가하여 양자의 일체화가 진행되고 있다.

유권자의 의식변화는 여론조사로 파악할 수 있다.[1] 유권자가 얼마나 매니페스토를 중시하여 투표할 것인가가 판단의 관건이지만 지금까지의 모든 요소가 사라진 것은 아니다. 하지만 정책을 선택재료로 하는 사람의 수는 확실히 증가했다. 물론 매니페스토를 처음부터 끝까지 꼼

1) "매니페스토나 정권공약을 투표시 참고로 하십니까?"(마이니치신문 중의원 종반 여론조사, 2005년 9월 9일), 참고한다 78%, 참고하지 않는다 22%; "투표할 때 매니페스토를 참고로 합니까?"(마이니치신문 통일지방선거시 조사, 2007년 3월 24일/25일 전국 전화여론조사), 참고한다 71%, 참고하지 않는다 26%.

꼼하게 읽는 사람이 대폭 증가했다고 말할 수는 없다. 그러나 정보가 공개되면 그것을 혹시나 해서 검색하거나 확인하는 사람이 나오는 것은 당연할 것이다. 그런 의미에서 매니페스토 선거는 정착되었다고 말할 수 있다.

또 매니페스토 자체보다 그것을 얼마나 언론이 보도하는가라는 것은 매우 중요하다. 전문게재 또는 충분한 해설을 하는 신문은 확실히 증가했다. 텔레비전의 보도 프로그램뿐만 아니라 와이드쇼 등에서도 거론되는 기회가 점차 늘어나고 있는 점도 하나의 특징이다.

또한 매니페스토 평가대회·검증대회 혹은 선거 전의 매니페스토형 공개토론회가 여러 차례 개최된 것도 경험의 축적이며 변화의 일환이다. 본래는 정책결정과정, 실행체제의 변화를 살펴보는 것이 가장 중요하지만 이는 제6절에서 논하기로 한다.

3. 매니페스토의 제도적 조건

매니페스토를 실행하기 위해서 제도문제를 정리해둘 필요가 있지만, 원칙적으로 모든 답변이 가능할 수 있는 성질의 것은 아니다.

1) 의원내각제와 대통령제

우선 의원내각제와 대통령제의 제도적 차이가 중요하다. 매니페스토를 정권의 공약이라고 본다면, 양쪽 모두 정권을 선택한다는 의미에서는 같지만, 의원내각제와 대통령제에서 고려해야 할 점들은 달라진다.

일본은 영국과 같은 의원내각제를 채택하고 있다. 의원내각제는 기본적으로는 의회(통상 하원)의 다수가 수상을 지명한다. 동시에 의회 다수파는 여당정권이 제시한 매니페스토를 의회에서 통과시킬 수 있다. 이러한 관계가 일반적이므로 의원내각제의 매니페스토 실행은 용이하다. 다만 2005년 일본정치에서 정부와 여당이 제출한 우정민영화 법안이 중의원에서 5표 차이로 통과되었지만 참의원에서는 부결되는 사태가 발생했다. 뒤에 다시 논의하겠지만, 이러한 예외적 사건이 발생하더라도 이는 일반적인 현상은 아니다.

한편 대통령제에서는 대통령선거와 의회선거가 별도로 치러지므로 대통령이 소속된 정당이 의회에서 다수를 차지한다는 보장은 없다. 이 관계는 '분열정부'(divided government)로서 미국의회의 역사에서 오랫동안 알려져 있으며 한국의 노무현 정권이 현재 이와 같은 상황에 직면해 있다. 일본에서도 지자체에서 단체장이 소속된 의회 의원과 의회 다수파가 다른 예는 적지 않다.

이는 대통령선거에서 제시한 매니페스토에 근거한 법안이나 예산이 국회에서 통과될지 사전에 예측할 수 없음을 의미한다. 그렇다면 어떻게 의회운영(house management)을 할 것인가를 생각해야 한다. 단지 공약한 매니페스토를 의회가 반대하고 있기 때문에 실행할 수 없다고 국민에게 호소할 수 있겠지만 의회를 움직이는 수완도 동시에 필요하다.

더구나 대통령제에서는 앞에서 보았듯이 재출마하지 않는 현직과 매니페스토 사이클 간의 관계정리가 필요하다. 매니페스토 평가에서 실적투표를 실시하는 것으로 매니페스토 사이클이 완결되지만 그 사이클이 중단되어버린다면 누가 책임을 질 것인가 하는 점이다. 물론 매년 수장(首長)의 매니페스토 실행 정도를 평가·검증할 수 있겠지만, 최종적으로 선거에서 유권자가 행하는 평가가 제도상 가장 중요한 조건이므로 그 관계가 차단되면 매니페스토 사이클의 전제가 무너져버린다.

이 문제는 재출마를 하지 않는 현직의 경우에만 해당되는 것이 아니라 제도적으로 대통령 단임제를 취하고 있는 한국의 경우에도 직접 관련된 문제이다. 매니페스토를 구성하는 사이클의 재설계가 필요하다.

더구나 한국에서 문제시되는 것은 정당이 대통령선거 때마다 바뀌는 것이다. 만약 정당이 영속적으로 존재한다면 비록 대통령이 재선되는 제도가 없더라도 정당이 그 책임을 짐으로써 매니페스토 사이클은 회전하게 된다. 그런데 정당이 이름을 바꾸거나 소멸되어버리면 책임소재가 불명확하게 된다.

이 문제는 일본의 단체장 선거에서는 무소속이라는 문제로 발생한다. 정당이 중심이 되는 한국의 지방선거와 차이점이 여기에 있다. 향후 지방정당의 발달이 하나의 길이기도 하지만 무소속으로 입후보하는 것을 고집하는 단체장후보가 여전히 많은 것이 일본의 현실이다. 매니페스토를 작성하기 위해서 인적 구성원과 자금이 필요한데 이를 혼자서 감당하는 것은 매우 힘들다. 그래서 그 역할을 본래 정당이 수행해야 하지만 현실적으로 정당의 지방지부 역시 그 역할을 수행할 만한 준비가 되어 있지 않다.

때로는 시민들이 전 단체장의 매니페스토를 책임감을 가지고 다음에 계승한다는 것을 자각하고 있는 경우도 있지만, 다음 단체장이 전혀 다른 매니페스토로 당선되었을 경우에는 사이클의 단절은 당연히 발생하는 문제이다. 본래 매니페스토 사이클은 하나가 되어야 하므로 지방의회는 단체장과의 긴장관계를 자각하고 선거시에 단체장 매니페스토에 어떻게 대처할지 입장을 밝히는 것이 중요하다. 그렇지 않으면 시민은 어떤 것이 실현가능한 매니페스토인가를 판단하고 선택할 수 없기 때문이다. 그것은 무소속 단체장과 함께 일본정치의 또 하나의 특징인 '여야 합승 현상'(相乗り現象)에 따른 단체장과 긴장감이 없는 의회의 관계이다.

2) 2원제

매니페스토는 일원제 혹은 이원제를 명확히 전제하고 있지 않지만, 이원제를 고려할 때는 복잡한 경우의 수가 발생한다. 예를 들면, 영국

상원은 선거를 하지 않는다. 이탈리아에서는 상하 양원이 동시에 선거를 한다. 독일연방 참의원은 지방대표로 선거가 없다. 미국이나 프랑스는 대통령제이다. 그런데 일본은 외국에서는 별로 문제가 안 되는 이원제를 재고할 필요가 있다. 더구나 사태를 복잡하게 만드는 점은 수상과 당 총재의 임기가 서로 차이가 난다는 것이다.

매니페스토 사이클의 관점에서 이원제는 2개의 사이클이 만들어지는 것으로 정치가 혼란스럽다. 즉 정권선택이 2개이면 이중 정권을 피해야 하는 사태가 발생하기 때문이다. 그렇다면 참의원선거를 어떻게 위치지어야 할 것인가? 선거를 실시해도 그것이 매니페스토와 관계없다고 하면 말 그대로 책임을 물을 수 없고, 거버넌스가 작동하지 않는 시스템이 되어버린다.

우리가 취해온 참의원선거에 대한 하나의 해석은 중의원선거에서 제사한 매니페스토로 국민은 정권선택을 하며, 참의원선거는 그 매니페스토의 진척이나 실행 정도를 검증하는 중간평가라는 것이다. 즉 중의원선거 때 제시한 매니페스토의 평가와 그 이후에 수정된 신규 제안을 검토하는 2종류로 구성된다. 사실 야당의 매니페스토 평가에도 중요한 의미를 가진다. 즉 중의원선거에서 제시한 야당의 매니페스토는 패배한 매니페스토이며, 유권자에게 선택되지 못한 것으로 평가의 대상이 되지 못한다. 따라서 야당이 제시한 공약은 선거패배로 무의미한 것이 되고, 매니페스토에 대한 책임이 소멸해버린다. 그래서 참의원선거에 수정판 매니페스토를 제출하는 것은 의미가 있다.

또 참의원선거에서 논쟁해야 할 고유의 쟁점이 있는가가 또 하나의 해결과제이다. 예를 들어, 참의원 개혁이나 이원제 문제를 본래는 참의원에서 논해야 한다. 하지만 참의원선거가 참의원 자신의 문제를 묻는 것은 지방의회에서 의회개혁이나 정무조사비 문제 등을 선거쟁점화하기를 싫어하는 후보자가 있듯이 기대할 수 없을지도 모른다. 이는 미국상원의 선거제도개혁이 상원에서 제기되지 않는 것과 같은 이치이다.

이렇게 하여 어느 정도 매니페스토가 실행되었는가를 중간 시점에서 평가하는 것이 참의원선거의 역할이다. 그렇지만 참의원선거가 정권선택은 아니라는 우리의 해석을 거꾸로 해석하여 집권당이 참의원선거의 패배에 책임지지 않는 정치적 결과를 가져온 점도 반성해야 한다.

이런 의미에서 다시 한 번 참의원선거의 의미와 매니페스토의 자리매김을 새롭게 할 필요가 있다. 따라서 참의원선거는 국민에 의한 정권심판으로 정의되어야 한다. 특히 과거 아베 정권같이 수상이 된 후로 국민의 심판을 받는 국정선거가 중요하다. 왜냐하면 아베 정권의 고이즈미 정권과의 연속성, 연립내각의 공명당과의 관계, 아베 정권의 독자적 주장에 대한 책임 등이 당연히 제기되었기 때문에 선거는 국민의 심판을 반영해야 한다.

3) 당수 매니페스토와 당의 매니페스토

또 하나의 중요 쟁점은 의원내각제이건 대통령제이건 당내 후보자의 선정과정과 선거에서 국민선택의 두 단계가 존재하는 것이다. 즉 당수선거에서 제시된 매니페스토가 얼마나 당의 매니페스토로 전환되는가 하는 문제이다. 당수 선정과정과 당의 매니페스토는 누가 어디서 작성하는가는 동일한 문제는 아니지만 두 개의 과정을 일치시키는 것이 중요하다.

당내 매니페스토 작성과정은 각 당의 사정과 전통이 있기 때문에 하나만 존재하지 않는다. 영국 노동당과 보수당에서는 기관 중시와 당수주도라는 차이가 있다. 아마도 어떤 나라에서건 당수의 지도력 문제와 조직의 정식결정과정이라는 두 가지 문제는 중시해야 할 것이다.

일본에서는 자민당이 장기집권하고 있기 때문에 자민당 총재선거가 실질적으로 정권을 획득하는 선거였다. 총재선거에서는 매니페스토가 등장하기 이전부터 입후보선언으로 공약을 내건다. 그것은 당수선거에서 승리한 당수 매니페스토를 당의 매니페스토로 전환하는 작업이 필요하게 된다. 영국처럼 매니페스토를 둘러싸고 당내 논의를 거치도록 하는 위원회나 회의가 당대회에 설치되는 사례는 널리 알려져 있다.

적어도 당의 공식적인 매니페스토로 결정하는 것은 매우 중요한 문제이다. 당대회에서 공식 결정할지, 양의원 의원총회에서 결정할지는 당의 판단에 맡기지만 적어도 당론으로 결정되지 않으면 매니페스토를 위반한 의원들과 함께 선거를 치르는 형국이 되어 유권자의 판단을 혼란스럽게 할 수 있기 때문이다.

대통령제를 택하고 있는 미국이나 한국에서는 예비선거의 과정이 후보자의 매니페스토로부터 당의 매니페스토로 전환하는 기회가 된다. 보통은 승리한 후보자의 매니페스토가 당의 매니페스토로 당대회에서 공식 결정된다. 물론 본선을 위해 일부 수정하여 선거승리를 확실하게 하고 싶다는 의향은 어느 후보자에게나 있다. 문제는 그 과정의 결정이 누구를 어디까지 구속하는가 하는 점이다. 대통령제라고 해도 이미 제기한 분열정부의 문제와 당이 행하는 역할에는 나라에 따라 차이가 있다. 일본에서 예외적으로 발생한 여당의 위반(이탈) 의원의 경우는 매니페스토와 당론 차원에서 생각할 수 있다. 대통령선거에서도 누가 어디까지 연대하여 책임을 지는가가 주요 관건이다. 대통령이 개인적으로 선거에 임하여 그 책임을 그 후보자에 한정할 것인지, 그렇지 않다면 대통령선거는 어디까지나 당의 후보자로서 경쟁을 벌이는 것이므로 당이 책임을 져야 할 것인가의 차이이다.

어쨌든 의원내각제이건 대통령제이건 매니페스토를 당에서 결정하는 과정에 많은 논의를 거쳐야 하지만, 일단 그것이 정식 결정되면 당원은 그 매니페스토를 연대하여 책임을 지는 것이 민주주의의 기본적인 도리일 것이다. 즉 매니페스토로 내건 정책을 공유하거나 혹은 당론에 반하여 그것을 위반했을 경우에는 위반(이탈) 의원으로 평가될 것을 각오하고 매니페스토의 작성과 결정 과정에 관여해야만 한다.

4) 수상임기와 총재임기의 불일치

일본정치에서 해결하지 못한 문제 중 하나는 자민당 총재의 임기가 3년인 데 비해 수상 임기는 다음 총선까지 4년으로 서로 차이가 난다는 점이다. 통상 4년이 임기이지만 의회 해산이 있으므로 수상의 임기는 해산시까지가 되고 있다. 즉 총재임기와 수상임기의 차이, 그리고 해산될 수 있다는 두 가지가 문제가 정치를 어렵게 하고 있다.

대통령제나 단체장의 경우 일반적으로는 임기대로이다. 일본의 경우도 총재임기를 수상의 임기에 맞출 수 있으면 좋지만, 해산되는 경우에는 임기가 일정하지 않다. 구체적으로 2005년 9월 총선에서 고이즈미 자민당은 대승했다. 당연히 고이즈미 수상의 임기는 2009년까지 4년간이다. 그런데 자민당 총재로서의 임기는 2006년 9월까지였고 고이즈미 총재는 재출마하지 않는다고 미리 선언했으며 그대로 실천했다. 이 경우 자민당이 국민에게 약속한 매니페스토는 다음 총선거까지 유효하지만 그 사이 자민당이 총재선거를 실시하여 아베 신조 총재가 새로 선출되어 수상이 되었다. 그렇다면 총재선거 때 제시한 당수 매니페스토와 2005년 자민당 매니페스토의 관계정립이 필요하게 된다.

만약 전면적으로 새로운 정책을 제시하고 싶다면, 중의원을 해산하고 새로운 매니페스토를 만들어 국민과 새로운 계약을 해야 한다. 우정 해산에 반대한 위반(이탈) 의원들의 복당문제도 이러한 절차가 있어야 해결될 수 있다. 이러한 생각이 정론이지만 이 경우 현실적으로 빈번한 총선을 각오해야 한다. 예를 들면, 수상이 임기도중에 사임하거나 사망하는 경우에 총선을 실시하게 된다.

이 문제를 해결하기 위해서는 정당이 책임을 져야 한다. 즉 당수가 바뀌어도 정당이 약속한 것은 지속적으로 책임을 진다는 자세이다. 한편 당수 교체에 의해 정치의 역동성을 가져오는 것이 필요하다는 생각이 있을 수 있다. 이 견해는 당수가 바뀔 때마다 이전의 매니페스토는 무의미하게 되며 새로운 당수의 매니페스토가 새롭게 채택된다는 것이다. 이에 따른 문제점은 어디까지나 당내의 문제로, 총선에서 국민과 약속을 한다는 매니페스토의 성격에서 평가한다면 정통성이 부족하다는 것이다.

요컨대 정당이 약속한 매니페스토의 골자가 변경되지 않는다면 해산·총선거가 필요 없을 것이다. 다만 매니페스토의 대폭적인 변경이 있을 경우에 해산·총선거를 실시해야 한다. 그런데 대폭이라고 할 때, 무엇을 가지고 대폭이라고 할 수 있는가 하는 문제가 남는다. 어느 쪽이든 당이 스스로 해결하지 않으면 안 되는 것들이 많다.

5) 매니페스토의 사전평가와 사후평가

사전평가와 사후평가의 관계는 정치나 행정구조 자체에 관련되는 큰 문제를 포함한다. 기업은 사업계획을 세워 주주총회에서 평가를 받는 것이 결산의 기초이다. 하지만 정치에서는 예산이 논의의 중심이며 결산은 부차적인 문제이다. 선거에서도 업적평가가 아니라 장래에 대한 기대투표라는 것이 공약시대에는 일반론이었다. 그렇게 되면 현직이건

〈그림 7-1〉 매니페스토와 PDCA 사이클

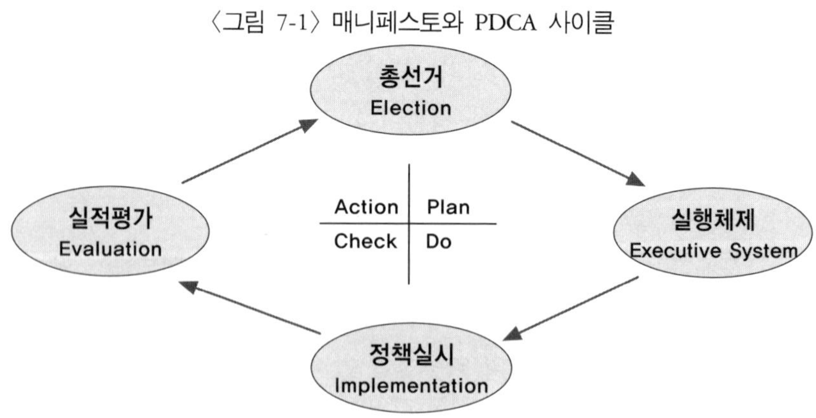

신인이건 일률적으로 앞으로 무엇을 할 것인가가 요구되어 현직이 지금까지 실시해왔던 것은 무시되고, 이전의 선거공약은 파묻혀버린다는 결함이 있었다.

이 관계를 전환하는 것이야말로 매니페스토의 의미이며, 정책사이클, PDCA 사이클 등과 같은 매니페스토 사이클의 개념을 도입한 의미도 여기에 있다. 또 이미 살펴본 바와 같이 재선이 불가능하다면 이 사이클은 단절되어버리는 약점이 있다는 사실을 인식해둘 필요가 있다.

4. 매니페스토의 변화

나는 매니페스토를 "정당이나 후보자가 선거에서 유권자에 대하여 정권을 획득하면 실행하겠다는 구체적인 정책의 패키지로 검증가능한 형식으로 발표된 것"으로 정의했다. 요약하면, ① 정권을 목표로 하는 사람이 ② 선거 때 ③ 정책의 패키지를 ④ 검증가능한 형식으로 발표하는 것이다. 2003년부터 4년간의 매니페스토 정치의 경과를 살펴보면, 몇 가지의 공통적인 변화를 찾아볼 수 있다.

매니페스토는 이번 통일지방선거에서 표준도구가 되었으며, 그 내용 또한 다양한 수준이라고 말할 수 있다. 이 4년간을 되돌아보면, 매니페스토에는 4가지의 수준이 있으며, 내용의 잘잘못 이전에 매니페스토의 요건을 채우지 못한 사례가 보이기도 한다.

① 정책의 언어화: 매니페스토의 형식에 용어가 기술되어 있지만, 그것이 정책의 형태로 언어화되지 않은 사례가 적지 않다. 그런 의미에서 어떠한 정책을 실시하는가를 언어화하는 것이 필요하다. 예를 들면, "아름다운 일본"이라는 슬로건은 그것만으로 정책이라고 할 수 없다.

② **정책의 구체성**: 설령 정책형태로 언어화되었어도 구체적이지 않고, 그 근거가 나타나지 않은 사례가 있다. 정책을 실시하는 근거로 데이터, 수치, 재원, 기한 등의 형식적인 요건을 들 수 있다.

③ **정책의 체계/우선순위**: 또 정책의 나열이 아니라 우선순위를 매기고 정책의 패키지로 체계화하는 것이 다음 단계에서 중요하다.

④ **행정을 움직이는 실행계획**: 매니페스토는 선거시의 정치 메시지일 뿐만 아니라 구체적으로 실행하기 위한 행정문서이기도 하다. 그래서 많은 단체장들은 공무원을 움직이고 의회에 대처하기 위한 도구라고 이해하고 있다. 즉 선거에 당선되면 그 문서는 유권자의 신임을 얻었기 때문에 구체적인 정책의 형태로 전환시켜 직원들에게 그것에 기초하여 일을 배분하고 예산을 할당할 수 있다.

현재의 매니페스토를 개관하면 이렇게 네 가지의 수준이 혼재하고 있으며, 우리가 기대했던 것만큼의 매니페스토가 적다는 사실을 목도하게 된다. 우리와 함께 매니페스토의 평가와 심사를 해온 언론 NPO의 쿠도 야스시(工藤泰志)는 토오일보(東奧日報, 2004.4.22)의 "갈림길에 선 매니페스토"라는 기사에서, 도쿄지사선거에서 일종의 허무함을 느꼈다고 토로하고 있다. 그것은 현재의 도쿄가 안고 있는 문제를 집어내고, 그 해결을 위한 명확한 안(plan)의 제시가 없는 것에 대한 실망감에서 비롯되었다. 또 하나의 중요한 지적은 "상당수의 매니페스토가 빠진 하나의 함정은 목표를 알기 쉽게 하기 위해 너무나 형식에 집착했다"고 언급하고 있다.

그 '명확한 안(plan)'을 필자 나름의 말로 바꾸어보면, '언어화된 정책의 체계(패키지)가 명확히 제시하는 것'이다. 종래의 적당한 공약을 탈피하기 위해 수치·재원·기한 등의 형식을 너무 강조했다는 반성이 필요하다. 그것은 정책의 근거로서 필요한 형식요건이지만, 우선 무엇을 할 것인가라는 명확한 안(plan)이 정책으로 언어화될 필요가 있기 때문이다.

정책의 언어화가 무엇인지 구체적인 예로 살펴보자. 이시하라 신타로(石原愼太郎)가 내세운 "세계 제일의 안심하고 안전한 수도, 도쿄를 실현합니다"는 단순한 슬로건인가, 정책인가? 세계 제일이라는 것에 대해 세계 대도시 중의 순위를 묻지 않는다 하더라도 그것을 어떠한 정책으로 달성할지가 애매하다. 많은 정치가가 뉴욕의 줄리아니 시장의 '부서진 창문설'에 관심을 나타냈지만, 범죄학자나 경제학자들은 범죄율의 저하는 다른 이유에 기인한다고 설명한다. 또 범죄방지에는 공동체가 중요하다고 해도 그것을 구체적으로 어떻게 하는가가 정책과제일 것이다. 예를 들어, 경찰관의 증원은 실행할 수 있어도 그것으로 검거율의 상승을 가져올 수 있을지는 별도로 측정해야 한다. 실제로 정책이 가져오는 효과에 대한 검증이 필요하지만 선거로 그것을 묻는다는 것은 현재로서는 어렵다고 할 수 있다.

일반적으로 선거에서는 정책의 대략적인 표현을 사용하는 경우가 많다. 예를 들어, 마쓰자와 시게후미(松澤成文)는 "암에 굴복하지 않는 가나가와 만들기"라는 표현을 사용하지만 그것은 구체적인 정책으로 ① '공공시설에서의 금연조례(가칭)'의 제정, ② 암에 대한 도전: 10개년 전략의 추진, ③ 현립 암센터의 종합정비, ④ 가나가와 암임상연구정보기구의 추진 등으로 구체화되고 있는 것을 보다 상세한 책자 『가나가와의 힘 전개 선언』(가나가와의 힘을 만드는 모임)에서 제시하고 있다.

2007년 통일지방선거에서는 현직이 승리한 경우가 많았다. 대체로 재선을 목표로 한 현직(다선에 대한 비판이 없는 경우)이 유리하다는 것은 어느 선거에서건 일반적인 이야기이지만, 매니페스토가 도전자의 무기에서 현직의 실적을 선전하는 무기로 활용되었다는 점도 이번 선거로 두드러졌다. 매니페스토에는 두 가지의 얼굴이 있다.

하나는 선거 때의 정치 메시지이며, 다른 하나는 정권을 담당하는 장으로서 행정을 운영하기 위한 문서이다. 이러한 관계를 더 자세하게 말하면, 선거시에 유권자에게 호소하여 당선되는 것과 당선 이후 실행으로 연결되지 않으면 매니페스토는 의미가 없다는 점이다. 즉 실행되지 않는 매니페스토는 종래의 공약과 동일한 것이 되어버린다. 이는 매니페스토의 문언을 잘 작성해야 할 뿐 아니라 그 실행 시스템을 염두에 두는 것 또한 중요하다는 것을 입증하고 있다.

선거 때의 매니페스토 자체로는 각 부국(部局)을 움직이는 구체적인 문서로 불충분하다. 관공서가 실시하는 구체적인 정책으로 전환하는 것을 "정책으로 떨어뜨리는 것"이라고 마스다 히로야(增田寬也) 지사는 표현하였다. 실행안이 완성되면, 담당 부국을 결정하고 예산을 할당해 연도별 결과를 검증할 수 있다. 실제로 이 부분의 정보가 공개된다면 매니페스토 평가에도, 그리고 다음 선거의 다른 후보자에게도 많은 도움이 될 것이다.

중앙정치의 이러한 관계는 매니페스토를 각의결정으로 가져가, 그것을 각 성의 행정문서에 반영하여 실행시키는 절차를 필요로 한다. 매니페스토의 사후평가는 매니페스토가 어느 정도 실행되었는가를 추궁할 수 있다. 선거로 말하자면 실적투표가 중심이 된다. 그런데 재출마자 없이 전원 신인인 경우에 매니페스토는 사전평가가 중심이 된다. 즉 매니페스토의 평가가 모두 사후평가로 획일화될 수 없다는 것도 염두에 두어야 한다.

5. '우정선거'에 보는 일본정치의 변화

많은 예상과는 달리 우정민영화 법안이 중의원에서 근소한 차이로 가결되었지만 참의원에서는 부결되었다. 이에 대해 고이즈미 수상은 중의원을 해산해 2005년 총선거를 실시했다. 이 해산에 대해 원리적으로 다양한 논의가 가능하지만, 매니페스토의 관점에서 정리해둘 필요가 있다. 되돌아본다면 우정민영화에 관한 2003년의 자민당 정권공약에 있던 문장은 그야말로 타협의 산물로 상당히 애매하였다. 그 때문에 그 애매함이 자민당 내 대립의 원인이 되었다.

"우정사업을 2007년 4월부터 민영화한다는 정부의 기본방침을 근거로, 일본 우정공사의 경영개혁의 상황을 살펴보면서 국민적 논의를 거쳐 2004년 가을 경까지 결론을 낸다"는 문구는 고이즈미 수상의 입장에서는 민영화를 약속한 문서이지만, 반대로 저항세력 입장에서는 논의의 여지가 많이 남아 있어 민영화하는 것인지 아닌지 재고의 여지가 있는 것으로 받아들였다. 이에 대해 언어학자 킨다이치 히데호(金田一秀穗)는 『도쿄신문』(2005.1.18 조간)에서 "단어의 활용론적으로는 민영화를 공약한 것이지만, 문장의 의미로는 공약하고 있지 않다"라고 분석했다.

애매한 표현은 나가타쵸(永田町: 일본 정계를 칭함)와 카스미가세키(霞ケ關: 일본 중앙정부를 칭함) 문화에서도 많이 활용된다. 그러나 우정민영화에 대해서는 고이즈미 수상이 총재선거와 참의원선거에서 반복적으로 제기한 정책의 핵심이었다. 하지만 이 정권공약도 적어도 어떠한 형태의 민영화인가에 대해서는 명확하지 않았다. 그렇게 할 수 없었던 이유로 당내 문제라는 엄연한 현실이 존재했지만, 적어도 유권자가 판단하기 위한 자료로서는 더 명확하고 구체적이어야 했다. 2003년 총선거 시점에서는 이에 대한 자민당 내부의 입장이 정리되지 않았을 가능성이 높다. 즉 그 시점에서 자민당의 결론이 내부 교통정리가 되지 않았다면, 매니페스토에서 더욱 정직하게 표현할 필요가 있었다.

우정민영화 법안에 관한 이러한 내용 외에도, 집권당이 다수를 차지하고 있어 당론으로 더 한층 강한 구속력을 행사할 수 있었겠지만, 결국은 부결되었다. 야당의 반대에 상관없이 다수 의석의 여당이라면 본래 의결되는 것이 상식이다. 그런데 자민당 내부의 반대로 중의원에서는 가까스로 5표 차이로 가결되었고, 참의원에서는 부결되었다. 참의원에서 부결된 것에 대해 왜 중의원을 해산하는가라는 시비가 있지만, 만약 중의원을 해산하여 재의결에 필요한 중의원 3분의 2 의석을 목표로 하는 해산이라면 명분이 있다고 할 수 있다.

고이즈미 수상은 우정민영화에 초점을 두어 선거를 이른바 '우정선거'로 만들었다. 그러한 의미에서 단일쟁점선거라고 부르기도 한다. 또한 그 선거가 국민투표라기보다는 오히려 '국민투표형 정치'라는 비판도 나왔다. 실제 자민당의 매니페스토는 120개 항목으로 구성되어 있었고, 동시에 고이즈미 정권의 4년 3개월의 성과도 평가하려고 했지만, 무엇보다 우정민영화가 두드러진 매니페스토였다고 할 수 있다.

투표행동론적으로 말하자면, 과거 실적을 유권자가 평가하는 '실적투표'(retrospective voting)와 장래의 정책에 기대하는 '기대투표'(prospective voting)로 나뉘지만, 실적에 대한 충실한 평가와 보도는 어떤 의미에서 '우정 해산'의 열기로 간과된 측면이 있었다.

6. 일본 정치 거버넌스의 변화

매니페스토에 의해 변화된 점은 선거에서 유권자와 후보자 간의 관계만이 아니다. 처음에 문제를 제기했던 것처럼 매니페스토에 의한 정치 거버넌스가 확립되었는지를 따져보아야 할 것이다. 그러기 위해서는 매니페스토 사이클의 원점으로 돌아가 그 관점에서 정책결정과정의 변화에 주목하는 것이다. 매니페스토를 정치개혁의 문맥 하에 위치지운다면 이해하기 쉽다. 그것은 우선 선거를 정권선택이라고 정의하는 것과 선거구제도를 소선거구제로 한 것과 관련이 있다.

즉 총선거에서 유권자가 후보자 선택뿐 아니라 정권선택·수상선택·정책선택을 일체적으로 하기 위해서는 중선거구 선거제도로서는 대응할 수 없었다. 유권자의 정권선택에 기초하여 의회가 구성되며, 그 의회가 수상을 지명하여 수상이 내각을 구성한다는 구조는 의원내각제의 기본이지만, 그것을 철저히 하면 수상을 중심으로 한 내각의 지도력이 확립된다 점을 전제한 것이다.

그렇지만 정권의 모습도, 정책의 형태도, 수상후보도 정해지지 않은 선거에서는 유권자의 선택의 폭은 제한적이다. 매니페스토는 그 선택에 근거를 제시하는 자료이다. 그러므로 정권이 매니페스토처럼 정책을 실행하지 않으면 다음 선거에서 정권교체를 요구하는 유권자가 나오게 되는 구조이다. 이것은 수상의 지도력을 높였는지, 혹은 관료주도로부터 정치주도를 이끌어낼 수 있는지, 종래의 일본정치에서 보여진 내각과 여당의 2원체제가 해소되는지 등에 관해 답을 주게 될 것이다.

즉 개혁의 방향성에 따른 형태로 현실정치가 움직이고 있는지 여부가 하나의 판단기준이 되지만, 모두 장기적으로 판단하지 않으면 변화를 읽어낼 수 없다. 이러한 것들이 모두 매니페스토만으로 해결되는 것은 아니지만 적어도 현재 정당은 중의원선거, 참의원선거에서 매니페스토를 작성하게 되었고, 그때마다 자기평가도 제출한다. 또 선거 전의 검증대회에 참여하고 토론을 하는 것도 일반화되었다.

과제로서는, 정당이 내세우는 매니페스토를 총선거 이후 각의에서 결정하고 그것을 내각의 정책으로 추진하는 일이 필요하다. 이것은 내각과 관료기구, 정치와 행정의 접속문제이다. 또 당내의 결정과정에서 매니페스토를 어디까지 공유할지 모르지만 그것은 의식수준과 공식적인 기관결정이라는 두 종류의 문제가 있다. 하지만 어느 쪽도 불충분하다. 선거의 홍보전략은 과거 몇 차례의 총선과정을 통해 발전되어왔지만 자민당 정조(政調)와 홍보의 제휴 등은 아직 불충분한 점이 많다.

이러한 과제를 극복하기 위해서 4년에 한 번의 평가로는 불충분하며, 매년 혹은 선거 후 평가가 필요하다. 그러한 압력 하에 정당과 내각도 긴장감을 가지고 매니페스토형 정치를 진행시키게 된다.

우리가 소속된 21세기임조에서는 과거 2회의 검증대회와 자민당 총재선거 '정책본위의 당수 선거' 추진대회를 개최했다. 또 2007년에도 참의원선거 직전에 검증대회를 열었다. 자민당과 민주당의 매니페스토에 대해서는 2003년 매니페스토 검증대회를 2004년에, 2005년 총선거의 매니페스토에 대해서는 사전검증을 총선거 직전에 실시했다.[2] 그 자리에는 경제동우회연합, 전국 지사회 등 각종 단체와 언론 NPO, 일본 총연, 구상 일본, PHP 종합연구소 등 정책을 평가하는 싱크탱크가 다수 참여했다. 이러한 활동에 관해 매스컴들은 상세하게 보도하고 있으며, 상당수 독자들도 그 보도를 접할 수 있었다. 또 지방 매니페스토에 대해서는 매니페스토를 추진하는 3개의 단체가 매년 정기적으로 검증대회를 실시하고 있다.[3]

마지막으로 정책평가를 비롯하여 그것을 분석하는 학문도 재편성이 필요하다. 선거는 투표행동 연구자가, 정당·내각·의회는 정치학자가, 관료기구는 행정학자가, 정책은 정책분석자·경제학자·행정학자 등이 연구·분석한다는 역할분담론으로는 매니페스토 사이클을 따라갈 수 없다. 즉 매니페스토 작성과정에서 선거, 실행체제, 정책실시, 평가와 선거, 정치·행정·정책분석을 종합적으로 융합할 필요성이 발생한다. 정당이나 정치가에게 개혁을 요구하는 것은 스스로 학문적 재편과 종합화의 모색을 자각하게 만드는 것이다.

---

2) 매니페스토 검증대회: 새로운 일본을 만드는 국민회의(21세기임조) 주최
① 2004년 5월 12일「정권공약(매니페스토)검증: 제1회 대회」
② 2005년 8월 26일「정권공약(매니페스토)검증: 제2회 대회」
③ 2005년 9월 15일「자민당총재선거 '정책본위의 당수 선거' 추진대회」
④ 2007년 7월 1일「정권공약(매니페스토)검증: 제3회 대회」

3) ① 2004년 9월 8일 와세다대학 매니페스토연구소 주최「제1회 지방 매니페스토 검증대회」
② 2005년 11월 19일 지방 매니페스토 추진 수장연맹, 지방 매니페스토 추진 지방의원연맹, 지방 매니페스토 추진 네트워크 주최, 21세기임조, 와세다대학 매니페스토연구소 공동주최「제2회 지방 매니페스토 검증대회」
③ 2006년 11월 19일 와세다대학 매니페스토연구소, 지방 매니페스토 추진 수장연맹, 지방 매니페스토 추진 지방의원연맹, 지방 매니페스토 추진 네트워크 주최, 와세다대학 대학원 공공경영연구과 공동주최「제3회 지방 매니페스토 검증대회」

8장
일본 매니페스토 선거의 쟁점과 도입 효과

고선규*

1. 서론

1990년대 이후 일본정치는 안전보장, 행정개혁, 지방분권, 재정건전화, 규제완화, 금융제도 등의 분야에서 실제로 많은 개혁에 착수했다. 이는 소위 잃어버린 10년이라고 불리는 장기불황뿐만 아니라 냉전의 종언, 저출산·고령화의 진전이라는 구조변동에 의해 어떤 형태로든 정책대응을 요구받게 되었기 때문이다.

특히 1994년 1월 일본 호소카와(細川) 연립정권에 의해 성립된 정치개혁은 이후 일본정치에 많은 영향을 끼쳤다. 선거제도개혁과 금권정치(金權政治) 철폐를 위한 정치자금법의 개정을 핵심내용으로 한 이 정치개혁은 정권교체가 가능한 선거제도로 만들고자 한 목적도 있었다. 따라서 호소카와 정권은 선거제도를 선거구 비례대표병립제로 바꾸고, 정당조성금제도 도입을 근간으로 하는 정치자금제도를 재정비했다. 일본의 소선거구제도와 정당조성금제도의 도입은 내각기능의 상화 및 수상의 권한강화와 맞물리면서 일본정치에 많은 변화를 초래하였다. 파벌·후원회중심의 선거·정당정치, 자민당 내 합의제 의사결정방식, 내각

* 선거연수원 교수.

과 의회, 정당과의 관계, 선거나 정당정치에 동원되는 정치적 자원의 조달과 배분 방식 등이 근본적으로 변화하고 있다. 1990년대 정치개혁에 따른 일본정치의 변화양태가 2005년 중의원선거를 통해서 극명하게 드러났다.

최근 자민당 내의 정치에도 구조적인 변화가 일어나고 있다. 자민당 정당정치의 변화배경에는 역시 선거제도, 정치자금제도 변화 등의 정치개혁이 크게 작용했다. 선거제도변화는 기존 일본의 선거정치를 규정해온 파벌과 후원회의 기능을 변화시켜, 선거자원의 보급창구로서의 파벌기능은 약화되었다. 이 때문에 정당 총재의 권한은 극적으로 강화되었다. 뿐만 아니라 선거제도개혁은 선거구 이익유도와 민원해결을 중심으로 하는 의원의 역할, 정치가 개인이나 의원 상호간 연합체적 성격이 강한 정당의 특징에도 많은 변화를 초래하였다.

그리고 정치개혁의 일환으로 정치자금제도가 개혁되면서 투명성 제고라는 효과가 가시화되고 있다. 정당교부금제도 도입에 따라 정당이 불법적인 정치자금 모금에서 자유로워지고 거액의 정치자금 수수 스캔들이 급격하게 줄어들었다. 동시에 기업이나 단체에 의존하던 정치자금 모금을 개인 기부와 정당교부금에 의존하는 체질적 변화가 이루어졌다. 그리고 선거구를 중심으로 정치자금을 모금하는 결과를 가져와 정치의 주무대가 중앙에서 선거구나 지방으로 이동하는 변화도 일어나게 되었다.

이러한 일본의 정치개혁에 따른 제도적 효과는 2003년 총선거 이후 매니페스토 제도가 도입되면서 선거정치에 막대한 영향력과 변화를 가져오고 있다. 매니페스토 제도도입은 정책중심의 선거를 실현하고, 유권자의 투표기준이 정책중심으로 변화하는 성과를 가져오게 되었다. 정책선거도입은 책임정치구현에도 기여하였으며 공약의 구체성을 높이는 효과를 가져왔다. 그리고 공약에 대한 설명책임(accountability)을 증대시키고 공약평가를 제도화하는 효과도 가져오게 되었다. 2007년부터 지방 매니페스토가 도입되면서 이러한 제도적 효과는 더욱 확대될 것이다.

현재 한국과 일본은 매우 유사한 선거제도와 정치자금제도를 가지고 있다. 그러나 선거 및 정당정치의 형태는 다른 측면이 매우 많다. 2003년 총선거부터 일본의 선거가 정책중심·정당중심의 선거로 전환되고 있다는 연구결과들이 많아졌다. 각 정당의 정권공약인 매니페스토 제작 및 배포가 공직선거법에 의해 법제화되고 이를 중심으로 선거운동이 전개되었기 때문이다. 한국에서도 2006년 지방선거를 계기로 매니페스토를 표방하고 이를 정착시키기 위한 다양한 방안이 모색되고 있다.

이러한 시점에서 일본의 매니페스토 선거의 활용 현황과 과제는 한국에 적지 않은 시사점을 제공해줄 것이다. 그러므로 이 글에서는 일본의 매니페스토 제도의 도입배경과 활용 현황, 매니페스토 제도의 내용, 그리고 유권자의 평가와 도입 효과 등을 분석한다. 마지막으로 매니페스토를 둘러싼 논쟁점을 정리하면서 한국에 대한 시사점을 도출하고자 한다.

2. 매니페스토 도입 배경과 현황

1) 매니페스토 도입배경

일본에서 매니페스토가 도입된 배경에는 1955년체제하에서 채택되어왔던 중선거구제도개혁에 대한 필요성이 존재했다. 중선거구제도에서 정당은 존재의미가 거의 없었다. 한 선거구에서 자민당 후보자가 2~4명 입후보하여 정당의 정책보다는 후보자들의 자질이나 조직동원을 통해 의석경쟁을 했기 때문이다. 후보자간의 경쟁은 금권정치를 만들어냈고 금권정치는 정치부패를 양산했다.

고질적인 일본의 정치부패를 척결하기 위해서는 정치개혁이 필요했고, 정치개혁으로 정당경쟁의 활성화와 정권교체가 가능한 양당체제로의 변화가 목표인 소선거구 비례대표병립제가 도입되었다. 정치자금법도 개정되어 기업의 정치헌금이 제한되고 국고보조금을 통한 정당조성금이 정당에 제공되었다. 이러한 개혁의 흐름 속에서 정책경쟁을 통한 정당정치의 활성화를 위해 매니페스토 도입이 시도되었다.

또한 매니페스토제도가 도입된 배경은 1990년대 접어들어 일본경제의 침체에 따른 국가 예산규모의 축소와도 깊은 관련이 있었다. 전후 일본은 고도성장기를 거치면서 국채발행 등을 통하여 재정적자를 확대시켜왔으나, 불황기에 접어들고 예산규모가 축소되었고, 국민연금문제 등 국가 재정상태가 심각해지면서 재정지출의 축소가 불가피하게 되었다. 그러므로 정치가나 정당이 고도성장기와는 달리 국민의 요구에 대해서도 제한적으로나마 대응할 수밖에 없었다. 매니페스토의 도입을 위해서는 한정된 재원 속에서 정당이 정책의 우선순위를 결정하여 그것을 유권자에게 제시하고 실행해가는 효율적인 정책집행이 요구되었다. 정당은 선거에서 순위를 부여한 정책을 제시하고 집권중에는 공정표에 따라 정책을 집행하고 임기가 끝난 후에는 성과에 대한 평가를 통하여 국민의 평가를 받는 과정이 필요하게 되었다.

일본에 매니페스토가 도입된 배경에는 지방으로부터 일본정치를 변화시키려는 변혁의 움직임 또한 크게 작용했다. 이러한 움직임은 혁신자치단체장을 중심으로 진행되었다. 미에(三重)현 기타가와 마사야스(北川正恭) 지사, 이와테(岩手)현 마쓰다(增田) 지사, 도토리(鳥取)현 가타야마(片山) 지사, 그리고 가나가와(神奈川)현 마쓰자와 시게후미(松澤成文) 지사 등이 주도적 역할을 담당했다.

일본 정치권에서 본격적으로 논의되기 이전에 전문가나 연구자들 사이에 매니페스토 도입에 관한 논의가 있었다. 1996년 10월 21세기임조는 총선거를 앞두고 '총선거를 향한 긴급 제언'을 발표하여 정권선택·수상선택·정책선택의 일치를 제창하며 매니페스토 선거의 원리를 밝히고 있다. 이후 1997년에는 일본 중의원의 '공직선거법 개정에 관한 조사특별위원회'에서 매니페스토 도입에 관한 논의가 제기되었다(曾根泰教, 2006: 31).

논의가 정치권으로 옮겨오면서 2002년 12월 지사 3선 불출마 선언을 한 전 미에현 지사 기타가와 마사야스가 지사 8인이 모인 자리에서 매니페스토를 제안했다. 이어 2003년 1월 25일 미에현에서 당시 지사인 기타가와가 매니페스토 선언을 발표하고, 당시 심포지엄에 참가한 이와테현 마쓰다 지사와 도토리현 가타야마 지사 등 혁신지사들이 속속 동참선언을 하게 된다. 2003년 통일지방선거에서 혁신파 지사인 현직 후보 등을 비롯하여 매니페스토를 제시한 후보는 14인이었으며, 이 중에서 7인(현직 2인, 신인 5인)이 당선되고, 7인(현직 1인, 신인 6인)이 낙선하였다.

2003년 지방선거에서 신인이면서 매니페스토 선거로 당선된 지사가 가나가와현 마쓰자와 시게후미이다. 유력한 자민당 추천 후보는 지방 매니페스토를 제시하지 않았지만, 그는 37항목에 걸친 자세한 매니페스토를 제시하고 정책면을 강조한 결과 당선되었다. 이와테현의 마쓰다 지사 등도 지사선거 후보 중 유일하게 매니페스토를 제시하여 낙승을 거두었다.

이후 '지방 매니페스토 추진 단체장연맹', '지방 매니페스토 추진 지방의원연맹'을 결성해 지방 정치인 스스로 지방 매니페스토를 확산하는 운동에 동참하고 있으며, 시민단체들도 '지방 매니페스토 추진 네트워크'를 결성해 해당 지역에서 매니페스토 활성화를 통한 정책선거유도에 전력을 다하고 있다. 지역사회에서 시민단체들이 매니페스토에 관심을 가지고 활동하게 된 배경에는 지역사회 현안과 관련된 제반 문제를 지역주민 스스로가 해결하기 위하여 결성된 NPO / NGO 활동의 활성화와도 관련성이 깊다. 특히, 1990년 이후 전국 각지에서 다양한 NPO/ NGO 단체가 결성되었고 지역정치를 개혁하고자 하는 움직임이 활발하게 진행되었다.

지방선거와는 달리 국정선거에도 매니페스토 바람이 불어 민주당을 중심으로 한 소장파 의원들이 주축이 되어 매니페스토 도입논쟁이 전개되었고, 중의원선거를 한 달여 앞둔 2003년 10월 3일 중의원에서 매니페스토 도입을 위한 선거법 개정안이 통과되어 중·참의원선거에도 본격적으로 매니페스토가 도입되었다. 2003년 6월에 11월 총선을 앞두고 민주당의 칸 대표가 당수토론에서 다음 선거를 매니페스토 선거로 치르자는 제안을 했다. 당시 자민당은 냉담한 반응을 보였으나 당 총재 선거를 앞두고 고이즈미 수상이 이를 수용하면서 제도도입의 계기가 마련되었다.

2) 일본의 국정 매니페스토

지사선거의 경우, 정당의 관여가 낮아 '개인 매니페스토화' 경향이 있으나 국정선거의 경우에는 정당간에 치열한 정책경쟁으로 전개되었다. 특히 최근까지는 후보자 개인홍보물 배포에 주력해왔으나, 2003년 선거에서는 매니페스토 중심의 선거화를 통해 정당이 제작한 매니페스토를 배포하는 데 후보들이 역점을 두었다. 자민당은 매니페스토 상세판 25만 부와 요약판 410만 부를 배포했으며, 민주당은 상세판 320만 부, 요약판 1,500만 부를 제작·배포했다.

유권자 출구조사를 통해서도 소선거구제의 투표기준으로 후보자 인물론보다 정당의 정책공약을 지적한 유권자가 많은 것으로 나타났다(朝日新聞, 2003.11.11). 중의원선거에서 주요한 쟁점으로 부상한 정권공약은 연금문제를 비롯한 사회보장문제, 도로공단개혁, 이라크 부흥지원, 경제·고용문제 등을 들 수 있다. 2004년 참의원선거에서 정당간 주요

〈표 8-1〉 각 정당 매니페스토의 주요 쟁점

정당명	2003 중의원선거	2004 참의원선거	2005 중의원선거
자민당	• 2005년부터 도로 4공단 민영화(2004 정기국회법안제출) • 2006년까지 보조금 약 4조 엔 폐지감축 단행 • 정책입안기능 강화	• 사회보장제도개혁 2007년 3월까지 결론 • 이라크 파병 계속 • 향후 2년간 서비스업에 300만인 이상 고용창출	• 우정법안 차기국회에서 입법 • 공무원 포함 샐러리맨 연금제도 일원화 • 2010년 초 기초적 재정수지 회복
민주당	• 고속도로 3년 이내 무료(일부 대도시 제외) • 18조 엔의 조건부 보조금을 4년 내 전부 폐지 • 공공사업수주기업으로부터의 정치헌금 금지	• 연금제도 일원화 • 자위대의 이라크 철수 • 사회보장청을 폐지하고 국세청과 통합한 '세입청' 신설	• 모든 연금 일원화 • 우편저축, 규모를 축소하고 다양한 선택지 검토 • 3년간 10조 엔 세출삭감
공명당	• 2005년 중 도로 4공단 민영화 추진 • 세원이양 추진, 장래 국가와 지방 세원비율 1:1로 • 국회의원 세비 10% 삭감 지속	• 연금 100년 안심계획 근본적 개혁 • 이라크 부흥지원 계속 • 10년간 개호희망자 비율을 고령자 '7인 중 1인'으로부터 '10인에 1인'으로	• 후생연금과 공제연금의 일원화 • 우정법안 입법 • 2010년 초 프라이머리 밸런스의 흑자화

출처: 이현출(2006).

쟁점은 연금문제와 이라크에 파병된 자위대 문제였다. 2005년 실시된 중의원선거에서는 단연코 우정민영화가 주된 이슈로 등장했다.

그리고 2007년 7월 29일에 실시된 참의원선거에서 정당 매니페스토의 주요쟁점은 국민연금과 정치자금 문제였다. 특히 2007년 참의원선거 직전에 폭로된 사회보험청의 국민연금납부 누락 문제는 선거의 최대 쟁점이었다. 아울러 자민당 의원들의 불투명한 정치자금 회계처리 문제는 자민당의 참패를 초래하고 말았다. 실제로 국민연금과 정치자금 문제를 둘러싼 자민당과 민주당 간의 매니페스토 경쟁은 신문 전단지를 통해서 각 가정에 배달되었다. 자민당과 민주당의 상호 반박과 대안제시가 반복되면서 2007년 참의원선거는 매니페스토 선거의 진면목을 보여주었다.

〈그림 8-1〉 2007년 참의원선거에서 배포된 신문 전단지형 매니페스토

이처럼 매니페스토의 원년인 2003년 11월의 총선거와 2004년 7월의 참의원선거, 그리고 2005년 9월의 총선거, 2007년 4월 지방선거, 2007년 7월 참의원선거 등 5차례의 국정선거와 지방선거가 치러지면서 이제 매니페스토의 제시는 정착되었다고 말할 수 있을 것이다. 각 정당은 매니페스토를 제출하지 않고서는 선거에 임할 수 없게 되어 매니페스토형 선거는 크게 진전을 거듭하고 있다고 평가할 수 있다.

특히 2005년 중의원선거를 앞두고 8월 25일 실시된 '정권공약 검증 긴급대회'에서 기존 2003년 선거 때 제시된 매니페스토에 대한 평가와 함께 2005년 선거를 앞두고 제시된 신매니페스토에 대한 검증이 이루어졌다.

'새로운 일본을 만드는 국민회의'(21世紀臨調)에서 주최한 검증대회에는 경제동우회, 전국지사연맹, 노동단체연합, 일본청년회의소, 언론 NPO, 구상 일본 등 일본의 주요 민간사회단체와 싱크탱크 등이 참여했는데, 매니페스토형 선거가 2005년 총선의 큰 추진력이 되었다고 평가했다.

〈표 8-2〉 국정선거에서 매니페스토 대상 선거와 배포방법

구분	내용
대상 선거	① 중의원 총선거 ② 참의원 통상선거
배포 주체	① 중의원 총선거: 후보자 입후보 정당 또는 중의원 비례명부 제출 정당
	② 참의원 통상선거: 참의원 명부 제출 정당
배포 기간	선거운동기간(선거일 공시일로부터 선거일 전일까지)
배포 가능한 내용	정당본부에서 직접 발행하는 팸플릿 또는 서적의 형태로 국정에 관한 중요정책 및 그것을 실현하기 위한 기본적인 방책 등을 기재한 것으로 총무대신에게 신고한 2종류(※이 중 한 종류는 요지 등을 기재한 것) 규격은 특별히 제한되어 있지 않으므로 크기나 페이지 수 제한은 없음
기재상 유의점	① 후보자의 이름 또는 사진 등 이름이 유출가능한 사항을 기재하는 것은 대표자를 제외하고는 금지한다. ② 해당 팸플릿 또는 서적의 표지에는 정당의 명칭, 배포 책임자, 인쇄자의 이름 및 주소를 기재한다. 그리고 정당의 매니페스토를 표시하는 기호를 기재하지 않으면 안 된다.
배포 방법	매니페스토는 다음과 같은 방법으로만 배포가 가능하다. ① 해당 후보자, 입후보 정당 또는 중의원 명부 제출 정당, 참의원 명부 제출 정당 등의 선거 사무소 내, 정당 연설회 또는 정당 등 연설회의 회의장 내 또는 가두연설 장소에서 배포. ② 해당 후보자 제출 정당 또는 중의원 명부 제출 정당 및 참의원 명부 제출 정당 등에 소속한 자(참의원 명부 등재자를 포함)의 해당 중의원 의원의 총선거, 참의원의원의 통상선거에서 공직 후보자의 선거 사무소 내, 개인 연설회의 회의장 내, 가두연설의 장소에서 배포. ③ 신문 전단지
관련 조문	공직선거법 제142조의2(팸플릿 또는 서적의 배포)

현재 일본의 국정선거에서 배포되는 매니페스토는 정당본부에서 직접 발행하는 팸플릿 또는 서적의 형태로 국정에 관한 중요정책 및 그것을 실현하기 위한 기본적인 방책 등을 기재한 것으로 총무대신에게 신고한 것이다. 매니페스토에는 각 정당의 명칭, 배포책임자, 인쇄자의 이름 및 주소를 기재한다. 그리고 정당의 매니페스토를 표시하는 기호를 기재해야 한다.

동시에 매니페스토는 두 종류가 발행되는데, 그 가운데 한 종류는 반

〈그림 8-2〉 2007년 참의원선거의 자민당 매니페스토

〈그림 8-3〉 2007년 참의원선거의 자민당 매니페스토(요약본)

〈그림 8-4〉 2007년 자민당 중점시책

드시 요약본으로 제작된다. 2007년 참의원선거에서 자민당 매니페스토는 42쪽으로 작성되었고 매니페스토 요약본은 10쪽으로 작성되어 배포되었다. 규격은 특별히 제한되어 있지 않고 크기나 쪽수 제한도 없다.

매니페스토와 더불어 각 정당은 매년 정당의 기본시책을 담은 중점 공약집을 발행한다.

3) 일본의 지방 매니페스토

2003년 통일지방선거에서 혁신파 지사인 현직후보를 시작으로 많은 후보자들이 지방 매니페스토를 들고 나왔다. 11개 도도현(都道縣)에서 지사선거가 실시되었고, 그 중 7개 도현(道縣) 11인의 후보자가 지방 매니페스토를 제시했다. 그 후 도쿠시마(德島)현과 아오모리(靑森)현에서 지사선거가 치러져 도쿠시마에서 2인, 아오모리에서 1인의 후보자가 지방 매니페스토를 제시하기에 이르렀다.

일본의 경우, 후보자는 무소속 입후보가 많아 정당 이탈 경향이 농후하게 나타나고 있다. 지방 매니페스토가 선거결과를 좌우하는 결정적 요인인가의 여부를 단정하기는 어려우나, 2003년 선거에 미친 효과는 컸다는 것이 일반적인 평이며 사회적 관심 또한 높았던 것으로 평가되었다.

지방 매니페스토의 활용상황을 살펴보면, 우선 지방선거 때 현재의 공직선거법상 배포와 공개 등에 제한조항이 있기 때문에 통일지방선거 시에는 홈페이지에 공개하는 사례가 나타났다. 다른 한편으로 공직선거법상의 제한에 따라 홍보활동을 제한할 수밖에 없다고 하면서, 이러한 후보들은 한 장의 법정홍보물에 옮겨 배포하는 경우도 있었다.

당선된 단체장이 자신이 제시한 지방 매니페스토를 실현하기 위해 진용을 갖추기 시작했으며, 지방 매니페스토에 게재한 정책을 다음 연도의 예산안에 반영하거나, 정책과제별 책임자를 두는 조직개혁을 단행하는 등의 시도가 나타났다. 선거가 없었던 도도부현 지역에서도 협약 또는 협정의 형태로 단체장과 행정부가 정책을 추진하기 위한 계약을 체결하고 구조를 갖추는 사례가 많이 나타났다.

〈표 8-3〉 2003년 통일지방선거 지사선거

당락	도도부현	후보자명	현직/신인	당파
O	홋가이도(北海道)	다카하시 하루미(高橋はるみ)	신인	무소속
X	홋가이도	이토 히데코(伊藤秀子)	신인	무소속
O	이와테	마스다 히로야(增田寬也)	현직	무소속
X	이와테	스가와라 리카츠(菅原則勝)	신인	공산
O	가나가와	마쓰자와 시게후미(松澤成文)	신인	무소속
X	가나가와	아스카타 이치로(飛鳥田一朗)	신인	무소속
X	가나가와	요시무라 세이코(吉村成子)	신인	무소속
O	후쿠이(福井)	니시카와 잇세(西川一誠)	신인	무소속
X	미에	무라오 노부타카(村尾信尙)	신인	무소속
X	미에	미즈타니 토시오(水谷俊郎)	신인	무소속
O	돗토리	가타야마 요시히로(片山善博)	현직(무투표)	무소속
O	후쿠호카(福岡)	아소 와타루(麻生渡)	현직	무소속
X	후쿠호카	이마사토 시게루(今里滋)	신인	무소속
O	사가(佐賀)	후루가와 야스시(古川康)	신인	무소속

출처: 曾根泰教, 2006, 「日本地方選擧導入政治變化」, (사)내나라연구소·한국정당학회 주최 "지방선거와 정치발전에 관한 한·일 비교" 세미나 발표논문.

이러한 경향은 기초자치단체로까지 지속적으로 확산되고 있다. 통일지방선거 이후에 실시된 주요 기초단체장 선거에서 매니페스토를 도입하여 선거를 승리로 이끈 후보가 지속적으로 나타났다. 그리고 지역의 청년회의소 등이 주최가 되어 기초단체장 선거에서 매니페스토형 정책토론회를 개최하여 선거에 대한 관심을 높이고 투표참여율을 끌어올리는 등 긍정적인 역할을 하고 있는 것으로 나타났다(神吉信之, 2005).

2007년 1월 공직선거법이 개정되면서 매니페스토 관련 조항이 변화하게 되었다. 지금까지 매니페스토는 문서 또는 도화로 분류되어 선거활동에 많은 제약이 존재했다. 그러나 이번 개정에서는 기존의 제한조건이 약간 완화되어 매니페스토의 배포장소가 늘어나고 지방선거에서

〈표 8-4〉 지방 매니페스토 허용 범위와 대상

대상 선거	① 시도지사선거 ② 정령 지정도시 시장선거 ③ 일반 시장선거 ④ 정촌장 선거
배포 매수	① 시도지사선거: 10～30만 매(시도 내 중의원의원 선거구 수에 의해 결정) ② 정령 지정도시 시장선거: 7만 매 ③ 일반 시장선거: 1만 6천 매 ④ 정촌장 선거: 5천 매
배포 기간	선거운동기간(선거일 공시일로부터 선거일 전일까지)
배포 가능한 내용	원칙적으로 제한 없음(선거명, 후보자명, 사진 등 게재 가능) 배포하는 매니페스토에는 인지를 반드시 붙여야 한다.
배포 장소	지방 매니페스토는 다음 장소에서 배포가 가능하다. ① 선거사무소 ② 후보자의 가두연설 장소 ③ 개인 연설회의 회의장 ④ 신문 전단지
선거운동 보전대상	① 시도지사선거 ② 정령 지정도시 시장선거 ③ 일반 시장선거에서 해당 자치단체가 조례를 제정한다면 1매당 7엔 30전을 상한으로 공적보전이 가능

도 공식적으로 매니페스토 배포가 허용되었다. 법률개정에 따라 2007년 지방선거에서 입후보한 49명의 지사, 시장 후보 중 47명이 지방 매니페스토를 작성했다.

2007년 지방선거에서는 자치단체장 선거에 한정하여 매니페스토 배포가 자유화되었다. 지금까지 매니페스토의 작성 및 배포는 국정선거에만 허용되었으나, 2007년 지방선거부터 자치단체장 선거에서 선거공보 형식의 매니페스토 배포가 허용되었고, 동시에 지방자치단체가 조례를 제정하여 매니페스토 작성에 소요되는 비용을 보전해줄 수 있도록 제도화하였다. 매니페스토 작성 비용보전은 ① 시도지사선거, ② 정령 지정도시 시장선거, ③ 일반 시장선거에서 해당 자치단체가 조례를 통해 1매당 7엔 30전을 상한 금액으로 공적 보전을 할 수 있게 되었다.

2007년 지방선거에서 자치단체장 후보자는 규모를 막론하고 매니페스토를 작성·배포할 수 있게 되었다. 그러므로 지방선거에서 활용되는 지방 매니페스토는 주요한 선거운동으로 인식되고 있다. 그리고 지방자치단체가 조례를 제정하여 매니페스토 작성에 소요되는 비용을 보전해주도록 제도화하고 있어, 매니페스토 선거는 더더욱 확대될 것으로 보인다. 나아가 지방의회선거에서도 매니페스토를 도입하자는 움직임이 활발하게 진행되고 있다.

3. 매니페스토 도입에 대한 유권자의 평가와 도입 효과

2003년 총선거에서 각 신문사의 조사결과를 보면, 아사히신문 54%, 요미우리신문 43%, 그리고 일본선거연구회(Japan Election Studies)의 조사에서도 62%의 유권자가 투표결정과정에서 매니페스토를 참고한 것으로 나타났다. 각 신문사나 선거연구회가 조사한 시점에 따라 약간의 차이가 나고 있지만 2003년 총선거에서도 대체로 매니페스토를 중시하

〈그림 8-5〉 투표결정시 매니페스토 중시 정도(2003년)

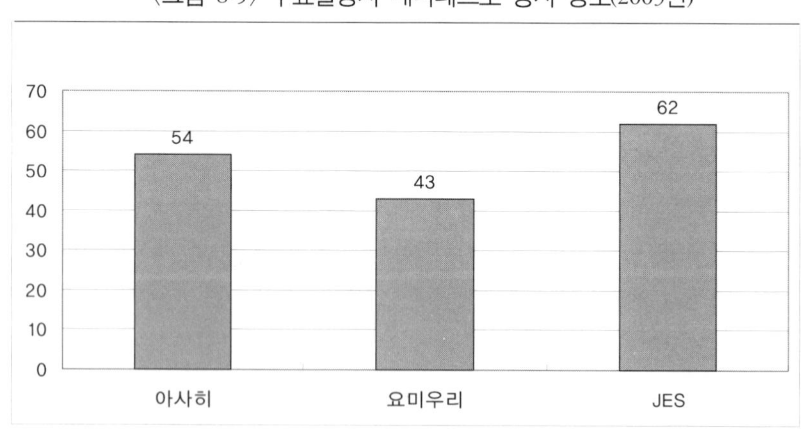

는 경향은 높게 나타나고 있다.

일본선거에서 매니페스토 제도의 도입 효과는 매우 명확하게 나타나고 있다. 2005년 중의원선거는 우정민영화를 둘러싸고 찬반대립이 심화되었다. 2007년 7월 29일에 실시된 참의원선거에서는 각 정당이 연금문제를 둘러싸고 정책경쟁을 벌였다. 유권자들도 투표선택이 쉬워졌다는 평가이다.

2005년 선거에서도 매니페스토를 중시하여 투표결정을 한 유권자는 69.3%로 나타났다. 매니페스토를 중시하지 않는 비율은 26.9% 정도로 나타났다. 매니페스토를 중시하는 이유를 살펴보면, '정치가가 책임의식을 느끼기 때문에' 중시한다는 비율이 44.0%로 가장 높게 나타났다. 그 다음이 '기존의 공약보다 구체적이기 때문에' 19.2%, '공약달성도를 검증하기 쉽기 때문에' 14.2%로 나타났다.

반대로 중시하지 않는 이유로 '기존의 공약과 다르지 않기 때문에' 40.2%로 가장 높게 나타났다. 두 번째는 '매니페스토가 명확하지 않다'

〈그림 8-6〉 2005년 선거에서 매니페스토 중시 정도

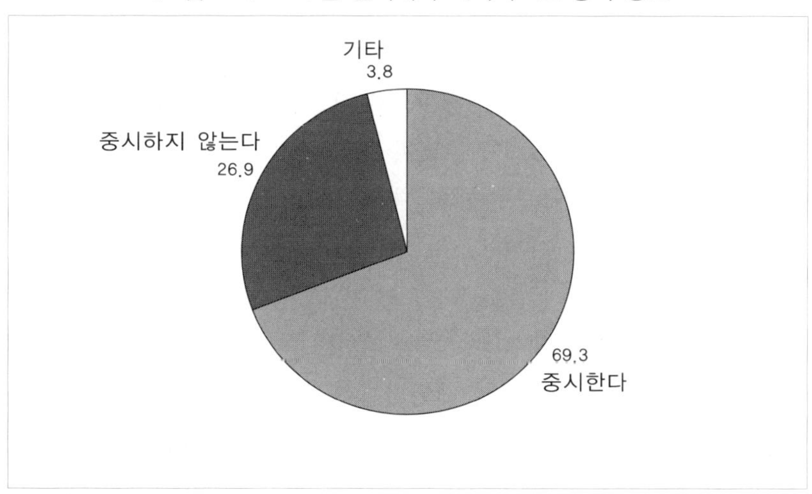

출처: 河北新聞社, 2005.10.17.

〈그림 8-7〉 2005년 선거에서 매니페스토 중시 이유

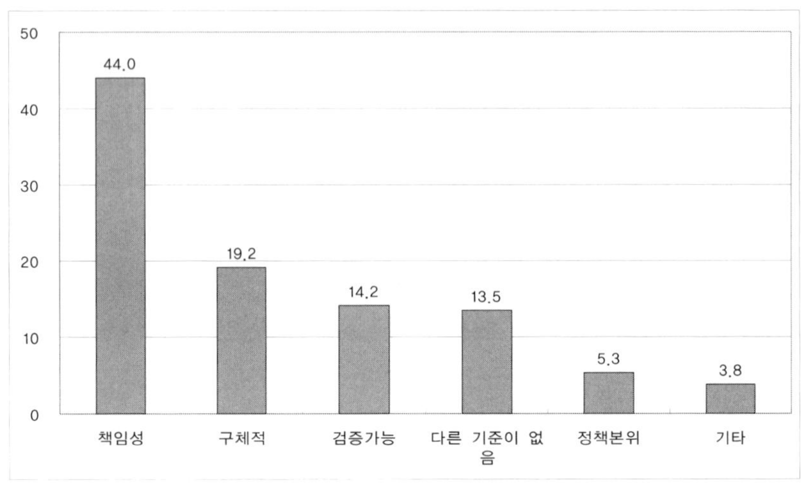

출처: 河北新聞社, 2005.10.17.

29.3%로 아직도 문제점을 안고 있는 것으로 보인다.

연령별로 중시 정도를 살펴보면, 20대는 49.1%로 가장 낮고, 30대 59.2%, 40대 64.2%로 늘어나는 것을 볼 수 있다. 50대는 72.8%, 60대와 70대 이상의 중시하는 비율이 80% 이상으로 나타났다. 이러한 결과는 연령별 차이는 있지만 전체적으로 중시 정도가 높음을 알 수 있다.

뿐만 아니라 2005년 우정민영화, 2007년 참의원선거에서 자민당과민주당의 매니페스토가 명확하게 다른 형태로 제시되면서 정책경쟁이 활성화되고 있다. 그리고 유권자의 매니페스토에 대한 선택결과로 선거결과도 명료화되면서 매니페스토 선거가 정착되었다.

다음으로는 일본인의 투표결정요인 변화를 통하여 매니페스토 선거의 효과를 분석해보기로 한다. 분석 데이터는 '일본 밝은선거추진협회'가 선거 때마다 조사한 분석 데이터를 사용한다.

일본인의 투표결정기준을 정당과 후보자로 나누어 보았을 때 정당을 중시해서 투표하는 비율이 2003년 매니페스토 제도 도입 이후 높아지기 시작하여, 2000년 선거의 46.7%에서 2003년 47.0%, 그리고 2005

〈그림 8-8〉 2005년 연령대별 매니페스토 중시 비율

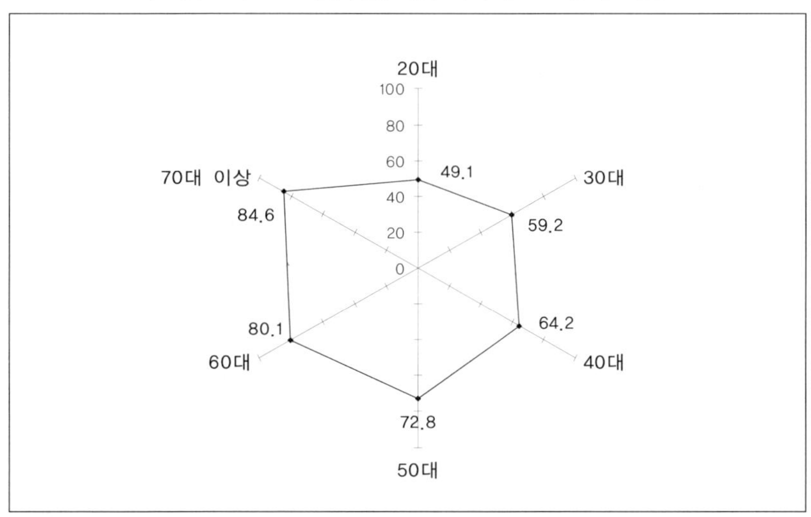

출처: 河北新聞社, 2005.10.17.

〈그림 8-9〉 총선거의 투표결정 요인 변화

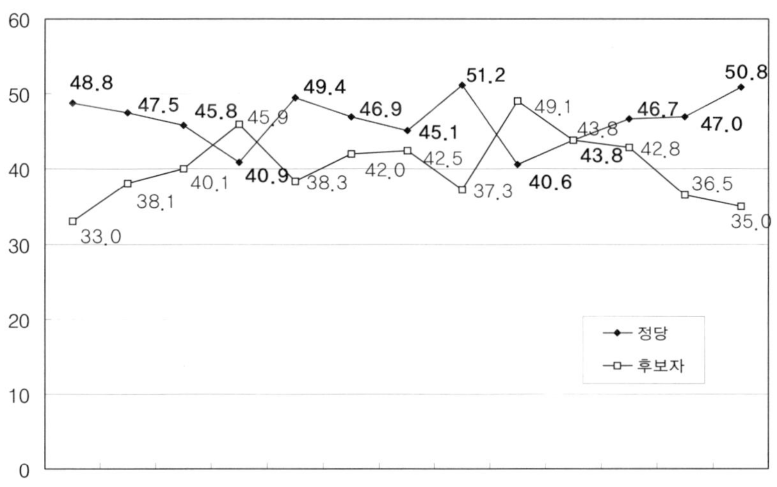

출처: 밝은선거추진협회 여론조사 결과를 토대로 작성.

년 선거에서는 50.8%로 높아졌다. 2005년의 수치는 전후 최고치에 육박하는 수준이다.

2005년 소선거구 투표결정기준을 살펴보아도 후보자의 주장이나 정책을 보고 투표한다는 비율이 33.3%로 가장 많아, 2003년 총선거 당시 30.5%보다 증가했다. 그 다음이 후보자가 소속된 정당으로 29.2%를 차지한다. 이러한 결과는 2003년 총선거부터 도입된 매니페스토 선거와 깊은 관련성이 있다고 본다.

〈그림 8-10〉 2005년 총선거의 소선거구 투표결정 요인

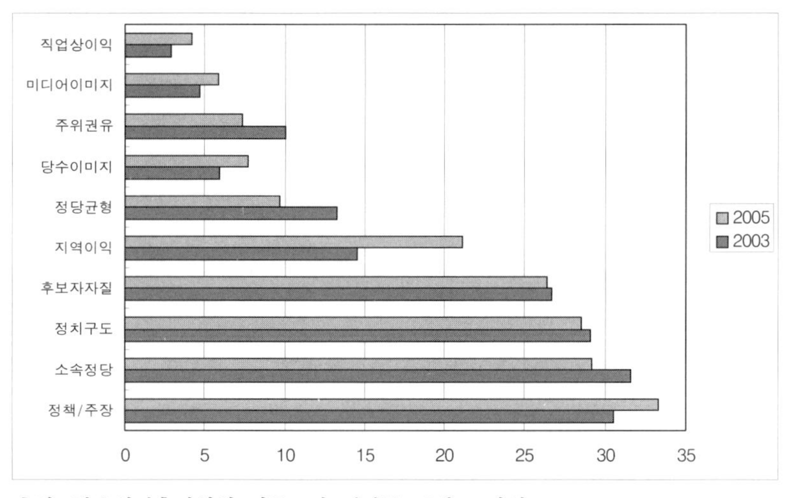

출처: 밝은선거추진협회 여론조사 결과를 토대로 작성.

다음으로는 참의원선거에서 투표결정기준을 살펴보기로 하자. 참의원선거에서도 정당을 중시하여 투표하는 요인은 2001년 54.6%, 2004년 55.8%로 증가하고 있다. 반대로 후보자를 중시하는 비율은 2001년 33.3%, 2004년 29.2%로 계속해서 감소하고 있다. 정당중시요인은 중의원선거에서 소선거구제도가 도입되고 선거정치가 양당제적 변화를 초래하면서 참의원선거도 영향을 받기 때문으로 평가된다. 이러한 결과는 일본선거에서 정당요인이 강화되었다는 사실을 보여준다.

〈그림 8-11〉 일본 참의원선거의 투표결정요인 변화

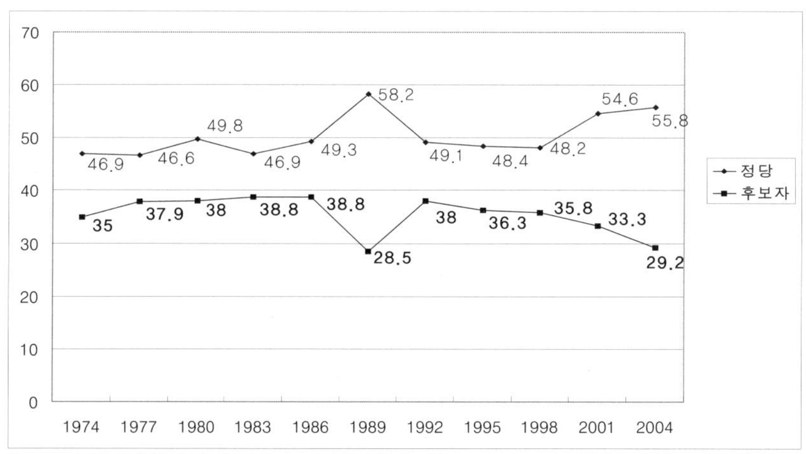

출처: 밝은선거추진협회 여론조사 결과를 토대로 작성.

〈그림 8-12〉 참의원선거 선거구의 투표결정 요인

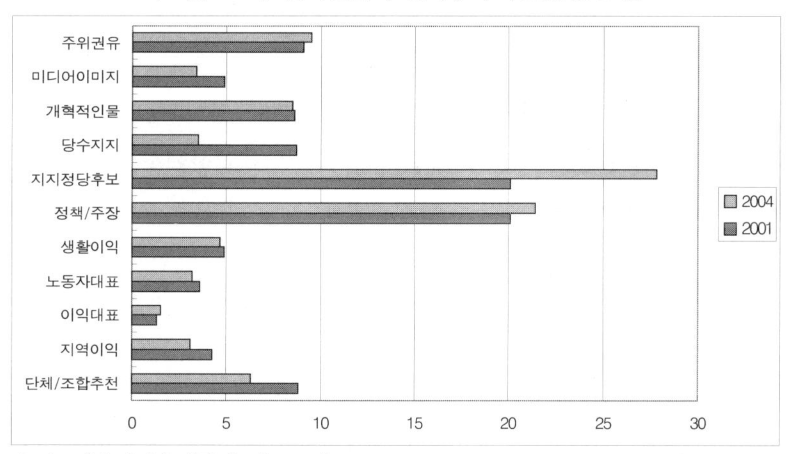

출처: 밝은선거추진협회 여론조사(2004).

참의원신거 신거구 투표결정기준을 살펴보면, 가장 높은 비율은 후보자가 소속된 정당을 보고 투표하는 비율이 2004년 선거에서 27.8%로 나타났다. 후보자의 주장/정책을 보고 투표하는 비율은 21.4%로 두 번째로 많다. 이러한 투표결정기준도 앞에서 살펴본 바와 같이 일본의 선거에서 투표결정이 정당과 정책에 의해 좌우되고 있음을 보여주는 결과라고 볼 수 있다. 2003년 이후 매니페스토 도입은 1994년 이후 정치개혁과 더불어 일본정치를 본질적으로 변화시키는 원동력이 되고 있다.

2005년 총선거에서 자민당이 압도적으로 승리하게 된 요인은 우정민영화 추진이라는 명확한 쟁점을 유권자에게 제공하면서 개혁정당으로서의 이미지를 선점하려는 선거전략과 매니페스토 전략이 유효했기 때문으로 분석된다. 특히 수도권을 중심으로 한 대도시지역에서 무당파층의 지지를 얻으면서 압도적인 승리를 거두었다. 반대로 민주당은 우정민영화에 대한 불명확한 입장과 민주당의 장점인 정책논쟁에 유권자의 관심을 유도하는 데 실패했다. 2005년 선거에서는 우정민영화와 제반 개혁에 대한 각 정당의 정책내용에 따라 선거의 성패가 결정되었다. 연금개혁, 소비세 인상, 재정개혁, 교육개혁 등에 대한 공약이 정권운영정책으로 제기되어 이를 둘러싼 정책대결이 펼쳐졌다. 이러한 의미에서 2005년 총선은 1994년 소선거구제도 도입을 통한 정치개혁이 의도했던 정책중심의 선거와 양당제적 선거경쟁이 가시화된 선거로 평가된다. 결국 매니페스토 선거가 정치개혁의 목표달성에도 크게 기여하고 있다는 분석이 가능하다.

일본은 중선거구제로 인해 발생하는 고질적인 금권선거를 개혁하고 정책중심의 양당제를 유도하기 위해 소선거구제를 도입했다. 소선거구제도 도입으로 기존의 파벌이나 후원회 중심의 선거운동이 정당중심으로 변화하여, 정당 대표에게 후보자 공천권과 정치자금배분 권한이 전권위임되었다. 2005년 선거에서 우정민영화 반대파가 출마한 선거구에 고이즈미 수상이 "저격수"라 칭해지는 후보자를 독단적으로 공천하는 과정이 이러한 변화를 명료하게 보여준다. 그리고 이번 선거의 자민당과 민주당 간 의석변동은 일본정치의 정당체제가 다당제에서 양당제로 변화하고 있음을 보여준다. 유권자의 지지구조도 신자유주의적 개혁으로 변화하고 있다. 자민당은 전통적으로 농촌지역에서 높은 득표율을 보여왔으나 이번에는 도시지역에서 자민당이 압도적으로 승리했다. 이러한 결과는 단순히 무당파층의 지지라고 보기보다는 일본정치의 구조적 변화가 진행중이라고 볼 수도 있는 것이다.

4. 일본에서 매니페스토를 둘러싼 논쟁점

1) 국정선거를 둘러싼 논쟁점

1994년 이후 일본의 선거제도가 소선거구 비례대표병립제로 변화하면서 각종 선거에서 당수의 영향력이 증대되었다. 선거에서 당수의 영향력이 증가하면 증가할수록 매니페스토의 영향력은 감소할 가능성이 높다. 그러므로 매니페스토 선거의 유용성을 높이기 위해서는 다음과 같은 선거제도 전반에 대한 재정비가 필요하다.

첫째, 선거운동기간의 문제이다. 일본 중의원선거의 선거운동기간은 12일이다. 12일이라는 짧은 선거운동기간에 매니페스토를 둘러싼 다양한 논쟁이 정당간에 이루어질 것을 기대하기는 어렵다. 또한 최근 선거에서 기일 전 투표자 수가 급격하게 증가하고 있다. 예를 들어, 2005년 총선거에서 기일 전 투표자가 전체 투표자의 13%를 넘는 900만 명 정도였고, 2007년 참의원선거에서는 기일 전 투표자가 1,000만 명을 넘어섰다. 이는 전체 투표자의 17.8%를 차지한다. 기일 전 투표자는 실제로 매니페스토 선거와 거의 상관이 없다. 정당간의 정책논쟁이 시작되기 전에 이미 투표가 끝나기 때문이다.

둘째, 매니페스토를 활성화시키기 위한 제도적인 문제로서, 미디어의 보도방식도 중요한 문제이다. 일본에서 신문은 사회의 목탁으로 불려졌다. 그렇지만 2005년 총선거에서 미디어는 사회적 목탁의 역할보다는 인기 위주나 시청률 위주의 선거보도를 했다. 시청률을 높이기 위한

〈그림 8-13〉 전체 투표자 중에서 기일 전 투표자 수 비율

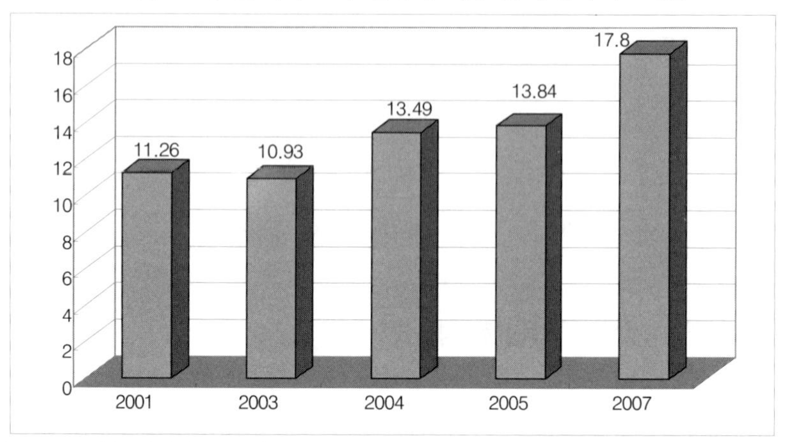

주) 2001년은 부재자 투표자 수.

모든 방법이 동원되면서 정당간 정책 차이보다는 후보자중심의 선거보도가 이루어져서, 매니페스토가 크게 주목받지 못하는 결과를 초래하고 말았다.

셋째, 매니페스토의 발표시기와 사전선거운동과의 관계에 대한 재검토가 필요하다. 선거운동기간 이외에 매니페스토를 언론이나 토론회에서 발표하는 문제는 사전선거운동이라는 시비거리가 될 수 있기 때문이다.

넷째, 의원내각제와 매니페스토의 관계에서 본다면 의원내각제는 수상의 의회해산권을 인정하고 있다. 그러므로 의회해산을 예상하기 힘든 상황에서 갑자기 의회가 해산되었다면, 매니페스토 작성도 짧은 시간 내에 이루어져야 한다. 그러므로 내실 있는 매니페스토 선거를 정착시키기 위해서는 제도적인 정비가 고려되어야 한다.

다섯째, 매니페스토는 4년 또는 6년이라는 짧은 단위에서 계획되고 작성된다. 그렇지만 국가의 전체적인 전략이나 계획은 국가 백년이라는 장기적인 전략에서 제시되어야 하기 때문에 매니페스토와 국가발전 전략 간의 상호정합성 등도 고려요인 중 하나이다.

2) 지방선거를 둘러싼 논쟁점

일본의 지방선거에서 매니페스토를 둘러싼 과제로서 가장 많이 등장하는 것은 매니페스토 도입에 따른 불평등 문제이다. 즉 매니페스토의 도입이 선거결과의 불평등을 초래할 가능성이 높다고 본다. 여기에서 말하는 불평등이란 대체로 행정정보의 불평등과 매니페스토 작성 및 배포 문제와 관련된 불평등으로 나눠진다.

먼저 행정정보의 불평등이란 현직과 신인 후보 간에 드러나는 불평등이다. 현행제도에서 매니페스토가 도입되면 신인 후보자는 지금보다 더 불리하게 될 수 있다고 지적한다. 수치목표가 포함된 매니페스토를 작성하기 위해서는 행정정보에 대한 접근이 필요하다. 현직 후보는 공직을 수행하고 있으므로 직무권한으로 행정정보를 자유롭게 사용할 수 있으므로 신인 후보에 대해 압도적인 우위를 가질 수 있다.

매니페스토 작성 및 배포에 관련된 불평등이란 매니페스토의 작성 및 배포에 소요되는 비용, 즉 정치자원의 유무에 따라 선거전이 좌우되는 문제를 말한다. 매니페스토를 작성하기 위해서는 정치과제에 대한 방대한 정보가 필요하다. 그리고 그 정보를 처리하는 능력이 필요하다. 정당공천 후보자는 매니페스토의 작성비용을 정당에게 전가하는 것이 가능하고, 정당이나 대학교수 등 엘리트 집단들과 네트워크를 가지지 못하는 신인 정치가는 매니페스토 작성에 소요되는 모든 비용을 본인이 부담하게 된다.

배포과정에서도 마찬가지로 현역 의원은 정당이나 지방 조직 등이 배포기능을 수행하기 때문에 무소속이나 신인 후보자보다 유리하다. 즉, 매니페스토를 배포하기 위해서 거대한 동원조직을 가지고 있는 것이 유리하다. 정당이나 이익단체의 지원을 받고 있는 후보자는 선거운동을 유리하게 전개할 수 있다.

그러므로 매니페스토가 안고 있는 이러한 불평등 속에서도 매니페스토가 도입된다면, 결국 정치자원이 있는 사람만이 선거에 입후보할 수 있고, 그러한 정치적 불평등이 지방자치에도 영향을 미칠 수 있다(河村和德, 2007).

지방의회 의원선거에 한해 매니페스토 도입에 대해 의문시하는 의견도 있다. 일본에서 지방의회 의원선거는 원칙적으로 대선거구이면서 단기비이양식투표(SNTP) 방식을 채택하고, 의회 내 제도로서 당파 제도를 도입하고 있다. 일반적으로 일본의 지방의회는 의원비율을 민의의 반영으로 생각하고 있는데, 지방의원의 매니페스토는 기본적으로 당파별 매니페스토가 된다. 비례대표제와는 달리 한 선거구에서 여러 명을 선출하는 대선거구 단기비이양식투표 방식은 후보자에게 투표하기 때문에 같은 정당에 소속하는 후보자라 할지라도 선거기간중 득표경쟁을 하게 된다.

이러한 경우 정당별로 작성한 매니페스토가 일정 정도 득표를 늘일 수 있는 역할을 하기 때문에 최종적인 투표결정은 후보자 개인별 자질에 의존한다. 정당 매니페스토에 의해 투표가 진행되어야 한다고 생각한다면 현행 선거제도에 대한 개정이 필요하다.

유권자의 정보처리능력과 선거제도가 가지는 문제점 때문에 매니페스토 도입에 소극적인 견해도 있다. 다운즈(Downs, 1980)가 정보비용의 감소로 인해 이데올로기의 유용성을 인정한 것으로부터 알 수 있듯이, 실제 선거에서 유권자는 후보자의 쟁점태도를 시작으로 유권자의 모든 정보를 수집하지는 않는다. 유권자의 정보처리능력이 완전하지 않고, 많은 정보가 집적되면 정보과잉현상도 발생한다.

우리들은 경험적으로 많은 유권자가 정당이 제시하는 매니페스토를 완전히 이해한 뒤에 투표하는 것은 아니라고 알고 있는 사실이다. 제한된 정보 속에서 정보를 가지고 투표결정을 한다는 것은 이미 알려진 사실이다. 일반 유권자의 정보처리능력을 전제로 할 때, 지방의회 의원선거에서 매니페스토를 활성화시키기 위해서는 지방의회선거가 정당중심의 비례대표제로 실시되거나, 자치단체장 선거와 같이 단순 소선거구제를 도입할 필요가 있다.

지방의회의 권한과 관련하여, 지방의원선거에 매니페스토를 도입하는 것에 반대하는 목소리도 있다. 지방의회는 권한이 제한되어 있고, 매니페스토를 제시해도 실현이 불가능한 경우가 많으므로, 무용지물이라는 주장이다. 일본의 지방자치법에는 자치단체장의 권한에 대하여 구체적인 예를 포괄적으로 제시하고 있는 데 반해, 지방의회에 대해서는 권한을 명확하고 한정적으로 규정하고 있다. 즉, 개괄예시주의와 제한예시주의가 서로 상충하고 있다.

일본의 지방의회가 자치단체의 의사를 결정하는 권한으로 의결권을 가지고 있지만, 그 권한은 법령이나 조례에 근거하여 행사된다. 그리고 예산제안권은 자치단체장에게 귀속된 권한이고 정책에 관한 예산 제한을 지방의회가 자유롭게 행사하는 것은 불가능하다. 즉 일본의 지방자치제도는 자치단체장 우위의 이원대표제이며, 예산제안권을 가지지 못하는 지방의회에서 아무리 다수파를 형성해도 구체적인 예산제안이 불가능한 제도적 모순이 발생한다.

이러한 상황에서 지방의원 후보들이 어느 정도까지 매니페스토를 제시할 수 있는지는 중요한 문제이다. 지방의원이 선거에서 매니페스토를 제시해도 자치단체장이 이를 수용하지 않는다면 그림의 떡에 지나지 않는다. 실현가능성이 없는 매니페스토를 작성하기보다는 보다 효과적인 선거전략을 실시하는 것이 당선에 유리할 수 있기 때문이다.

이상과 같이 일본의 지방선거에서 매니페스토 도입과 관련된 과제는 다음과 같이 정리될 수 있을 것이다.

첫째, 자치단체장 선거에서 매니페스토를 도입하는 것은 별로 문제가 되지 않지만, 법적으로 강제하는 것은 바람직하지 않고, 법적 강제를 도입하고자 한다면 불평등이 발생하지 않도록 제도적 검토가 요구된다.

둘째, 지방의원선거에서 매니페스토를 도입하고 활성화시키기 위해서는 의원의 권한과 선거제도를 동시에 검토해야 한다. 이러한 것이 재정립되지 않는 한 매니페스토의 도입은 문제에 봉착할 수 있다.

정책중심의 지방자치라는 입장에서 매니페스토의 도입은 필요하지만 그것은 어디까지나 이상주의적 견해에 가깝고, 매니페스토 도입 자체가 선거전술의 하나로서 인식되고 활용되는 측면이 강하다고 판단된다.

5. 향후 과제와 한국에 대한 시사점

매니페스토는 영국에서 최초로 시작되었고, 약 170년의 역사를 가지고 있다. 영국의 매니페스토운동은 정당이 주축이 되어 이루어졌으며, 일본의 경우에는 지방선거 차원에서 후보자가 주축이 되어 시작되었다. 2002년 12월 지사 3선 불출마를 선언한 미에현의 기타가와 마사야스 지사가 지사 8명이 모인 자리에서 매니페스토를 제안하였고, 그의 제안을 따라 2003년 지방선거에서 매니페스토를 제시한 후보는 14명이었으며, 이 중 절반인 7명이 당선되었다. 그리하여 2003년 일본 지방선거에서 매니페스토운동은 선거에서 결정적인 영향력을 발휘했다.

일본의 공직선거법은 규제적 성격이 강하여 호별 방문을 금지시키고 배포가능한 홍보물을 제한했다. 이러한 규정 가운데 문제가 되는 것을 국정선거에는 공직선거법 제142조의2를 신설하여 매니페스토와 요약판의 배포가 가능하도록 했다. 그런데 지방선거에는 이러한 규정이 적용되지 않아 매니페스토의 배포가 불법이라는 점이다. 나아가 국정선거에서 배포는 가능하나 선거사무소, 정당연설회장 내, 가두연설장소로 배포장소가 한정되어 있다는 점은 문제점으로 지적되어왔다. 그러나 2007년 선거법 개정으로 배포장소의 확대와 신문 전단지 등의 형태로 배포가 가능해지면서 유권자가 손쉽게 매니페스토를 접할 수 있게 되었다.

일본에서 매니페스토의 도입 효과는 뚜렷하게 나타나고 있다. 설문조사에 의하면 과반수 이상의 유권자들이 매니페스토를 참고로 투표한 것으로 나타났다. 매니페스토 덕분에 투표결정이 쉬워졌다는 평가이다. 2003년 이후 매니페스토의 도입은 1994년 이후 일본의 정치개혁과 더불어 일본정치를 근본적으로 변화시키는 원동력이 되고 있다. 특히 2005년 선거는 정책선거의 전형을 보여주었다. 우정민영화, 연금개혁, 소비세 인상, 재정개혁, 교육개혁 등에 대한 공약을 둘러싸고 정책대결이 펼쳐진 것이다. 2007년 지방선거와 참의원선거에서도 매니페스토는 명확한 대립축을 가지고 유권자에게 제시되었다. 2007년 선거에서는 국민연금문제를 둘러싸고 자민당과 민주당이 대립했다. 우정민영화, 국민연금개혁, 테러지원특별조치법 등과 같이 여·야당의 명확한 입장표명과 대결은 매니페스토 도입 및 정착에 매우 중요한 요인 가운데 하나이다.

일본에서와 같이 단기간에 매니페스토운동을 활성화시키기 위해서는 선거운동기간문제, 사전투표 증가와 같은 투표편의성 제공과 매니페스토, 유권자에게 매니페스토에 관한 정보제공방법 등이 고려되어야 한다. 그리고 매니페스토의 배포장소 및 편의성 제공이 이루어져야 할 것이다. 일본은 지방에서 자생적으로 지방 매니페스토 네트워크가 구성되었고 지역간 연대도 활발하게 진행되고 있다. 동시에 대학에 매니페스토 관련 연구소가 설립되어 매니페스토 관련 수상작을 결정하는 등 참여를 유도하고 자극과 인센티브를 제공하고 있다. 그리고 지방자치단체 선거에 출마하는 후보자에게 연수 등을 통해 매니페스토 작성방법·활용방법 등을 교육하는 등 민간 차원의 지원이 이루어지고 있다. 이러한 정치·사회시스템은 한국에도 유용한 시사점이 될 것이다.

한국의 매니페스토운동은 선관위가 시민단체와 함께 주도하고 있으며, 정당과 협약식을 이끌어내는 등 정책선거 정착을 위한 많은 노력을 하고 있다. 하지만 일반 국민 사이에 매니페스토운동에 대한 인지도가 여전히 낮은 실정이다. 이것은 정당이 매니페스토에 대한 인식이 낮고 적극적으로 실천하지 않고 있기 때문이다. 따라서 선관위는 언론이나 시민단체들이 정당정책을 비교하고 보도하는 데에 적극적인 노력을 경주하도록 유도해야 할 것이다. 그리하여 정당들에게 정책이 선거의 주요한 결정요인이 된다는 점을 깨닫도록 해야 할 것이다.

정치체제에서도 한국은 일본보다 매니페스토를 정착시키는 데 유리한 입장에 있다. 일본은 내각책임제이기 때문에 연립정부가 출범할 가능성이 많다. 한 정당이 단독으로 정부를 구성할 수 없고 연립정부를 만들어야 하는 경우에는 선거 때 제시한 매니페스토를 구현하기 어렵게 될 수 있다. 이에 반해 대통령제에서 대통령 후보는 자신이 제시한 정책공약을 소신껏 집행할 수 있는 여건이 된다.

■ 참고문헌

고선규·곽진영, 2003, 「일본 선거제도개혁과 정당체계의 변화: 득표구조와 정당의 지지기반 분석을 중심으로」, 『국가전략』 제9권 제3호.

고선규, 2006, 「2005년 일본 총선거와 정당체계의 변화」, 『한국정당학회보』, 제5권 제1호, 한국정당학회.

김영래·이현출, 2006, 『매니페스토와 지방선거』, 서울: 논형.

세종연구소, 2007, 『일본정치개혁이 한국에 주는 시사점』, 서울: 세종연구소.

이면우, 2006, 『포퓰리스트 리더: 일본은 왜 고이즈미를 선택했는가』, 서울: 삼성경제연구소.

이이범, 2004, 「2003년 일본 총선결과분석과 일본 정당시스템의 변화」, 『일본연구논총』 제19호.

이현출, 2006, 「외국의 매니페스토와 한국에의 도입을 위한 시사점」, 『한국형 매니페스토의 정착과 확산』, 중앙선거관리위원회 발표논문집.

———, 2006, 『매니페스토와 한국정치개혁』, 서울: 건국대출판부.

진창수, 2002, 「일본의 정치」, 일본학교육협의회 엮음, 『일본의 이해』, 서울: 태학사.

———, 2006, 「일본 정당정치의 변동과 정책변화」, 현대일본학회, 『일본연구논총』.

河村和徳, 2007, 「日本の地方選挙とマニフェスト」, 『일본연구논총』 제25호.

金井辰樹, 2003, 『マニフェスト』, 東京: 光文社.

田中善一郎, 2005, 『日本の総選挙1946~2003』, 東京: 東京大学出版会.

曾根泰教, 2006, 「日本地方選挙導入政治変化」, (사)내나라연구소·한국정당학회 주최 "지방선거와 정치발전에 관한 한·일 비교" 세미나 발표논문.

間宮陽介, 2005, 「総選挙で何が問われているか」, 『世界』 10月号.

待鳥聡史, 2005, 「小泉長期政権を支える政治改革の成果」, 『中央公論』 4月号.

村松枝夫·久米郁男, 2006, 『日本政治変動の30年』, 東京: 日本経済新聞社.

星浩, 2006, 『安倍政権の日本』, 東京: 朝日新書.

9장

미국 대통령선거에서의 유권자와 책임 있는 유권자론*

신유섭**

1. 서론

대통령중심제 국가에서 대통령선거는 선거 이후 수 년간 국가운영에 영향을 미치는 중요한 행사이다. 그리고 민주주의가 제대로 지켜지는 한 그러한 대통령선거의 결과를 결정하는 가장 중요한 행위자는 유권자들이다. 대통령선거가 실시될 때쯤에 유권자들은 지난번 선거에서 현 대통령 또는 여당에 대한 지지 여부를 결정할 때 결여했던 구체적인 증거들에 기초하여 현 대통령과 그의 정당에 대해 보다 객관적인 평가를 할 수 있다.

그리고 그러한 평가에 기초하여 투표결정을 하게 된다. 유권자들은 대통령의 업무수행이나 여당의 정국운영능력, 그리고 국가 또는 자기 자신의 경제적 여건 등과 관련하여 대통령과 여당에 대해 평가를 내린다. 그에 따라 여당을 계속 지지할 것인지 아니면 이번에는 야당을 지지할 것인지, 또는 이전에는 야당을 지지하였으나 이번에는 여당을 지지할 것인지 등의 결정을 내리게 된다.

---

* 이 글은 『한국정치학회보』 제33집 3호(1999, 가을) 77-90쪽에 실렸던 논문임.

** 연세대학교 교수.

대통령에 대한 유권자들의 평가가 그들의 투표결정에 영향을 미친다는 '책임 있는 유권자론'(the responsible electorate theory)은 선거에 대한 이제까지의 대부분의 연구에서 기본적인 이론으로 받아들여져 왔다. 그러나 대통령에 대한 평가가 유권자들의 현 선거에서의 투표에 어떻게 영향을 미치는가 하는 점에 초점을 맞추어온 기존의 연구들에서는 그러한 영향이 각 유권자가 이전 선거에서 어떻게 투표를 했었는가에 따라 다르게 작용할 수 있다는 점이 고려되어지지 않았다. 이 논문은 이전 선거에서 현 야당을 지지했던 유권자들과 현 대통령을 지지했던 유권자들의 투표결정에 대해 대통령에 대한 평가가 갖는 의미와 투표에 영향을 미치는 구조 및 영향력의 정도에 있어서 차이가 존재할 수 있다는 점을 밝히고 있다.

여기서 '의미'란 유권자들이 대통령 및 여당에 대한 평가를 받아들이는 태도를 말하며, '구조'란 대통령에 대한 평가가 투표에 영향을 미치는 방향을 의미한다. 또한 '정도'란 현 대통령 또는 여당에 대한 평가가 투표에 대해 갖는 영향력의 크기를 의미한다. 이 논문은 이용가능한 자료의 제약으로 미국의 경우를 중심으로 이러한 점을 논하고 있지만, 우리나라를 비롯하여 대통령중심제를 택하고 있는 민주주의 국가의 대통령선거를 이해하는 데 도움이 될 수 있으리라고 본다.

2. 책임 있는 유권자론

대통령선거에서 유권자들은 그들이 이전 선거에서 현 대통령을 당선시켰을 때에는 알 수 없었던 구체적인 증거를 가지고 현 대통령 또는 그의 정당이 계속 대통령의 지위를 유지하는 것이 적합한지를 평가한다. 그 결과, 이전 선거에서 현 대통령을 지지했던 유권자들 중 현 대통령과 여당에 대해 실망한 일부는 현 선거에서는 대통령 직위를 수행하는 데 적합한지에 대해 구체적인 입증자료가 없는 야당 또는 제3의 후보에게 지지를 보내게 될 수도 있다.

유권자들의 대통령이나 여당에 대한 평가가 선거결과에 영향을 미친다는 관점이 학문적인 연구를 떠나 일반적으로 받아들여져 왔다. 대통령과 여당이 중요 문제들을 다루는 데 있어 실패할 경우, 대통령과 여당에 대한 지지도는 낮아지는 경향이 있으며, 반대로 그러한 문제들을 잘 다루던가 심지어는 상황이 저절로 호전되어지는 경우에도 대통령과 여당에 대한 지지도가 높아지는 경향이 있다. 그리고 이러한 현상이 선거와 시기가 일치할 경우, 선거결과에도 영향을 미친다는 점이 선거를 통해서 일반적으로 관찰되어져 왔다.

예컨대 미국의 클린턴 대통령이 자신과 관련된 각종 스캔들에도 불구하고 민주당 출신으로는 존슨(Lyndon B. Johnson) 이후 30여 년 만에 재선에 성공한 것은 미국경제가 오랜 침체에서 벗어나 호황을 이룬 데에서 주된 원인을 찾아볼 수 있다. 반대로 우리나라의 1998년 선거에서 30여 년 만에 처음으로 동서간에 정권교체가 이루어질 수 있었던 데에는 환란(換亂)과 그에 따른 국민들의 여당에 대한 부정적인 정서가 중요한 역할을 했다고 볼 수 있다.

대통령에 대한 유권자들의 평가가 대통령선거의 결과에 영향을 미친다는 관점을 논리적으로 정리한 최초의 저서는 키(V. O. Key)의 『책임 있는 유권자』(*the Responsible Electorate*)였다. 키(Key, 1966)가 대통령이 업무수행을 잘하는 경우, 유권자들은 다음 선거에서 여당을 지지하는 것으로 포상(reward)을 하고, 잘못하는 경우는 책임을 묻기 위해 야당을 지지하는 것으로 징벌(punishment)을 한다는 '책임 있는 유권자론'을 정리한 이후로, 유권자들이 그들의 투표결정을 대통령에 대한 평가에 기초한다는 관점은 대통령선거에 대한 상당수의 연구들에 있어서 핵심적인 주제가 되어왔다.

예를 들어, 개인의 경제사정과 국가의 경제사정 중 어느 것이 더 중요한가 하는 점에 대한 논의(Kramer, 1971; Stigler, 1973; Fiorina, 1978; Kinder and Kiewiet, 1984; Markus, 1988), 해외문제 및 국내문제에 대한 평가 등 여러 요인들의 중요성에 대한 논의(Aldrich et al., 1989; Chappell and Suzuki, 1993; Finkel, 1993), 이제까지의 경제운용에 대한 평가 및 미래의 가능성에 대한 기대가 중요한 영향을 미친다는 점에 대한 논의(Fiorina, 1981; Miller and Wattenberg, 1985; Lewisbeck, 1988; Lockerbie, 1992; Bratton, 1994) 등은 대통령선거에서 유권자들의 투표가 나름대로의 평가에 기초하여 이루어진다는 관점을 기반으로 하여 대통령선거를 분석한 것들이었다.

그러나 키(Key, 1966)를 비롯하여 '책임 있는 유권자론'에 기초한 연구들은 그러한 관점이 모든 유권자들에게 동일하게 적용되어지지 않을 수 있다는 점을 고려하지 못했다. 또한 '책임 있는 유권자론'을 바탕으로 논의를 전개하면서도, 그러한 논의에서 가장 중요한 집단인 이전 선거에서 현 대통령을 지지하였으나 이번 선거에서는 야당후보를 지지한 유권자들을 구분하여 고려하지 않은 논리적 오류를 범했다. 즉 이들 연구들은 투표결정을 독립변인으로 사용하는 데 있어서 현 선거에서 여당후보에게 투표한 사람들에게 '1'이라는 값을 부여함으로써 이전 선거와 이번 선거에서 모두 현재의 여당을 지지해온 사람들과 이전 선거에서는 현재의 야당을 지지했었으나 이번 선거에서는 현재의 여당을 지지하는 것으로 태도를 바꾼 사람들을 하나로 묶어서 동일한 유권자들로 취급해왔다.

마찬가지로 이번 선거에서 현 야당을 지지한 사람들에게 '0'의 값을 부여함으로써 두 선거에서 계속 현 야당을 지지해온 사람들과 이전 선거에서는 현 대통령을 지지했었으나 이번 선거에서는 시시를 철회하고 현 야당의 후보를 지지한 사람들을 하나로 묶어서 동일한 유권자로 취급해왔다. 이 논문은 대통령선거에서의 유권자들을 성격에 따라 여러 집단으로 구분하여 그들에게 나타날 수 있는 차이를 논하고, 유권자들을 여러 하위집단으로 나눌 때 '책임 있는 유권자론'의 측면에서 대통령선거가 보다 잘 분석되어질 수 있음을 제시하고 있다.

3. 대통령선거의 유권자 유형

대통령선거에서 대부분의 유권자들은 이전 선거에서의 투표결정에 따라 현재의 대통령을 지지했던 유권자들과 현재의 야당 대통령후보를 지지했던 유권자들이라는 두 개의 하위집단으로 구분되어질 수 있다. 앞에서 인용된 연구들에서 관찰되고 있듯이, 대통령선거에서는 현재의 대통령과 여당에 대한 평가와 여당과 야당 또는 여당후보와 야당후보 간의 비교평가에 따라 이 두 개의 하위집단간에 이동이 있게 된다. 따라서 현 선거에서의 투표결정을 기준으로 좀더 세분할 경우, 이전 선거에서 현재의 여당을 지지했던 유권자들은 다시 이번 선거에서도 현 여당을 지지하는 유권자들과 이번 선거에서는 야당을 지지하는 유권자들로 구분되어질 수 있다.

이전 선거에서 현재의 야당을 지지했던 유권자들의 경우는 이번 선거에서도 계속 야당을 지지하는 유권자들과 이번 선거에서는 현 여당을 지지하는 유권자들로 구분되어질 수 있다.[2] 〈표 9-1〉과 〈표 9-2〉는

2) 이외에도 여러 집단의 유권자들이 있으나, 이 논문에서는 이들을 논의의 대상에 포함시키지 않고 있다. 이 중 이전 선거에서 투표를 하지 않았던 유권자나 이번 선거에서 처음으로 투표한 유권자의 경우는 이전 선거에서 지지했던 정당이 없으므로 투표결정에 대한 논의 역시 이번 선거로 한정되어질 수 있다. 따라서 현 선거에서의 대통령 지지 여부만을 측정하는 전통적 종속변인을 사용하는 데 무리가 없을 것 같다. 이전 선거에는 참여했으나 이번 선거에는 참여하지 않은 유권자의 경우, 투표를 통한 적극적인 의사표현을 하지 않았다는 점에서 '책임 있는 유권자론'보다는 정치참여의 측면에서 연구되는 것이 바람직하다. 또한 이 유권자들의 비율은 아주 낮은 경향이 있다. 예로 ANES에 의하면, 1992년과 1996년 선거에서 이들의 비율은 각각 0.3%와 0.85%이었다. 그나마 일방적으로 한 정당에서 나오지 않는 한 이들이 선거결과에 영향을 미칠 가능성은 적다고 할

각각 1945년 이후 미국의 역대 대통령선거 중 현 여당이 승리했던 선거와 패배했던 선거에서 이 네 집단간의 비율분포를 보여주고 있다.[3] 비율은 미국 전국선거연구(American National Election Study)에 의해 수집된 표본에 기초하여 계산되어졌다.[4]

이 글의 주된 논점은 현 선거에서 유권자들이 투표결정을 하는데 대통령이나 여당의 업무수행에 대한 평가는 이들 하위집단의 유권자들에게 동일하게 작용하지 않으며, 이들 집단에 속한 유권자들은 대통령선거에 영향을 미치는 정도에서도 서로 다른 중요성을 띨 것이라는 점이다. 앞서 언급했듯이, 투표결정에 영향을 미치는 요인들에 대한 기존의 연구들은 단지 유권자들이 현재의 선거에서 현 대통령을 지지했는가 아닌가 하는 점만을 고려함으로써 '책임 있는 유권자'라는 논리가 모든

수 있다. 제3의 후보에 투표한 경우는 우리나라나 미국과 같이 양대 정당이 존재하는 경우, 큰 의미를 갖지 못한다. 실제로 두 나라 모두 제3의 후보가 상당한 관심을 끈 적이 있지만, 어느 경우도 당선가능성을 보이지 못했으며 선거결과에 결정적인 영향을 미치는 데도 실패했다.

3) 〈표 9-1〉의 경우, 이전 선거에서의 현 여당후보는 Roosevelt(1944), Eisenhower(1952), Kennedy(1960), Nixon(1968), Reagan(1984), 그리고 Clinton(1992)이었다. 이전 선거에서의 현 야당후보는 Dewey(1944), Stevenson(1952), Nixon(1960), Humphrey(1968), Mondale(1984), 그리고 Bush(1992)였다. 현 선거에서의 여당의 후보는 Truman(1948), Eisenhower(1956), Johnson(1964), Nixon(1972), Bush(1988), 그리고 Clinton(1996)이었다. 현 선거에서의 야당후보는 Dewey(1948), Stevenson(1956), Goldwater(1964), McGovern(1972), Dukakis(1988), 그리고 Dole(1996)이었다.
〈표 9-2〉의 경우, 이전 선거에서의 현 여당후보는 Truman(1948), Eisenhower(1956), Johnson(1964), Nixon(1972), Carter(1976), 그리고 Bush(1988)였다. 이전 선거에서의 현 야당후보는 Dewey(1948), Goldwater(1964), McGovern(1972), Ford(1976), 그리고 Dukakis(1988)였다. 현 선거에서의 여당후보는 Stevenson(1952), Humphrey(1968), Ford(1976), Carter(1980), 그리고 Bush(1992)였다. 현 선거에서의 야당후보는 Eisenhower(1952), Nixon(1968), Carter(1976), Reagan(1980), 그리고 Clinton(1992)이었다.

4) 1984년 ANES는 1980년 선거에서 투표결정을 묻는 문항을 포함하지 않고 있어서 1980년과 1984년 대통령선거의 유권자 비율은 〈표 9-1〉에 포함되지 않았다.

〈표 9-1〉 현 여당이 승리한 선거에서의 유권자들의 비율

	1944 → 1948	1952 → 1956	1960 → 1964	1968 → 1972	1984 → 1988	1992 → 1996
현 여당지지 ➡ 현 야당지지	6.8%	8.2%	7.0%	6.6%	11.3%	2.7%
현 야당지지 ➡ 현 여당지지	1.2%	6.3%	9.7%	12.6%	2.5%	8.3%
현 야당지지 ➡ 현 야당지지	39.4%	30.6%	23.3%	26.9%	34.2%	38.6%
현 여당지지 ➡ 현 여당지지	52.6%	54.9%	60.0%	53.9%	51.9%	50.5%
총 응답자 수	325	1,059	1,043	1,113	1,023	830

출처: The 1948, 1956, 1964, 1972, 1988, and 1996 American National Election Study, University of Michigan에 의해 수집된 자료를 이용하여 작성. ① 공화당이나 민주당 후보 중 어느 누구에게도 투표하지 않은 응답자들은 포함되지 않음. ② 이전 선거에서의 투표결정 ➡ 이번 선거에서의 투표결정.

〈표 9-2〉 현 여당이 패배한 선거에서의 유권자들의 비율

	1948 → 1952	1956 → 1960	1964 → 1968	1972 → 1976	1976 → 1980	1988 → 1992
현 여당지지 ➡ 현 야당지지	17.8%	15.6%	22.0%	17.1%	15.1%	13.5%
현 야당지지 ➡ 현 여당지지	1.8%	4.0%	1.5%	4.3%	5.8%	3.3%
현 야당지지 ➡ 현 야당지지	41.4%	33.2%	28.9%	29.8%	41.6%	45.5%
현 여당지지 ➡ 현 여당지지	39.0%	47.2%	47.6%	48.9%	36.5%	37.7%
총 응답자 수	929	776	788	1,052	704	578

출처: The 1952, 1960, 1968, 1976, 1980, and 1992 American National Election Study, University of Michigan에 의해 수집된 자료를 이용하여 작성. ① 공화당이나 민주당 후보 중 어느 누구에게도 투표하지 않은 응답자들은 포함되지 않음. ② 이전 선거에서의 투표결정 ➡ 이번 선거에서의 투표결정.

유권자들에게 동일하게 적용되지 않을 수도 있다는 점을 간과해왔다.

이제까지의 연구는 현 선거에서 투표결정만을 가지고 유권자들을 구분하는 것이 유권자들이 책임 있는 투표결정을 하는가 하는 점을 논하는 데 몇 가지 약점을 지닌다는 점이다.[5] 우선 현 선거만을 고려하여

야당의 후보를 지지한 유권자들을 동일하게 한 집단으로 간주하는 것은 지난 선거와 이번 선거 사이에 현 여당으로부터 현재의 야당으로 지지를 변경한 유권자들, 즉 '책임 있는 유권자론'에서 가장 중요한 유권자들을 직접 고려하지 못하게 되며, 따라서 유권자들이 책임 있는 결정을 내리는가 하는 점을 적절하게 논의하기 어려워진다고 할 수 있다. 또한 이와 같은 구분법으로는 선거에서 유권자가 취하는 대통령과 여당을 처벌(punish)하는 선택과 대통령과 여당에게 포상(reward)을 주는 선택을 분명하게 구분해낼 수 없다.

이전 선거와 이번 선거에서 두 번 모두 현 여당을 지지하는 것은 이전 선거에서 현재의 야당을 지지했으나 이번 선거에서는 현 여당으로 지지를 변경하는 것에 비해 대통령에 대해 포상을 수여하는 성격을 약하게 갖는다고 볼 수 있다. 두 번의 선거에서 모두 현 여당을 지지한 유권자들은 이전 선거에서도 현 대통령을 지지했었기 때문에 이번 선거에서 대통령에 대해 포상을 했다기보다는 대통령을 처벌하지 않았다고 보는 것이 더 적합할 수 있다. 마찬가지로 현 선거에서의 투표결정만을 가지고 유권자들을 구분하는 경우, 두 번의 선거에서 모두 현재의 야당을 지지하는 것과 이전 선거에서는 현재의 여당을 지지했으나 이번 선거에서는 현재의 야당으로 지지를 변경하는 것이 하나의 선택으로 간주되지만, 현재의 야당을 계속 지지하는 것은 현재의 여당으로부터 현재의 야당으로 지지를 변경하는 것만큼 현 여당을 처벌하는 성격이 뚜렷하지 않다고 볼 수 있다.

4. 대통령선거에서 유권자들의 선택이 갖는 성격

유권자들을 이전 선거와 이번 선거에서의 투표결정을 기준으로 구분

5) Shin(1996) 참조.

하는 것은 대통령선거에서 유권자들의 선택이 갖는 성격을 논리적으로 보다 적절하게 고려하기 위해서 필요하다. 앞에서 언급했듯이 대통령에 대한 평가가 유권자들의 투표에 영향을 미치는 구조와 정도가 이전 선거에서 현 여당을 지지했던 사람들과 현 야당을 지지했던 사람들 간에 다를 수 있기 때문이다.[6)]

대통령에 대해 유권자가 내릴 수 있는 평가는 크게 긍정적인 것과 부정적인 것으로 나누어질 수 있다. 이전 선거에서 현 대통령을 지지했던 유권자들의 경우는 이 두 가지 성격의 평가 중 부정적인 평가가 이번 선거에서의 투표결정에 영향을 미치는 구조가 긍정적인 평가가 영향을 미치는 구조보다 더 큰 의미를 갖는다. 부정적인 평가는 이전 선거에서 현 대통령을 지지했던 유권자들이 야당의 후보에게로 지지를 변경하도록 하는 방향으로 작용하기 때문이다. 물론 긍정적인 평가는 이전 선거에서 현 대통령을 지지했던 유권자들의 투표결정에 유의한 영향을 미치지 않는다고 하는 것은 잘못된 견해이다.

그러나 긍정적인 평가는 이전 선거에서 현 대통령을 지지했던 유권자들이 자신의 지지를 계속 유지하도록 하는 방향으로 영향을 미치게 되며, 따라서 선거결과에는 실질적으로 아무런 영향을 미치지 않게 된다고 할 수 있다. 현 여당이 선거에서 다시 승리하는 데 실패한다면, 그것은 이전 선거에서는 현 대통령을 지지했었으나 현 선거에서는 대통령과 여당에 대한 부정적인 평가에 영향을 받아 야당후보 지지로 선회한 유권자들로 인한 것이라고 볼 수 있다.

반대로 이전 선거에서 현 야당이 내세웠던 대통령후보를 지지했던 유권자들에게는 대통령에 대한 긍정적인 평가가 투표결정에 실질적인 영향을 미치고 선거결과에서도 실질적인 차이를 가져올 수 있는 요인으로 작용한다. 긍정적인 평가는 이전 선거에서는 현 대통령을 지지하

---

6) 이러한 측면에 대해 프라빗(probit) 다원회귀분석기법을 이용하여 분석한 연구로 Shin(1996) 참조.

지 않았던 유권자들이 이번 선거에서는 현 대통령 또는 여당을 지지하게 되는 방향으로 영향을 미칠 것이고, 따라서 이전 선거와 현 선거에서의 현 여당과 야당 간의 득표비율을 변화시키는 요인으로 작용하게 될 것이기 때문이다. 반면에 부정적인 평가는 그들이 계속 현 대통령이나 여당에 대해 반대하는 표를 던지도록 할 것이고, 따라서 집합적인 (aggregate-level) 선거결과의 측면에서 이전 선거와 현 선거 사이에서 차이를 가져오지 않을 것이다.

이와 같이 이전 선거에서 현 대통령을 지지했던 유권자들과 야당후보를 지지했던 유권자들에 대해서 대통령에 대한 평가가 영향을 미치는 구조에 차이가 있게 된다. 그러나 이제까지의 '책임 있는 유권자론'에 기초한 연구들에서는 이 두 집단의 유권자를 구분하지 않고 모든 유권자에게 있어서 부정적인 평가와 긍정적인 평가가 동일한 의미를 가지고 동일한 구조로 영향을 미친다는 가정이 전제되어 있다. 따라서 긍정적인 평가와 부정적인 평가가 갖는 의미 및 영향력이 희석되고 부정확하게 분석되어졌을 가능성이 내포되어 있었다고 할 수 있다.[7)]

이전 선거에서 현 대통령을 지지하였던 유권자들과 현 야당의 후보를 지지하였던 유권자들 간에 대통령에 대한 평가가 영향을 미치는 구조에서만 차이가 존재하는 것이 아니라, 각 집단에 속하는 유권자들이 현 선거에서 갖는 중요성의 측면에서도 차이가 존재할 수 있다. 논리적

---

7) 대통령선거의 결과를 이와 같이 대통령에 대한 평가가 갖는 의미와 영향력의 측면에서 설명하는 것이 덜 적합한 경우도 있을 수 있다. 예로 〈표 9-2〉의 대통령이 재선에 실패한 선거중 1980년의 선거에서는 도전자였던 레이건(Reagan)의 대중적인 인기도가 크게 작용하였다고 할 수 있다. 그러나 이러한 점이 이 논문의 주장과 상반되는 것이라고는 보이지 않는다. 도전자 또는 야당의 대중적인 인기는 부분적으로는 대통령 또는 여당에 대한 유권자들의 부정적인 평가 및 유권자들이 도전자와 대통령을 비교하여 갖게 되는 도전자에 대한 전망적인 평가(prospective evaluation)와 관련되기 때문이다. 예로 1980년 선거에서의 레이건에 대한 대중적인 지지도는 유권자들의 카터(Carter)에 대한 실망과 레이건에 대한 기대감에 어느 정도 영향을 받았다고 볼 수 있다.

으로 대통령선거의 결과를 논하는 데 있어서 가장 중요한 집단은 이전 선거에서 여당을 지지했던 유권자들이다. 여당은 그들의 지지를 받아 선거에서 이길 수 있었고, 따라서 이번 선거에서도 여당이 그들의 지지를 받는다면 다시 선거를 이길 수 있는 확률이 커지기 때문이다.[8)]

〈표 9-1〉과 〈표 9-2〉에서도 이러한 측면을 관찰할 수 있다. 우선 이전 선거에서 현 야당의 후보를 지지했으나 이번 선거에서는 현 여당으로 지지를 변경한 유권자들은 실질적으로 대통령선거의 결과에 영향을 미치지 못했을 가능성이 있는 것으로 나타나고 있다. 〈표 9-1〉과 〈표 9-2〉의 대부분의 경우, 그들은 전체 응답자의 10% 이내이고, 많은 경우 5% 이내로 나타나고 있다. 여당이 재선에 성공한 경우에도 1948년, 1956년, 그리고 1988년 선거에서는 이전 선거에서 야당을 지지했으나 이번 선거에서는 여당을 지지한 유권자들의 비율은 여당을 떠나 야당으로 지지를 변경한 유권자들의 비율보다 오히려 적었던 것으로 나타나고 있다.

〈표 9-1〉과 〈표 9-2〉에 의하면 여당이 재선에 성공한 선거와 실패한 선거에 있어서 유권자들의 분포의 뚜렷한 차이는 여당과 야당을 두 선거에서 계속해서 지지한 유권자들간의 비율의 차이에서 살펴볼 수 있다. 예를 들어, 여당이 자당의 후보를 다시 당선시키는 데 성공한 선거에서는 계속 여당을 지지했던 응답자의 비율이 계속 야당을 지지했던 응답자의 비율보다 훨씬 높게 나타나고 있다. 1964년, 1972년, 그리고 1996년 선거에서는 야당에서 여당으로 지지를 변경한 응답자들의 비율이 여당에서 야당으로 지지를 변경한 응답자들의 비율보다 높게 나타나고 있으나, 1948년, 1956년, 그리고 1988년 선거에서와 마찬가지로 여당을 계속 지지한 응답자들이 야당을 계속 지지한 응답자들보다 훨

8) 이전 선거에서는 양대 정당을 지지하지 않았거나 투표에 참여하지 않았던 유권자들이나 이번 선거에서 처음 투표하는 유권자들이 이번 선거에서는 일방적으로 야당을 지지하는 경향을 띠는 경우가 예외일 수 있으나, 이러한 상황이 실제로 나타날 확률은 낮다고 할 수 있다.

씬 높은 비율을 나타내고 있다.

이로 인해, 〈표 9-1〉과 〈표 9-2〉에 나타난 비율에 의한다면, 설사 여당이 야당으로부터 1%의 유권자도 더 얻지 못하였었더라도 선거에서 다시 승리할 수 있었다. 이러한 점을 고려한다면, 여당이 승리한 선거에서도 그것을 가능하게 했던 유권자들은 야당에서 여당으로 지지를 변경한 유권자들이 아니라 계속 여당을 지지했던 유권자들이라고 할 수 있다.

만약 여당이 이전 선거에서 자당을 지지했던 유권자들을 지키는 데 실패하고, 적지 않은 비율의 유권자들이 야당으로 지지를 바꾼다면, 그 만큼 정권을 유지할 확률은 줄어든다고 할 수 있다. 〈표 9-2〉에 의하면, 여당이 재선에 실패한 다섯 선거 중 두 선거에서 여전히 여당을 계속 지지한 응답자의 비율이 야당을 계속 지지한 응답자의 비율보다 높게 나타났고, 나머지 세 선거에서도 두 집단간의 비율은 큰 차이를 보이지 않고 있다. 따라서 여당이 재선에 실패한 경우, 주된 요인을 여당과 야당을 계속 지지한 유권자들의 비율이 역전된 것에서 찾는 것은 적합하지 않다. 여당이 재선에 실패한 선거와 성공한 선거 간의 실질적인 차이는 여당에서 야당으로 지지를 변경한 응답자의 비율이 야당에서 여당으로 지지를 변경한 응답자의 비율보다 훨씬 크게 나타나고 있다는 점에서 찾아볼 수 있다.

예로, 〈표 9-2〉의 비율분포에 의하면, 1952년, 1980년, 그리고 1992년 선거에서는 설사 야당을 계속 지지한 유권자들이 여당을 계속 지지한 유권자들보다 많지 않았더라도 야당의 후보가 당선되었을 것이다. 현 여당을 계속 지지했던 유권자가 야당을 계속 지지했던 유권자보다 많은 것으로 나타나고 있는 1968년 선거에서 야당은 여당에서 야당으로 지지를 바꾼 유권자들로 인해 그 차이를 극복할 수 있었던 것으로 나타나고 있다.

요약하자면, 대통령선거에서는 이전 선거에서 현 대통령 또는 여당을 지지했던 유권자집단이 가장 중요하다고 할 수 있다. 여당이 대통령선거에서 다시 승리하는가 여부는 이전 선거에서 여당을 지지했던 유권자들을 얼마나 잘 지켜내는가에 영향을 받는다고 할 수 있기 때문이다.

한편 이전 선거에서 현 대통령을 지지했던 유권자들과 현 야당의 후보를 지지했던 유권자들은 선거에 임하는 유권자들의 심리적 측면에서도 차이가 있다. 앞에서 언급했듯이 유권자들은 선거에서 대통령과 여당에 대해 포상(reward)과 징벌(punishment)을 내리는 것으로 그들의 의사를 표현한다. 이 가운데 징벌은 성격상 이전 선거에서 현 대통령을 지지했던 유권자들이 대통령과 여당이 업무를 잘 수행하지 못할 경우 여당에 대한 지지를 철회하고 보다 심할 경우는 야당으로 지지를 변경하는 행동으로 가장 뚜렷하게 표현된다. 이전 선거에서 야당을 지지했던 유권자들이 이번 선거에서도 야당을 지지하거나 최소한 여당을 지지하지 않는 것도 여당에 대한 일종의 징벌의 성격을 띤 것이라고 볼 수 있으나, 이미 이전 선거에서 여당을 지지하지 않았고, 따라서 이번 선거에서 현 야당을 지지하는 것이 두 선거간에 차이를 만드는 요인으로 작용하지 않는 유권자들이 내리는 결정이라는 점에서 징벌을 내리는 성격보다는 상을 내리지 않는 성격을 더 강하게 갖는다고 할 수 있다.

특히 아무런 생각 없이 투표를 했거나 주변 분위기에 휩쓸려 투표를 한 사람이 아니라면, 이전 선거에서 현 여당을 지지했던 유권자들은 현 여당과 대통령이 업무를 잘 수행하지 못할 경우 실망을 하게 될 가능성이 이전 선거에서 현 야당을 지지했던 유권자들보다 크다. 그들은 한때 현 여당과 대통령을 신뢰했던 사람들이기 때문이다.

반대로 포상은 이전 선거에서는 현 야당을 지지했으나 이번 선거에서는 현 여당을 지지하는 행동으로 가장 잘 표현된다고 할 수 있다. 현 여당을 이전 선거와 이번 선거에서 계속 지지하는 유권자들도 현 여당에 대해 포상을 한 것으로 간주될 수 있지만, 이전 선거에서 현 야당을 지지했던 유권자들과 비교한다면 그보다는 징벌을 하지 않은 성격이 보다 뚜렷하다고 할 수 있다. 또한 이전 선거에서 현 야당이 내세웠던 후보를 지지했던 유권자들은 현 여당과 대통령에 대해 다른 유권자들보다 비판적인 태도를 가지고 있을 가능성이 크다. 그들은 현 대통령과 여당이 업무수행을 못하는 경우 오히려 좋아할 수도 있고, 업무수행을 잘 하는 경우는 냉소적인 태도를 나타낼 수도 있다.

요약하자면, 이전 선거에서 현 대통령을 지지했던 사람들은 포상보다는 징벌이 실질적인 차이를 만들 수 있는 선택이고, 여당과 대통령에 대한 부정적인 평가로 인해 그러한 선택을 하게 될 가능성이 이전 선거에서 현 야당을 지지했던 유권자들보다 더 크다고 할 수 있다. 반면, 이전 선거에서 현 야당을 지지했던 유권자들은 징벌보다는 포상이 실질적인 차이를 만드는 선택이지만, 대통령에 대한 긍정적인 평가로 인해 그러한 선택을 하게 될 가능성은 이전 선거에서 현 여당을 지지했던 유권자들보다 더 작다고 할 수 있다.

〈표 9-1〉과 〈표 9-2〉에서 대통령의 재선 여부가 이전 선거에서 현 대통령을 지지했던 유권자들 중 계속 대통령을 지지한 유권자들과 야당으로 지지를 변경한 유권자들의 비율에 의해 결정되는 경향을 역시 이러한 측면에서 이해할 수 있다. 물론 이는 현 대통령을 지지한 유권자들의 비율이 현 야당을 지지했던 유권자들의 비율보다 높다는 점에서 당연한 것이다. 그러나 〈표 9-1〉과 〈표 9-2〉에 의하면, 이전 선거에서 현 대통령을 지지했던 유권자들은 단순히 비율상 현 야당 지지자들을 앞서는 것만이 아니라 유동성의 측면에서도 현 야당 지지자들을 앞서고 있다.

예로 대통령이 재선에 실패한 경우만이 아니라 여당이 재선에 성공한 여섯 번의 선거 중 세 번의 선거에서 여당이 야당에 잃은 유권자의 비율이 야당으로부터 얻은 유권자들의 비율보다 압도적으로 큰 것으로 나타나고 있는 반면, 야당으로부터 얻은 유권자의 비율이 더 큰 나머지

세 선거에서 그 차이는 재선에 실패한 경우만큼 뚜렷하게 나타나지 않고 있다. 이는 일반적으로 이전 선거에서 현 여당을 지지했던 유권자들이 현 야당을 지지했던 유권자들보다 '책임 있는 유권자론'에서 기대되는 방향으로 더 유동적임을 보여주는 것이라고 할 수 있다.

5. 대통령과 여당의 선거전략

각 집단의 유권자들은 그들이 대통령선거에서 갖는 의미와 대통령에 대한 평가가 그들에게 영향을 미치는 구조 및 정도에서 차이가 있을 뿐만 아니라, 재선을 목표로 하는 대통령 또는 여당이 그들을 대하는 태도의 측면에서도 차이를 가질 수 있다. 즉 재선을 목표로 하는 대통령 또는 여당의 경우, 가장 중요한 선거전략은 이전 선거에서 여당을 지지했던 유권자들을 계속 유지하는 것이다. 여당에 우호적인 태도를 가지고 있는 유권자들을 유지하는 것이 여당에 부정적인 유권자들의 태도를 우호적으로 만드는 것보다 훨씬 효율적인(cost-effective) 전략이기 때문이다.

또한 여당에 부정적인 태도를 가지고 있는 유권자들을 만족시키는 방향으로의 선거전략은 그 효과를 확신할 수 없는 상황에서 자칫 여당에 우호적인 태도를 가지고 있는 유권자들을 실망시켜서 여당으로부터 멀어지도록 만들 수 있다. 이로 인해 대통령과 여당은 종종 여당에 대해 부정적인 태도를 가지고 있는 유권자에게 그러한 태도를 증폭시킬 수도 있는 정책이나 연설 등을 사용하면서 여당 지지층의 지지를 보다 확실하게 할 수 있는 전략을 사용하는 경향이 있다.

예로 클린턴 대통령은 대통령에 당선된 이후 공화당의 주된 지지층인 부유층을 겨냥해 세금을 올림으로써 경제상류층(the economic elite) 또는 소수특권층(the privileged few)을 처벌(punish)하겠다고 국민 앞에 약속했다(Will, 1993). 반면 그는 1996년 선거에서 공화당 후보로 나온 돌(Bob Dole)이 찬성한 캘리포니아 민권발의안(California Civil-rights Initiative)에 대해서 평등과 관련된 모든 프로그램들을 포기하도록 만들 것이라는 이유로 반대한다는 입장을 취했다(Willcox and Schulz, 1996). 민주당 정부가 담배를 불법화하려는 움직임을 주도하고 있는 것 역시 담배회사들이 거의 일방적으로 공화당을 지지해왔다는 측면에서 이해할 수 있다.[9)]

요약하자면, 대통령과 여당 스스로도 선거전략의 효율을 높이기 위해 유권자들을 여당 지지자와 야당 지지자로 구분해 인식할 가능성이 크다. 이러한 대통령과 여당의 태도는 대통령에 대한 업무평가에 따라 대통령과 여당을 평가하여 포상을 하거나 징벌을 하는 '책임 있는 유권자론'의 적용에도 영향을 미칠 수 있다. 예로 이전 선거에서 현 야당을 지지했던 유권자들의 상당수는 임기중 대통령과 여당의 우호적이지 못한 정책과 태도를 접하게 되고, 그로 인해 현 여당 및 대통령에 대해 부정적인 태도를 더욱 키워가게 될 가능성이 크다.

이럴 경우, 이전 선거에서 현 야당을 지지했던 유권자들은 여당이 업무수행을 잘하는 경우도 부정적으로 평가하게 될 가능성이 커지고, 설사 업무수행 자체는 긍정적으로 평가하더라도 그로 인해 그들의 지지를 야당에서 여당으로 변경하게 될 가능성은 낮아질 수도 있다. 이러한

9) 우리나라에서 정치인의 이러한 행태는 지역주의의 형태로 가장 뚜렷하게 나타났다. 미국의 경우와 우리나라의 지역주의 정치 간의 차이점은 미국은 정치인들이 유권자들을 성격에 따라 구분하여 그들 중 자신에게 가까운 유권자층에 호소할 수 있는 입장을 취하는 것인 데 비해, 우리나라는 정치인들이 자신들의 필요성에 따라 인위적으로 유권자들간에 지역주의를 조성하고 그들의 감정에 호소하는 태도를 취하는 성격이 강하다는 점에서 찾아볼 수 있나. 물론 지역주의는 '책임 있는 유권자론'을 논하기 위한 사례로서는 적합하지 않다. 유권자들이 어느 지역에 속해 있는가라는 감정적인 기준에 의해서 투표결정을 내린다는 것은 책임 있는 행동이라고 할 수 없기 때문이다. 우리나라 선거와 지역주의에 대해서는 이갑윤(1990), 최장집(1993), 손호철(1993), 황태연(1996), 김만흠(1997), 조기숙(1997) 등 참조.

점에서 ‘책임 있는 유권자론’은 여당에 대해 최소한 감정의 골을 깊게 할 필요가 없었고, 따라서 여당의 업무수행에 대한 객관적인 평가 자체에 따라 투표결정을 할 가능성이 큰 기존의 여당 지지자들에게 더 잘 적용되어질 수 있는 논리이다.

6. 결론

이 논문은 대통령선거와 관련된 연구들로부터 유권자에 대한 이제까지의 인식이 좀더 세분화될 필요가 있음에 대해 논의했다. 이번 선거에서의 투표결정만을 중심으로 선거를 논할 때에는 이전 선거와 이번 선거에서 정당간에 지지를 변경한 유권자들과 한 정당을 계속 지지한 유권자들을 구분하지 못하게 된다. 또한 이전 선거에서의 투표결정에 따라 대통령 및 여당에 대한 평가가 이번 선거에서의 유권자들의 투표에 영향을 미치는 구조나 영향력의 정도 등에서 차이를 보일 가능성도 고려하지 못하게 된다. 키(Key, 1966) 이후 선거에 대한 연구에서 일반적으로 받아들여져 온 유권자들이 대통령 및 여당의 업무수행에 대한 평가에 기초하여 다음 선거에서의 투표결정을 한다는 ‘책임 있는 유권자론’은 이러한 점들이 고려될 때 보다 적합하게 적용되어질 수 있다.

예를 들어 이러한 관점에서 유권자들을 구분해 대통령선거의 성격을 분석하는 경우, 대통령선거를 “나의 친구를 지키느냐 잃느냐 하는 경기”(keep-or-lose-my-friends game)로 묘사해볼 수 있다. 대통령과 여당의 친구들, 즉 이전 선거에서 여당을 지지했던 유권자들은 수적인 측면에서나 대통령에 대한 평가가 갖는 의미와 영향력의 측면에서 여당이 재선하는 데 결정적인 역할을 수행하게 될 가능성이 크다.

여당에게는 이전 선거의 지지자들을 지키려는 것이 이전 선거에서 야당을 지지했던 유권자들을 끌어들이는 것보다 더 확실하고 효율적인 전략이 될 것이다. 만약 이전 선거에서 여당을 지지했던 지지자들을 실망시키게 되면, 그들 중 상당수가 야당으로 지지를 변경하든지 아니면 제3의 후보를 지지하거나 기권하게 될 것이고, 그만큼 여당이 재선에 성공하게 될 가능성은 줄어든다. 반면 여당이 이전 선거의 지지자들을 지키는 데 성공했다면, 이번 선거에서 재선될 확률은 그만큼 높아질 것이다. 여당이 이전 선거의 지지자들을 실망시키지 않을 만큼 훌륭한 업무수행을 보인다면, 새로이 투표권을 갖게 되는 유권자들이나 이전 선거에는 기권했으나 이번 선거에는 투표하는 유권자들 중 현 야당을 지지하는 사람의 비율이 일방적으로 높게 될 가능성 역시 감소할 것이기 때문에 여당이 다시 선거에서 승리할 가능성은 커진다.

물론 이 글의 논의가 잘 적용되지 않는 경우도 있을 수 있다. 일례로 일반적인 선거상황이 아니라 유권자들 사이에 정당 재편현상(realignment)이 일어나는 중대 선거(critical election)에서는 정당 재편이 일어나는 방향에 따라 유권자의 움직임이 강하게 관찰되어질 것이다.[10] 이 논문은 일반적인 대통령선거에서 대부분의 유권자들을 동일한 하나의 집단이 아닌 이질적인 둘 또는 네 개의 집단으로 구분해서 이해할 수 있다는 점을 제시하고 있다.

또한 이 글의 논의는 정당이 유권자들 사이에서 뿌리를 내리고 있고, 정당구조도 양대 정당이 존재하는 방향으로 발전한 경우를 전제로 한다. 공화당과 민주당이라는 양당 구도가 확고하게 정착된 미국이나 이제까지 여당과 야당이라는 두 개의 정당구조를 띠어온 우리나라의 경우가 이에 해당한다고 할 수 있다. 비슷한 정도의 힘을 가진 여러 정당들이 존재하거나 정당 자체가 뿌리를 내리지 못해서 유권자들에게 평가의 대상이 구체적으로 존재하지 않는 경우에는 위에서 논의한 바는 잘 적용되지 않을 것이다. 책임 있는 유권자론의 관점에서 민주주의를 발전시키기 위해서는 정당조직이 뿌리를 내리도록 할 필요가 있는 근

10) Key(1959) 참조.

거도 이러한 점에서 찾아볼 수 있다.

마지막으로 이 글의 논의는 지역주의와 같은 감정적인 요인들이 유권자들에게 강한 영향을 미치지 못하는 경우를 전제로 한다. 감정적인 요인들이 영향을 미치는 경우, 후보들이나 정당에 대한 평가에 기초한 유권자들의 책임 있는 선택은 그만큼 기대하기 어려워지기 때문이다. 따라서 지역에 기반을 둔 정당이 정치의 중심을 형성하고 있는 한 우리나라의 민주주의는 완성되기 힘들다고 할 수 있다. 이러한 점에서 책임 있는 유권자라는 관점은 정치의 선진화 및 유권자의 의식수준의 향상과 결부되어 있다고 할 수 있다.

■ **참고문헌**

김만흠, 1997,『한국 정치의 재인식』, 서울: 풀빛.

손호철, 1993,『전환기의 한국 정치』, 서울: 창작과비평사.

이갑윤, 1990,「투표행태와 민주화」,『한국의 선거정치학』, 서울: 나남.

조기숙, 1997,「지역주의 논쟁: 비판이론적 시각에 대한 비판」,『한국정치학회보』 제31집 제2호.

최장집, 1993,『한국민주주의 이론』, 서울: 한길사.

황태연, 1996,「한국의 지역패권적 사회구조와 지역혁명의 논리」,『정치 비평』 창간호.

Aldrich John H., John L. Sullivan, and Eugene Borgida, 1989, "Foreign Affairs and Issue Voting: Do Presidential Candidates 'Waltz before a Blinded Audience'?," *American Political Science Review*, 83: 123-111.

Bratton, Kathreen A., 1994, "Retrospective Voting and Future Expectations: The Case of the Budget Deficit in the 1988 Election," *American Politics Quarterly*, 22: 277-296.

Chappell, Jr., Henry W. & Motoshi Suzuki, 1993, "Aggregate Vote Functions for the U.S. Presidency, Senate, and the House," *Journal of Politics*, 55: 207-217.

Finkel, Steven E., 1993, "Reexamining the Minimal Effects Model in Recent Presidential Campaigns," *Journal of Politics*, 55: 1-21.

Fiorina, Morris P., 1978, "Economic Retrospective Voting in American National Elections: A Microanalysis," *American Journal of Political Science*, 22: 426-443.

———, 1981, *Retrospective Voting in American National Elections*, New Haven: Yale University Press.

Key, V. O., 1959, "A Theory of Critical Elections," *Journal of Politics*, 17: 13-18.

———, 1966, *The Responsible Electorate*, Cambridge: Harvard University Press.

Kinder, Donald R. and D. Roderick Kiewiet, 1981, "Sociotropic Politics: The American Case," in Richard G. Niemi and Herbert F. Weisberg(eds.), *Controversies in Voting Behavior*(2nd ed.), Washington D.C.: CQ Press.

Kramer, Gerald H., 1971, "Short-term Fluctuations in U.S. Voting Behavior," *American Political Science Review*, 65: 131-143.

Lewis-Beck, Michael S., 1986, "Comparative Economic Voting: Britain, France, Germany, Italy," *American Journal of Political Science*, 30: 315-346.

———, 1988, "Economics and the American Voter: Past, Present, Future," *Political Behavior*, 10: 5-21.

Lockerbie, Brad, 1992, "Prospective Voting in Presidential Elections: 1956-1988," *American Politics Quarterly*, 20: 308-325.

Markus, Gregory B., 1988, "The Impact of Personal and National Economic Conditions on the Presidential Vote: A Pooled Cross-sectional Analysis," *American Journal of Political Science*, 32: 137-154.

Miller, Arthur H. and Martin P. Wattenberg, 1985, "Throwing the Rascals Out: Policy and Performance Evaluations of Presidential Candidates, 1952-1980," *American Political Science Review*, 79: 359-372.

Shin, Youseop, 1996, "Candidate Evaluations and Switchers," *Southern Political Science Association*, Atlanta, Georgia, October.

Stigler, George J., 1973, "General Economic Conditions and National Elections," *American Economic Review*, 63: 160-167.

Will, George F., 1993, "Agents of What Change?," *Newsweek*, February 22.

Willcox, Chris and William Schulz, 1996, "Decision 96: The Candidates Debate," *Readers Diges*t, November.

10장

독일의 선거와 정책공약*

발-오-마트(Wahl-O-Mat)를 중심으로

신두철**

1. 독일의 선거제도

독일의 선거는 법적으로 자유롭지만, 정당들이 스스로의 협정으로 규제하는 특징이 있다. 물론 선거비용은 법적으로 규제된다. 정당위주의 선거운동이 이루어지는 관계로 방송매체가 주요 선거운동의 수단이다. 공영방송의 이용은 무료이며 민영방송은 매우 저렴한 비용으로 이용할 수 있다. 방송이용의 시간과 횟수는 제한되어 있다. 독일에서는 여론조사가 일찍부터 선거운동에 활용되었으며, 이외에도 신문광고, 선전벽보, 기타 선전물, 공개집회 등 다양한 방법이 선거운동에 동원된다.

독일의 선거운동은 특별한 법적 규제가 없이 자유로우며 선거운동의 개시시기도 법적으로 명시되어 있지 않다. 독일은 선거운동의 개시시기, 선거운동 총비용 등을 정당간의 협정을 통해 자율적으로 규제하는 형태의 선거운동이 전개되고 있으며, 또한, 정당·후보자에 대한 선거비용보조, 정당에 대한 무료방송시간의 할당 등을 통해 정당위주의 선거

* 이 글은 『한독사회과학논총』(제17권 제1호, 2007)에 게재된 논문을 수정·보완한 것임.

** 선거연수원 교수

운동이 이루어지고 있는 것이 특징이다.

독일은 정당정치의 전통이 강해 후보자의 개인 속성보다는 정당의 이념과 정책이 선거결과를 좌우한다. 따라서 후보자가 유권자들에게 인기를 얻기 위한 선거운동을 적극적으로 펼치진 않는다.

연방선거위원장이 정당자격을 확인한 경우에 정당으로서 후보자 추천을 할 수 있다. 선거구 후보자 추천서는 선거구 선거위원장에게, 주 후보자 추천명부는 주선거위원장에게 늦어도 선거일 전 66일 18시까지 서면으로 제출되어야 한다. 일반적으로 각 정당은 대개 선거일 약 3개월 전에 선거사무소를 개설하고 선거체제에 돌입하게 되며 정당은 늦어도 선거일 전 90일까지 연방선거위원장에게 선거참가를 통보한다.

투표시간 동안에는 투표소가 설치된 건물 안과 입구에서 직접적으로 언어·음향·문서·도화 등을 통하여 유권자에게 영향을 미치는 모든 행위와 형태의 서명모집은 금지된다. 선거일(Wahltag)은 연방대통령이 정하며, 일요일 또는 법정공휴일로 한다.

1) 방송매체의 이용

독일에서는 다양한 법규정을 통해 라디오 및 텔레비전 채널을 무료로 이용할 권리를 보장하고 있다. 다만 제작경비는 제외된다. 공영방송은 정치적 중립성이 엄격히 보장되고 있고, 방송의 무료이용은 1회당 시간(2분 30초)과 횟수가 제한되어 있으며, 방송시간은 원내 의석분포 등 정당의 대표성에 따라 각 정당에 배분된다.

독일기본법은 언론의 자유를 편성·편집의 자유로 규정하고 언론사가 자율적으로 자사의 보도방침을 결정할 수 있도록 되어 있다. 다만 인쇄매체분야에서는 독일언론평의회의 독일언론강령을 준수해야 하며, 독일언론강령은 공정보도를 의무화하고 있다. 또한 방송매체도 독일언론강령을 지켜야 하며 동시에 방송국가협정에서 규정한 공정보도의 의무를 지켜야 한다.

하지만 대부분의 독일 인쇄매체들은 선거보도에 있어서 인쇄매체는 특정한 정치성향을 띤 보도를 할 수 있고, 특정 정당에 우호적인 기사를 게재할 수 있다. 그러나 연방헌법재판소는 불공정보도나 편파보도를 위헌이라 판결함과 동시에, 방송국가협정에서 방송의 편성임무규정을 통해 공정보도를 하도록 의무화하고 있다.

언론보도는 편집자의 뉴스선택과정(Gate Keeping)을 거칠 수밖에 없기 때문에 독일정당법(제5조)과 방송국가협정(제42조 2항)은 직접적인 정당의 선거광고를 허용하도록 의무화하고 있으며, 이러한 조항은 개별 공영방송법과 민영방송법에 구체화되어 있다. 독일매체관리청장회의는 선거광고 방영지침을 마련하여 정당별 방송시간 배정과 횟수, 민영방송의 방송송출요금 징수에 관한 규정을 마련하고 있다.

■ 방송편성의 자유

연방헌법재판소의 방송판결은 방송의 자유를 편성의 자유라고 정의하고 있다. 연방헌법재판소는 편성의 자유를 편성관계자들이 자율적으로 프로그램의 내용을 결정할 수 있도록 보장하는 권한이라고 정의했다. 이 과정에서 공영방송은 프로그램의 기본공급(Grundversorgung)을 보장할 의무가 있다.

공영방송과 달리 민영방송은 기본공급의 의무가 없으며, 다양한 민영방송의 설립과 시장에서의 자유경쟁을 통해 언론의 자유가 보장받는 언론의 외적 자유 원칙이 적용된다.

방송사는 방송국가협정과 정당법에 따라 모든 정당에 선거광고를 할 수 있는 기회를 제공해야 한다. 방송사는 방송시간대와 방송횟수를 정당에 통보해주지만, 정당이 이 기회를 활용하느냐는 정당의 선택에 달려 있다. 다만 현행법상 정당의 일반적인 광고방송은 금지되어 있다. 다만 선거광고 방송만 예외적으로 허용된다.

〈표 10-1〉 독일 16개 주의 선거광고 관련 규정

<table>
<tr><th>주 명</th><th>공영방송</th><th>내용</th><th>민영방송</th><th>내용</th></tr>
<tr><td>베를린</td><td rowspan="2">RBB국가협정
제8조2항</td><td rowspan="2">의무</td><td rowspan="2">베를린-브란덴부르크방송
국가협정 제57조2항1호</td><td rowspan="2">허용</td></tr>
<tr><td>브란덴부르크</td></tr>
<tr><td>바이에른</td><td>BR법 제4조2항</td><td>의무</td><td colspan="2">없음</td></tr>
<tr><td>바덴-뷔르템베르크</td><td rowspan="2">SWR국가협정
제9조11항</td><td rowspan="2">의무</td><td>미디어법 제5조3항</td><td>허용</td></tr>
<tr><td>라인란트-팔츠</td><td>민영방송법 제30조2,3항</td><td>의무</td></tr>
<tr><td>자알란트</td><td colspan="4">주방송법 제14조2항, 공·민영방송 선거광고방송 의무화</td></tr>
<tr><td>노르트라인-베스트팔렌</td><td>WDR법 제8조2항</td><td>의무</td><td>방송법 제19조2항</td><td>의무</td></tr>
<tr><td>헷센</td><td>HR법 제3조6항</td><td>의무</td><td>미디어법 제30조2항</td><td>의무</td></tr>
<tr><td>니더작센</td><td rowspan="4">NDR국가협정
제15조1항</td><td rowspan="4">의무</td><td>방송법 제29조1항</td><td>의무</td></tr>
<tr><td>함부르크</td><td>미디어법 제31조1항</td><td>의무</td></tr>
<tr><td>슐레스비히-홀슈타인</td><td>방송법 제33조1항</td><td>의무</td></tr>
<tr><td>메클렌부르크-포어폼메른</td><td colspan="2">없음</td></tr>
<tr><td>브레멘</td><td colspan="4">없음</td></tr>
<tr><td>작센-안할트</td><td rowspan="3">MDR국가협정
제14조2항</td><td rowspan="3">의무</td><td>민영방송법 제23조1항</td><td>의무</td></tr>
<tr><td>작센</td><td>민영방송법 제22조1항</td><td>의무</td></tr>
<tr><td>튀링엔</td><td>방송법 제26조2항</td><td>의무</td></tr>
<tr><td>전국</td><td>ZDF국가협정
제11조1항</td><td>의무</td><td rowspan="2" colspan="2"></td></tr>
<tr><td>전국</td><td>도이칠란트라디오
국가협정 제11조</td><td>의무</td></tr>
</table>

출처: 공·민영방송 관련법규.

■ 선거광고 방송시간 배정

선거광고지침은 정당법 제5조에 따라 모든 정당에 기회평등원칙의 적용을 요구하고 있으며, 선거광고를 신청하는 정당과 후보자가 법에 따라 적법하게 등록했는지를 심사한다. 또한 선거광고 전후에 선거광고임을 명확히 밝히도록 하고 있다. 독일매체관리청장회의의 선거광고지침은 공·민영방송의 선거광고시간과 횟수배정에 대해 정하고 있다.

선거광고의 길이는 통상 1분 30초로 정하며, 지역 TV의 30분짜리 프로그램 뒤에 선거광고가 나가면 30초만 선거광고를 하도록 했다. 선거광고는 선거일 31일 전부터 2일 전까지로 정하고 있고, 선거일 전날에는 선거광고를 금하고 있다. 선거광고는 라디오의 경우 6시부터 19시에 송출하며, TV는 17시에서 23시 사이에 송출하도록 했다.

방송시간배정은 이전에 실시된 선거결과에 따라 원내진출정당과 원외정당으로 나누어 배정하고 있다. 원내진출정당 가운데 다른 정당에 비해 2배 이상의 의석을 확보한 거대정당은 다른 원내정당보다 두 배의 선거방송시간을 배정받도록 했다.

〈표 10-2〉 제16대 선거참여 정당별 선거 홍보방송 허용시간

정 당 명	원 내 의 석	방 송 시 간
사 민 당	298	8회×1.5시간=12시간
기 민 련	245	8회×1.5시간=12시간
연합90/녹색당	47	4회×1.5시간= 6시간
기 사 련	47	4회×1.5시간= 6시간
자 민 당	43	4회×1.5시간= 6시간
민 사 당	36	4회×1.5시간= 6시간
기타 소수정당	0	각 2회×1.5시간=3시간

■ 선거홍보방송 의무방영시간 규정

독일정당법(제5조)과 방송국가협정(제42조 제2항)은 공공기관이 정당에 편의를 제공하거나, 다른 공적 서비스를 보장할 때는 모든 정당을 동일하게 대우하도록 하고 있으며, 정당은 최소한 1개 주에서 비례대표후보 등록이 허용된다면 연방의회 선거기간동안 자비를 들여서 선거방송을 송신할 수 있도록 적질한 시간대를 할애받도록 규정하고 있다.

■ 텔레비전을 이용한 방송토론

TV 토론이나 후보자 연설, 대담토론회에 대한 선거법상의 관련규정

은 없다. 신문과 방송은 다만 정당법(제5조)에 규정된 정당 및 후보 간의 공정한 기회제공이라는 규정만을 준수하면 된다. 독일기본법(제5조)과 방송국가협정(제10조)은 언론의 자유를 편성과 편집의 자유로 규정하고 있으며, 선거보도도 언론의 자율적인 책임 하에 진행되도록 보장하고 있다. 선거를 앞두고 선거보도와 토론회 등이 개최되지만, 이러한 보도와 토론은 방송과 신문의 편성국과 편집국의 보도방침에 따라 실시된다.

2) 여론조사

독일은 선거결과에 영향을 미칠 수 있는 여론조사결과 보도와 관련하여 관계법령을 제정하지 않고 있으며, 국제적으로 통용되는 규약과 독일에서만 사용되는 특별규정을 통해 여론조사와 결과발표를 자율적으로 규제해나가고 있다. 또한 잘못된 여론조사결과나 조작된 여론조사결과를 발표할 경우, 피해 당사자가 민법과 형법 등 관계법률에 따라 재판을 할 수 있지만, 여론조사협회도 중재위원회를 통해 재판 이전에 자율적인 사전중재를 하고 있다. 다만 투표를 마친 투표자에 대한 투표권 행사의 내용에 관한 여론조사 또는 출구조사의 결과를 투표시간이 종료되기 전에 공표하는 행위는 금지하고 있다. 독일의 연방선거법과 지방선거 관련 법령은 여론조사결과의 발표와 정당이 자기 당의 여론조사결과를 발표하는 것은 법적으로 규제하지 않고 있다. 따라서 선거 하루 전날에 여론조사결과를 발표하더라도, 이는 위법행위가 되지 않는다.

독일연방선거법은 선거가 공공적인 행위로 선거관리위원은 선거를 방해하거나 소란을 피우는 사람을 투표장에서 퇴장시킬 수 있다고 명시하고, 선거가 진행되는 동안에 투표장과 투표장 입구에서 투표인에게 말·음성·글·그림으로 투표에 영향을 미칠 수 있는 행위를 할 수 없으며, 서명운동을 할 수 없도록 했다.

한편 선거법은 선거에서 가장 중요한 홍보수단인 옥외광고가 선거 6주 전부터 가능하도록 허용하고 있다. 취재와 중간집계결과 보도를 위해 취재진의 선거장과 개표장 출입을 허가하고 있으며, 여론조사회사 조사원의 개표장 참관을 허가하고 있다.

3) 선거공영

독일에서 선거공영제로 선거운동의 필요경비를 지급하는 국고보조금 제도를 들 수 있으며, 간접적인 지원으로는 정당과 밀접하게 연관된 민간단체의 공적 보조금, 기부금과 당원의 당비에 대한 세액공제 외에 무료방송제도가 있다. 공영텔레비전과 라디오방송시설 사용자는 선거운동기간중에 무료광고방송을 보장해야 하며, 개인 방송업자도 정당에게 선거광고방송에 이용이 가능한 적절한 시간을 배정해야 하는데 비용은 이용자가 부담해야 한다.

독일은 정당의 선거비용을 법률상으로 규제하고 있지 않으나 정당간의 협정에 의해 정당의 선거비용지출을 자율적으로 규제하고 있다. 정당에 대한 국고보조금은 연방하원 의원선거, 주의회 의원선거, 유럽의회 의원선거에 의한 득표수, 당비수입액, 기부금수입액에 따라 배분하고 있다.

2. 제17대 연방하원선거

2005년도 제17대 연방선거 결과, 대연정부를 구성한 기민련과 사민당은 선거 이전부터 독일의 경제개혁에 대해 첨예한 시각 차이를 부각시켜왔는데, 이는 실질적으로 선거과정에서 유권자의 선택에 지대한 영향을 주었다. 두 정당의 선거공약은 경제개혁뿐만 아니라 사회보장 정책, 외교와 환경 정책에서도 큰 차이를 보였다.

독일선거에서 양당의 선거공약을 비교하기 위해, 먼저 총선 이전 독일사회에 주요관심사로 떠올랐던 정책사안들을 도출하고, 이를 토대로 선거과정에서 두 정당이 첨예하게 대립했던 선거공약 중에서 경제개혁 분야의 노동시장 유연성과 세제개혁, 사회보장제도 축소, 재정적자 해소를, 외교분야에서는 터키의 EU의 가입문제와 대미관계를, 그리고 환경분야에서는 핵발전소 신설 문제 등에 대해 살펴보겠다. 양당의 선거공약은 독일연방정치교육원에서 개발한 '발-오-마트(Wahl-O-Mat) 2005'와 두 정당의 선거공약자료집(Wahlprogramm/Wahlmenifesto)[1]을 중심으로 분석했다.

1) 제17대 연방선거의 배경

독일 조기총선은 지난 5월 22일 사민당이 오랜 텃밭이었던 노르드라인-베스트팔렌주(Nordrhein-Westfalen) 선거에서[2] 패배하면서 전격적으로 이루어졌다. 사민당이 노르드라인-베스트팔렌주 선거에서 패배함으로써 야당은 연방상원의 2/3 의석을 차지하게 되었으며, 그 결과 사민당은 상하원 중재위원회 내에서 의제를 설정할 수 있는 권한마저도 제대로 행사할 수 없게 되었다. 이는 슈뢰더 총리의 신임안과 연결될 수 있다. 독일기본법 제68조는 총리의 신임안에 대해 규정하고 있는데 여기

---

1) "Das Wahlmanifest der SPD," http://www.spd.de/servlet/PB/menu/1588622/index.html(2005.11.25 검색); "Das Wahlmanifest der CDU," http://www.cdu.de.net/themen/173.htm(2005.11.26 검색).

2) 사민당은 39년간 라인란트-베스트팔렌주에서 집권했다. 기민당은 2005년 5월 선거에서 44.8%을 획득했고, 사민당 37.1%, 자민당 6.2%, 녹색당 6.2%로 그 뒤를 이었다. http://www.cdu.de/doc/pdf/05_05_22_Wahldoku_NRW_LTW.pdf(2005.11.25 검색).

에서 신임은 총리의 인격·정책에 대한 동의를 규정한 것이다.[3)]

슈뢰더는 이미 사민당과 녹색당의 연합정부가 연방하원에서의 3석의 근소한 의석 우위와 연방 상원을 기민연합이 장악하고 있는 상태로는 정책을 안정적으로 집행하는 데 어려움을 겪고 있다고 보았다.

무엇보다 총선을 1년여 앞당겨 치르게 된 배경으로 사민당이 2002년부터 추진해오던 경제개혁정책을 지속적으로 통과시키기 어렵게 되면서 새로운 전기가 필요했던 것을 들 수 있다. 즉 노르드라인-베스트팔렌주의 선거는 슈뢰더 정부의 개혁정책에 대한 중간평가를 받는 성격임과 동시에 2006년 연방선거의 전초전 성격을 띠고 있었는데 이 선거에서 패배하면서 슈뢰더는 신임안 제출을 통한 조기총선이라는 정치 승부수를 던진 것이다.

여기에서 독일경제상황을 살펴보면, 독일경제는 1990년대 중반 이후 장기침체의 늪에 빠져들었다. 슈뢰더 총리하의 독일경제는 유럽 최저 수준이라고 할 수 있는 1.2%대의 경제성장률과 전후 최대 규모인 480만 명(실업률 11.6%)의 실업자를 기록하고 있었다.[4)] 또한 세계 최고 수준이었던 독일의 노동생산성은 통일 이후 미국에게 추월당했으며, 유로(€)화의 도입은 급격한 물가상승을 유발하고 침체된 내수를 더욱 위축시키는 스태그플레이션 현상을 낳았다.

한편으로 사민당 정부가 강력하게 추진하던 노동시장의 유연성 제고, 사회보장제도의 개혁, 소득세율 인하, 관료주의적 규제철폐 등을 주요 내용으로 하는 경제개혁프로그램 '아젠다 2010'을 내놓았지만[5)] 이에 대한 비판의 목소리 역시 높아졌다.[6)]

---

3) 정흥모, 「2005년 독일 조기총선의 시작과 끝」, 『2005년 한국정치학회 연례학술회의 자료집』, 2005, 4쪽.

4) 김갑득, 「독일총선 결과와 향후 전망」, 『삼성경제연구소 경제포커스』 제58호, 2005, 3쪽.

5) "Agenda 2010," http:/de.wikipedia.org/wiki/Agenda-2010(2005.11.20 검색).

이 결과, 조기총선이 발표된 5월의 사민당의 정당지지율은 20% 이하를 기록했다.[7] 이러한 배경에서 슈뢰더 총리는 개혁정책의 신임을 묻겠다며 총선을 1년 정도 앞당겨 2005년 9월 18일에 실시하기로 결정했다. 예상치 못한 조기총선 발표로 모든 정당은 비례대표의원의 공천, 선거운동조직의 구성, 전당대회를 통한 선거공약의 확정 등 산적한 과제를 단기간에 처리해야 했다.

이러한 짧은 선거준비기간으로 인해 정당들에겐 자신들의 선거공약을 유권자에게 효과적으로 알리기 위한 수단으로 인터넷과 방송토론이 그 어느 때보다 중요한 의미를 가지게 되었다.

사민당의 라인란트-베스트팔렌주 선거패배와 조기총선으로 인한 짧은 준비기간에도 불구하고 선거이슈는 일찍부터 실업 및 노동시장 유연화, 세제개혁 등 경제개혁에 맞추어졌다고 할 수 있다. 여기서 분명한 것은 양 정당 모두 경제개혁의 필요성에는 동의하나 경제 살리기와 일자리 창출을 어떻게 할 것인가의 방법론과 개혁속도에는 근본적인 차이가 있음을 알 수 있다.

이러한 짧은 선거 준비기간에도 불구하고 제17대 연방선거가 그 어느 때보다 정책지향적으로 치러질 수 있었던 배경은 무엇일까? 그 이유는 독일 양대 정당이 시대에 적합한 이념정당이기 때문이다.

다음은 이경호(2005a)에서 인용한 내용이다.

> "시대의 적합한 이념정당이란 우선 '시대의 보편적 인식'에서 정당간의 이념적 유사성이 매우 크나, '세부적인 핵심내용'에서는 정당간에 정당정치적 원칙과 내용의 차이가 비교적 뚜렷이 나타나고 있는 정당의 형태를 말한다.

6) Hans Joerg Hennecke, "Von der Agenda 2010: Eine wirtschaftspolitische Bilanz," *Aus Politik und Zeitgeschichte*, Vol. 32-33(August), 2005, p.16.

7) Wichard Woyke, *Bundestagswahlen*(Bonn: Bundeszentrale für politische Bildung, 2005), p.7.

독일 (선거)강령연구에 중요한 역할을 담당했던 클링에만과 폴켄스(Hans-Dieter Klingemann & Anderas Volkens)의 주장처럼 이러한 이념정당의 토대가 된 것이 바로 시대에 '적합한 강령정당'(gemäßigte Programmpartei)이다.

결국 강령정당이란 '시대에 적합한 이념'을 만들어내는 정당이다. 구체적인 예가 바로 독일 양대 정당인 사민당과 기민련의 '기본강령'(Grundsatzprogramm)이다.

1989년 12월 20일에 개정된 총 56쪽의 베를린 기본강령과 1994년 2월 23일에 개정된 총 116쪽의 함부르크 기본강령은 시대 및 사회의 중요 가치 및 소재의 변화에 보다 더 구체적으로 대응 및 적응하기 위해 제시된 '시대의 보편적 인식'에서 유사성이 매우 크다. 그러나 강령의 세부적인 핵심내용, 즉 사민당은 과거 계급투쟁이론에 기초된 '경제민주주의'에 대한 정당정치적 노선과 입장, 기민련은 '기독교적 인간의 이해'에 기초된 '사회시장경제'(Soziale Marktwirtschaft)에 대한 정당정치적 노선과 입장, 또한 자유와 평등, 가족과 교육, 성장과 분배, 경제와 사회복지, 법과 국가, 외교와 국방에 대한 '좌익-진보 성향의'(Linksfortschrittlich) 혹은 '우익-보수 성향의'(Rechtskonservativ) 정당정치적 기본 노선과 입장의 차이는 분명 좌익-진보 성향의 혹은 우익-보수 성향의 당원과 유권자들의 정치적 관심과 요구를 '정당적'으로 연결할 수 있는 과거 사민당과 기민련의 강령적 전통이 여전히 유지되고 있음을 잘 보여주고 있는 증거이다.

이 때문에 독일 이념정당의 토대가 된 내용으로 기본강령은 여러 단계와 수 년에 걸친 강령 개정작업에서 당내 민주주의의 절차와 과정을 통해 다시금 당원의 구체적인 정치참여와 당원의 권리 그리고 당원의 정당정치적 지위를 지속적으로 유지하게 하는 '당원'의 중요한 정치적 도구이다. 또한 기본강령은 당 내부의 구조적 문제와 대립·갈등의 상황을 당내 민주주의의 절차와 과정을 통해 극복하고 다시금 정당에게 이념의 정체성과 당의 정체성, 정책의 투명성과 통일성을 회복하게 하며, 이를 토대로 '연정능력'(Koalitionsfähigkeit)과 '정부수행능력'(Regierungsfähigkeit)을 회복하고, 마침내 권력 재창출을 가능케 하는 '야당'의 중요한 정치적 도구이다. 더 나아가서 기본강령은 개정작업을 통해 체제가 안고 있는 당내 민주주의의 문제점을 부분적으로 극복하고, 여전히 독일 전통적 강령정당, 당원정당, 유권자정당의 정통성과 정당성을 부여하는 '독일 양대 정당'의 중요한 정치적 도구이며 동시에 이러한 내용과 역할 그리고 기능을 토대로 독일체제를 다른 나라의 체제와 비교적 명확히 구별되게 하는 '독일 정당체제'의 중요한 정치적 도구인 것이다.

이 때문에 독일 정치질서에서 정당에 의한 현실정치의 도구로서 '강령정당'은 시대에 적합한 정당정치적 원칙과 내용을 토대로 당원과 고정유권자(정치적 추종자)와 당을 연결하는 시대에 적합한 '이념의 정체성'과 이를 기초해 사회와 당과 국가를 연결하는 시대에 적합한 '당의 정체성'을 만들어낼 수 있는 것이 특징이다. 이로 인해 강령정당의 또 다른 특징은 타 정당들로부터 자기 정당을 정당정치적 원칙과 내용에 따라 구별할 수 있으며, 또한 정당정치적 원칙과 내용을 토대로 당의 정책을 투명화할 수 있고 정책의 투명성에 기초해 당 정치의 일관성과 통일성을 지속적으로 유지할 수 있는 정당이다. 이로 인해 야당은 여당을 정당적으로 비판하고 또한 그들 고유의 정치적 대안을 만들어낼 수 있으며, 여당은 수상과 정부의 정책을 정당적으로 지지 및 통제할 수 있는 것이 강령정당의 또 다른 특징이다"(이경호, 2005a).

2) 제17대 연방선거의 결과

2005년 독일총선은 어느 정당과 정파도 의석의 과반수를 차지하지 못한, '승자 없는 승부'로 표현된다. 그 이유는 연방하원이 해산되고 조기총선이 발표되었을 5월만 해도 기민·기사연합이 약 49%이상의 높은 지지율에 힘입어 우파연합의 승리와 정권교체가 확실시되었었기 때문이다.

하지만 투표일이 다가오면서 그 격차는 거의 오차범위로 줄었으며,[8] 결과적으로 메르켈이 이끄는 기민·기사연합은 당초 예상했던 40~42%

8) "Allensbach Umfrage," http://www.spiegel.de(2005.12.04 검색).

의 득표율보다 낮은 35.2%의 득표에 그쳐 225석을 차지했다. 사민당은 34.3%로 222석을 획득했고, 자민당(FDP)은 9.8%의 득표율로 61석을 차지하며 제3당으로 부상했다. 녹색당은 8.1%로 51석을, 그리고 사민당에서 이탈하여 새롭게 조직된 좌파정당은 8.7%로 54석을 얻음으로써 소수정당인 자민당과 좌파정당의 약진이 두드러졌으며 동시에 다수의 군소정당이 의회에 진입하게 됨으로써 의회 내의 군소정당간 경쟁이 치열하게 되었다. 이는 동시에 조기총선결과가 연정구성의 다양한 가능성을 열어놓게 되었음을 보여준다.

〈그림 10-1〉 2005년 독일연방하원 의석분포와 득표율

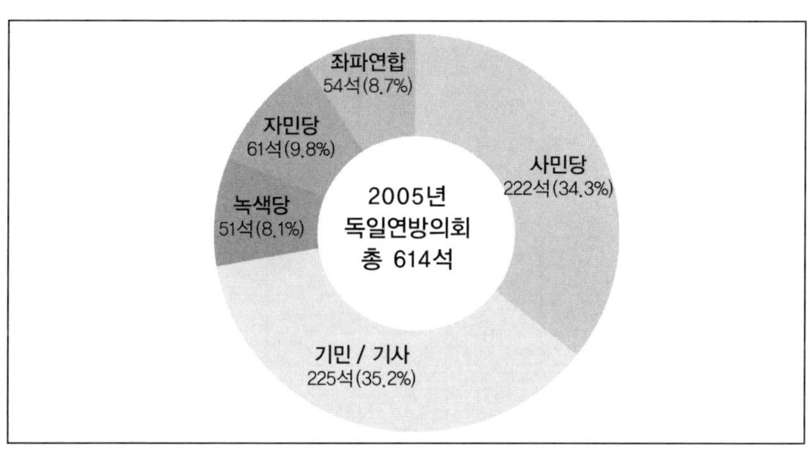

출처: "Bundestagswahlergebnis 2005," http://www.bundeswahlleiter.de.bundestagswahl 2005/ergebnisse(2005.11.15 검색), 저자 재구성.

기민련이 선거 초기의 높은 지지율에도 불구하고 과반수를 획득하지 못한 가장 큰 요인으로 기민당이 내세웠던 신자유주의적 경제정책에 대한 유권자의 불안심리를 들 수 있다. 성장과 복지의 두 마리의 토끼를 잡겠다는 슈뢰더 식의 절충형 개혁에 대한 반감 못지않게 기업의 경쟁력 제고를 명분으로 복지제도에 대한 메스를 가하려는 야당의 정책에 대한 거부감이 선거일이 가까워지면서 현실로 나타나면서 이탈표

〈표 10-3〉 1966년과 1990～2005년의 독일 연방의회 선거결과

	CDU/CSU	SPD	FDP	Grünen	Linke/PDS	Sonstige	총의석수	투표율
1965	47.6 (251)	39.3 (217)	9.5 (50)	-	-	3.6	518	86.8
2005	35.2 (226)	34.3 (222)	9.8 (61)	8.1 (51)	8.7 (54)	3.9	614	77.7
2002	38.5 (248)	38.5 (251)	7.4 (47)	8.6 (55)	4.0 (2)	3.0	603	79.1
1998	35.1 (245)	40.9 (298)	6.2 (43)	6.7 (47)	5.1 (36)	5.9	669	82.2
1994	41.5 (294)	36.4 (252)	6.9 (47)	7.3 (49)	4.4 (30)	3.6	672	79.0
1990	43.3 (319)	35.5 (239)	11.0 (79)	3.8 (8)	2.4 (17)	1.2	662	77.8
1987	44.3 (234)	37.0 (193)	9.1 (48)	8.3 (42)	-	1.4	519	84.3
1983	48.8 (255)	38.2 (202)	7.0 (35)	5.6 (27)	-	0.5	520	89.1
1980	44.5 (237)	42.9 (228)	10.6 (54)	1.5 (0)	-	0.5	519	88.6
1976	48.6 (254)	42.6 (224)	7.9 (40)	-	-	0.9	518	90.7
1972	44.9 (234)	45.8 (242)	8.4 (42)	-	-	0.9	518	91.1
1969	46.1 (250)	42.7 (237)	5.8 (31)	-	-	5.5	518	86.7
1965	47.6 (251)	39.3 (217)	9.5 (50)	-	-	3.6	518	86.8
1961	45.6 (251)	36.2 (203)	12.8 (67)	-	-	5.7	521	87.7
1957	50.2 (227)	31.8 (181)	7.7 (43)	-	-	8.0	469	87.8
1953	45.2 (249)	28.8 (162)	9.5 (53)	-	-	16.5	509	86.0
1949	31.0 (141)	29.2 (136)	11.9 (53)	-	-	27.8	410	78.5

주) 괄호 안의 수는 정당의 의석수임.
출처: 이경호(2006).

가 늘어나게 되고 동시에 부동층이 사민당에 투표하는 현상을 가져온 것으로 평가된다.9)

9) "Die Spiegel," http://www.spiegel.de(2005.10.11 검색); Wichard Woyke, 2005,

제17대 연방총선의 특징은 양대 정당들의 변화, 즉 과거 40~45%의 득표율에 비해 뚜렷이 감소된 득표율(사민당 34.3%, 기민당 35.2%), 과거(1972: 90.7%; 1976: 91.2%)에 비해 뚜렷이 감소된 양대 정당들에게 집중된 득표율(69.5%), 즉 국민 지지율의 뚜렷한 감소현상에서 찾아볼 수 있다(〈표 10-3〉 참조). '2005 조기총선'의 또 다른 중요한 특징은 5당 체제의 고착화(2개의 대정당과 3개의 소정당 체제) 현상에서 찾아볼 수 있다.

그러나 무엇보다도 제17대 연방선거의 가장 두드러진 특징은 좌익-진보 성향의 정당들(사민당, 녹색당, 좌파연합)의 승리(51%)와 동시에 특정 계층(사민/녹색 연정의 '아젠다 2010'에 의해 소외된)과 특정 지역(구 동독지역)의 관심과 이익을 대변하는 좌파연합(Linke/PDS)의 승리(8.7%), 그리고 이로 인해 가시화된 이들 좌익-진보 성향의 정당들 사이의 극한 정치 대립과 분열 현상에서 찾아볼 수 있다.

3. 독일의 정책선거와 발-오-마트

이 절에서는 먼저 두 정당의 선거공약을 비교하기 위해 사용된 '발-오-마트 프로그램'(정책공약 비교프로그램)에 대해서 간략하게 언급하겠다. 이를 토대로 양 정당의 주요선거공약을 비교해보고, 다음으로 대연정의 정책협상결과 어떠한 합의가 이루어졌는지 살펴봄으로써 대연정의 개혁정책방향에 대해서 알아보고자 한다.

1) 발-오-마트와 선거공약

발-오-마트는 유권자가 각 정당의 정책을 비교할 수 있도록 독일연방정치교육원(Bundeszentrale für Politische Bildung)에서 개발한 인터넷 기반

Bundestagswahlen, Bonn: Bundeszentrale für politische Bildung, p.7.

프로그램이다.

유권자는 '발-오-마트'를 통해서 선거기간동안 정치·경제·사회·교육 등 선거이슈들에 대해 자신의 견해와 정당의 정책이 어느 정도 일치하는지를 판단할 수 있다. 이 프로그램은 2002년 독일연방 하원의원선거에 처음으로 도입되었는데, 2002년 제16대 연방하원 선거기간에는 약 4백만 명이 자신과 정당 간의 정책성향을 파악하였다. 2005년 제17대 연방하원 선거에서는 약 5백만 명이 자신의 선거공약프로그램을 이용한 것으로 추산되고 있다.

이후 독일의 주의회선거 및 유럽의회선거에서도 활용되었는데 국내에서는 필자가 KBS와 공동으로 '한국 정당정책 비교프로그램'을 개발하여 2004년도 총선에 도입했으며, 이와 유사한 프로그램이 경실련에서 의해서도 시행되었다. 2007년도 일본 참의원선거에도 마이니치신문에서 도입하였다.

'발-오-마트'는 정당의 선거공약과 정책에 대해 명확하고 중립적인 자료를 제시하고 유권자의 정당선택과 국민의 선거관심을 높임과 동시에, 이를 통해 유권자가 주요정책사항에 대해서 각 정당의 공식입장을 명확히 이해하도록 만들어졌다. 이를 통해 유권자는 국민이 관심 있는 주요정책에 대해 각 정당의 공식정책을 확인하고 이를 통해 각 정당간의 정책의 차별성을 알게 되었다.

2002년도 연방하원 선거에서 사용된 '발-오-마트 I'은 정치·사회·환경 등 국민들의 주요관심사항에 대한 총 27개의 문항으로 구성되어 있다.[10] 제17대 연방하원선거에서 사용된 '발-오-마트 2005'는 정치·경제·국방·교육 등 주요 선거이슈에 대한 총 30개 문항으로 구성되어 있다.

유권자는 개별 정책문항에 '동의'(stimme zu), '중립'(neutral), '동의 안함'(stimme nicht zu), 또는 '모르겠다'(weiss nicht) 중에서 하나를 선택할 수 있다. 30개의 문항에 대해 답하고 나면 유권자의 정책성향이 어느

10) 2002년 연방하원선거에는 총 27개의 문항으로 구성되어 있다.

정당과 어느 정도 일치하는지를 나타내준다.[11)]

'발-오-마트'는 정당의 선거공약과 정책에 대한 유권자의 이해를 높였을 뿐만 아니라 정당의 선거공약에 관심이 적었던 유권자, 정당의 기본정책에 이해가 없는 유권자, 주요정책에 대한 상세한 정보를 원하는 유권자, 정당의 선택에 어려움이 있는 유권자, 정당이 다 똑같다고 생각해온 유권자들에게 정책평가의 가이드라인을 제공했다. 또한 독일국민들이 가정, 직장, 학교에서 정치문제와 선거에 대한 심도 있는 논의와 일반인들의 정치·사회화를 도움으로써 유권자의 정당선택 도우미로 작용했다.

'발-오-마트'가 독일에서 성공을 거둘 수 있었던 요인은 크게 중립성 및 공신력의 확보, 인터넷 활용, 적극적인 홍보를 통한 효과의 극대화를 들 수 있다.

첫 번째 성공요인으로 꼽히는 중립성 및 공신력의 확보는 '발-오-마트'가 독일의 정치교육의 대표적인 중립적 기관 '독일연방정치교육청'의 주도로 프로그램이 개발·실행됨으로써 설문문항에 대한 공정성 논란을 불식시켰으며, 각 설문에 대한 각 정당의 입장은 정당 대표의 명의로 답변됨으로써 공신력을 높일 수 있었다. 또한 인터넷 사이트를 이용하는데 따른 상업성(배너광고 등)을 배제할 수 있었다.

'발-오-마트'는 인터넷을 기반으로 하여 사용자(유권자)의 편의성과 접근성을 높였고 게임형식의 질문·선택과정은 젊은층은 물론 중장년층에게도 거부감이 없이 참여를 유도할 수 있었다. 또한 설문조사과정이 공개됨으로써 결과의 투명성 및 정확성이 보장되었다.

온라인과 오프라인을 통한 프로그램 제공과 공신력 있는 주체(연방정치교육청, 독일의 대표적 시사주간지 *Spiegel*, *Stern*)들의 프로그램 참여는 홍보

---

11) 각 정당은 설문문항에 대해 찬성, 중립, 반대로 답변하며, 찬성 또는 반대하는 당의 입장을 소명하였다. 유권자의 정책성향과 각 정당의 일치도는 개별문항별, 정책영역별, 또는 전체 문항에 대해서 확인이 가능하다.

효과를 높였고, 연방하원선거 기간 중 버스투어, 독일의 주요방송(SAT 1, RTL, 'aktuell', 'ZDF Reporter', arte)에서 시연을 통한 관심유발과 학교와 성인 민주시민교육현장에서 학습내용 및 교수법으로 활용함으로써 파급효과를 더욱 높일 수 있었다.

결론적으로 '발-오-마트'는 독일연방정치교육원의 주도하에 정당·학계·시민단체의 공동참여로 프로그램이 개발됨으로써 중립성과 공정성이 보장되었다. 또한 정당정책과 각 정당 선거공약을 이해하기 쉽고, 비교가능하게 제시함으로써 참여자의 정책성향을 확인하는 데 도움을 주었으며, 설문과정 공개로 투명성·정확성을 높였다. 독일의 '발-오-마트' 도입은 유권자의 선거에 대한 관심유발로 그동안 하향곡선을 그리던 투표율을 높였고, 독일의 선거과정이 다시 한 번 정책대결의 과정임을 확인시켜주었다.

2005년도에 선보인 '발-오-마트 II'는 기존에 사용된 '발-오-마트' 프로그램과는 달리 제시된 개별 정책문항에 대해 유권자가 자신에게 더 큰 의미가 있다고 생각하는 문항에 대해 2배의 가중치를 줄 수 있다는 점이 차이이다.

〈표 10-4〉는 기민련과 사민당의 주요 선거공약이 근본적으로 다른 시각을 가지고 있음을 단적으로 보여주는 사례이다. 위에서 제시된 13개의 선거쟁점 중에서 유럽방위공동체 설립과 연방하원선거권을 만 16세로 낮추는 데에만 두 정당은 공통된 입장을 보였으며 나머지 공약에 대해서는 상반된 입장을 취하고 있다.

이는 2005년도 기민련과 사민당의 대연정은 독일의 정치질서에서 보편적으로 나타났던 거대정당-군소 정당간의 소연정에 비하여 상대적으로 이념적 성향이 감소된 과도기적 성격의 '이월정부'의 특징을 지닌 정치질서를 의미한다(이경호, 2005b: 27). 구체적으로 말하자면, 독일정치에서 '소연정'은 매우 주기적이고 보편적으로 나타나며 독일정치를 주도하는 좌익-진보 성향 또는 우익-보수 성향의 하나의 거대정당과

〈표 10-4〉 '발-오-마트' 2005의 기민련과 사민당의 선거쟁점 비교

선거쟁점	기민련	사민당
1. 해고보호규정은 완화되어야 한다.	찬성	반대
2. 부가가치세를 인상해야 한다.	찬성	반대
3. 최상위 계층의 소득세를 인상해야 한다.	중립	찬성
4. 법정 최저임금제를 도입해야 한다.	반대	찬성
5. 국민건강보험에 의무가입 해야 한다.	반대	찬성
6. 원자력에너지는 계획대로 폐지되어야 한다.	반대	찬성
7. 휘발유가격은 인상되어야 한다.	찬성	반대
8. 터키의 EU 가입은 허용되어야 한다.	반대	찬성
9. 유럽방위공동체는 설립되어야 한다.	찬성	찬성
10. 국내치안유지에 군의 역할은 증대되어야 한다.	찬성	반대
11. 국방의무는 폐지되어야 한다.	반대	중립
12. 대학수업료의 무료화는 유지되어야 한다.	반대	찬성
13. 교육정책은 각 주정부의 고유권한이어야 한다.	찬성	반대
14. 공공장소에서 감시카메라는 확대 설치되어야 한다.	찬성	반대
15. 연방하원선거 연령은 만 16세로 낮춰져야 한다.	찬성	찬성

출처: "Wahl-O-Mat 2005," http://www.bpb.de.(2005.11.15. 검색).

다른 하나의 군소정당이 정당정책과 이념을 국가의 정책에 구체적으로 반영하기 위한 기능적·전략적 수단으로 평가되는 데 반해서, '대연정'은 매우 짧은 기간의 과도기적 성격으로 독일 양대 정당이 특정 시기 또는 경제와 정치적 위기 같은 특정 상황을 극복하기 위한 전략적이고 정치적인 과정으로 해석된다.[12]

12) Wolfgang Rudzio, *Das politische System der Bundesrepublik Deutschland*(Opladen, 1998), p.145f.

2) 기민련과 사민당의 선거공약 비교[13)]

■ 노동정책

기존 실업수당제도 하에서 실업자는 32개월 동안 이전 급여의 60%(자녀가 있는 경우 67%)를 실업수당으로 지급받으며 이후 무기한 동안 53~57%를 지급받아왔다.

- **실업급여 및 실업보험**: 사민당은 실업자의 실업수당 축소를 내용으로 하는 4차 노동시장 개혁안(Hartz IV)을 통해 실업수당 지급기간을 12개월로 단축하고, 장기실업자에게 일정비율의 수당만을 지급하고 구직노력을 게을리 하는 사람에게는 실업수당을 지급하지 않도록 규정했다. 다만 55세 이상의 고령의 장기실업자에게는 18개월까지 실업수당을 지급하도록 하였다. 기민련은 사민당의 하르츠 IV의 개선 추진을 공약으로 내세우며 실업보험료의 납부기간에 따라 실업수당 수령기간의 조정과 실업보험료를 6.5%에서 4.5%로 인하하는 방안을 내놓았다.
- **해고보호법, 노사자율교섭과 최저임금제**: 사민당은 노동자의 해고보호제도를 사민주의와 고용정책의 주요한 정책으로 보고, 근로자의 수에 상관없이 노동자의 해고보호제도의 유지를 공약으로 내세웠다. 또한 노사간 교섭의 자율권을 현행대로 유지하며 전 업종에 대해 산업별 최저임금제 도입을 유도하고, 이것이 실패할 경우, 법정최저임금제도의 도입을 주장했다. 임금인상에 대해서는 그동안 유지해오던 억제정책을 재검토할 것을 공약으로 내세웠다. 기민련은 노동자의 해고보호제도의 완화를 통해 사업장의 경쟁력을 강화시킬 수 있다고 보고, 20인 이하의 사업장에서 근로자를 신규 채용할 경우, 해고보호

---

13) 양 정당의 선거공약 참조. “Das Wahlmanifest der SPD,” http://www.spd.de/servlet/PB/menu/1588622/index.html(2005.11.25. 검색); “Das Wahlprogramm der CDU,” http://www.cdu.de/themen/173.htm(2005.11.26. 검색).

제도를 적용하지 않을 것을 공약으로 내세웠으며, 산별단체협약과 다른 개별사업장 단위의 협약이 가능하도록 했다. 기업이 장기실업급여 수령자를 채용할 때는 최초 2년간은 단체협약상의 기준임금보다 최대 10%의 임금을 적게 지급할 수 있도록 했다.

■ 조세 및 재정 정책

사민당은 사회적 시장경제의 기본틀을 유지하면서 점진적으로 개혁하는 신중도노선(Neue Mitte)을 주장한 데 반해 기민련은 신자유주의적 개혁을 통해 사회적 시장경제의 문제점을 과감히 개혁해야 한다고 주장했다. 특히 기민련의 총리후보 메르켈 총재는 전 헌법재판관인 키르히호프(Paul Kirchhof)를 재무부장관으로 지명하면서 선거전에서 조세개혁을 핵심주제의 하나로 선택했다.

• **소득세 및 부가가치세:** 사민당은 부유세를 도입해 연 25만 유로 이상의 고소득자에 해당하는 3%의 대해 소득세를 추가적으로 징수하는 대신에 소비침체를 우려하여 부가가치세를 현행 16%로 유지하는 정책을 내세웠다. 또한 기업의 세금부담을 경감하기 위해 법인세율을 현행 25%에서 19%로 인하하고 공휴일 및 야간특근수당의 면세규정을 유지하도록 했다. 이밖에도 중소기업의 대출이율을 시중금리보다 2% 낮추고 주택 개보수 비용의 20%를 2년간 소득세에서 공제해주는 방안 등을 내놓았다. 이에 반하여 기민련은 사민당의 부유세도입을 반대했으며 최고세율은 현행 42%에서 39%로 최저세율도 15%에서 12%로 낮추는 방안을 제시했다. 한편 부가가치세는 현행 16%에서 18%로 2% 인상하고, 법인세율은 사민당보다 적은 22%로 인하하는 정책을 제시했다. 이밖에도 특근수당에 대한 과세, 장거리통근자 교통수당 인하, 내 집 마련을 위한 보조금제도의 폐지, 그리고 기업을 상속한 후에 10년 이상 지속적으로 경영했을 경우에는 상속세를 면제해주는 방안들을 내놓았다.

■ 사회보장정책

사민당은 공적건강보험과 사적건강보험을 일원화하고 전국민을 의무가입 대상으로 소득에 따라 기여율을 차등 적용하는 국민건강보험의 도입을 공약으로 제시했다. 요양보험에 대해서는 국민요양보험을 점진적으로 발전시키며 연금 수령연령을 65세로 상향하는 방안을 내놓았다.

기민련은 공보험과 사보험의 일원화를 반대하고 공무원 등의 특수보험을 현행대로 유지하며 모든 피보험자는 동일한 일정액의 보험료를 납부하는 대신 고용주의 보험부담률을 50%로 경감하는 '건강프리미엄제도'를 도입하고자 했다. 요양보험은 고용주가 부담하는 요양보험료를 동결하고, 연금수령연령을 단계적으로 상향하며 개인연금보험에 대한 지원을 대폭 간소화하는 방안을 제시했다.

■ 대외정책

슈뢰더 정부가 들어서고 미국의 이라크전쟁에 독일이 반대를 표명하면서 독일과 미국의 관계는 점차 냉랭해졌다. 대신에 독일의 외교정책은 파리 - 베를린 - 모스크바를 축으로 유지되었다.[14] 사민당은 터키가 EU의 정식회원으로 가입하는 데 적극 지지했고, UN 상임이사국의 진출을 추진하는 등 국제기구에서 독일의 적극적 역할을 강조했다.

기민련은 터키를 EU의 '특별파트너'(Privileged Partnership)로 인정하지만 정식회원으로 받아들이는 데는 분명하게 반대했다. 또한 대러시아 정책에서 중동유럽국가들의 입장을 적극 고려할 것과 EU 통합과 미국과의 파트너십의 조화를 통한 대미관계의 적극적인 개선을 외교정책으로 내세웠다.

---

14) Gregor Schoellgen, "Deutsche Aussenpolitik in der Aera Schroeder," *Aus Politik und Zeitgeschichte*, Vol. 32-33(August), 2005, p.4.

■ 교육정책

사민당은 교육의 기회균등이라는 차원에서 대학등록금의 징수를 반대하고, 학자금지원제도(Bafög)를 유지하며 우수대학을 육성하기 위한 정책을 지속적으로 추진할 것을 천명했다. 또한 전일제 학교를 확충하고 보육시설에 대한 교육표준화 작업을 위하여 필요시 주정부의 고유권한인 교육정책을 제한할 것을 공약으로 내세웠다.

기민련의 교육정책은 연방주의에 입각하여 주정부의 고유권한으로 존중되어야 한다고 본다. 이러한 기민당의 교육정책은 기민련이 정권을 잡고 있는 주(州)에서 대학등록금을 징수하려는 정책과 무관하지 않다. 독일헌법재판소는 2005년 2월 대학등록금의 징수가 헌법에 위배되지 않는다고 하여 지방정부의 대학등록금 징수의 길을 열어놓았다.

■ 에너지·환경정책

독일정당들은 2000년 '원자력합의'(Atomkonsens)를 통해 단계적으로 원자력발전소를 폐쇄하고 재생가능에너지의 비율을 2020년까지 20% 이상으로 높이는 데 합의했다.

사민당은 이를 근거로 원자력발전 폐기정책을 지속적으로 추진하고 동시에 재생가능에너지를 개발하고 확대하는 정책을 내놓았다.

기민련은 지속가능에너지의 경제성에 대한 의문과 증가하는 에너지 수요를 감당하기 위해서 원자력발전 폐기정책의 재검토와 원자력발전소의 운전연한의 연장이 필요하다고 주장했다. 한편으로 재생가능에너지의 비중을 전력소비량의 비율을 12.5%로 확대할 것을 제시했다.

3) 第17대 연방정부 구성과 정책합의

기민련과 사민당이 합의한 정책사항들[15]은 대연정의 주체라 할 수

15) "Gemeinsam fuer Deutschland,-mit Mut und Menschlichkeit," *Koalitionsvertrag*

있는 기민련의 경제개혁에 대한 의지가 적극적으로 반영되었다고 평가할 수 있다. 그럼에도 불구하고 많은 정책분야에서 양당의 선거공약들이 절충되는 과정에서 어느 쪽도 만족하지 못하는 결과를 낳았다는 평가도 있다. 예를 들어, 독일경제계에서는 친기업적 노동정책과 법인세 인하를 환영하면서도 부가세인상이 내수부진을 가져올 것을 우려하였으며, 노조와 시민·사회단체는 노동시장의 유연성과 사회보장축소에 강력하게 반발했다.[16] 기민련과 사민당 양당 모두 정당의 이념과 선거공약이 특정 유권자 계층의 지지를 바탕으로 하고 있다고 볼 때, 양당의 정책합의는 궁극적으로 당내의 반발을 유발시킬 수 있다.

대연정의 협상결과를 구체적으로 분석해보면 다음과 같다. 노동정책에서는 기민련의 선거공약이 대부분 반영되었다. 실업보험료에 대한 기업의 부담금은 기존 6.5%에서 4.5%로 인하했고, 기존의 해고보호규정을 완화하여 신규 채용자에 한해서 2년간 정식 고용하지 않고도 채용이 가능하도록 하였다.

조세 및 재정 정책은 2007년부터 부가세율을 인상하기로 합의하였는데 인상률은 기민련의 요구보다 1% 높은 19%로 결정되었다. 이 합의는 부가가치세를 1% 높이는 대신 법인세율의 인하폭을 줄이기 위한 절충안으로 보이며, 법인세의 인하는 2008년부터 실시된다. 하지만 부유세는 사민당의 정책이 반영되어 신설하는 데 합의했다.

양당은 원칙적으로 사회보장축소에 합의했는데 2006년도부터 연금인상을 동결하기로 하였고, 연금지급 개시연령을 기존의 65세에서 67세로 점차적으로 상향하기로 하였다. 사회보장분야에서는 그동안 사민당이 추진해오던 하르츠 IV의 기본 틀을 유지하면서 기민련의 공약을 반영하는 형태로 합의가 이루어졌다고 평가된다.

양당은 대미관계의 적극개선에 합의했으며, 터키의 EU 가입을 보장

---

zwischen CDU, CSU und SPD(2005.11.11).

16) 『중앙일보』 2005년 11월 14일자.

할 수 없다는 결론을 도출했다. 이는 기민련의 외교정책이 적극적으로 반영된 것이다. 다른 한편으로 대연정의 외무장관으로 슈뢰더의 최측근인 슈타인마이어(Frank-Walter Steinmeier)가 임명된 것은 그가 슈뢰더의 외교정책노선을 계승한다는 면에서 대연정하에서 메르켈 수상과 신임외교장관의 대미외교정책과 대유럽 외교정책분야의 갈등이 내재되어 있음을 의미한다.[17)]

이밖에도 양당은 대학등록금의 징수 등 교육정책을 각 지방정부의 고유권한으로 인정하고, 2000년에 있었던 정당들간의 원자력합의를 준수하기 위해 원자력발전소를 단계적으로 폐쇄하고 재생가능에너지의 비율을 2020년까지 20% 이상으로 높이는 데 합의하였다.

4. 선거공약의 수렴과 정책실행

2005년 독일총선 결과, 앙겔라 메르켈이 이끄는 기민련은 225석을 차지하여 원내 1당이 되었고 사민당 222석, 자민당 61석, 녹색당 51석, 그리고 좌파정당은 54석을 획득하였다.

결과적으로 독일에서 1966년 이후 40년 만에 기민련 주도로 사민당과의 두 번째 대연정이 탄생하게 되었다. 동독 출신 메르켈이 수상이 되었고 재무부, 외무부, 노동사회부 같은 비중 있는 부처는 사민당이 차지하게 되었다.

위에 상술한 바와 같이 제17대 연방하원 선거는 양당의 선거공약 차원에서 볼 때 그 어느 선거 때보다 두 이념정당의 정책노선이 분명하게 나타난 정책지향적 선거였다. 이 과정에서 두 정당이 한 달여 간의 정책협의를 통해서 만든 두 대연정 파트너간의 '대연정합의문'에는 대

17) 장준호, 「독일외교정책의 연속성과 변화: 슈뢰더 정부와 조기총선 이후 전망을 중심으로」, 『한국국제정치학회 연례학술회의』(2005년 12월 9일), 46쪽.

연정의 주체라 할 수 있는 기민련의 경제개혁정책이 적극적으로 반영되었다.

하지만 대연정의 정책협의는 양당의 주요선거공약들이 절충된 결과를 낳았으며, 양당의 정책합의는 정책의 입법가능성을 높였지만 다른 한편으로는 어느 쪽도 만족하지 못하는 결과를 낳게 되었다. 예를 들면, 독일경제계는 기민련의 주요 공약사항이었던 법인세 인하와 기업친화적인 노동정책에 대해서 적극 환영했지만 2007년부터 부가가치세를 3%포인트 인상하기로 한 것에 대해서는 내수부진을 우려해 반대했다. 노조와 시민·사회단체 역시 노동시장의 유연성과 사회보장축소에 강력하게 반발했다.

특히 양당이 타협점을 찾지 못하고 협상이 미루어진 과제들은, 예를 들면, 부유세 도입과 의료보험개혁, 연방정부와 주정부 사이의 재정배분이라든가 국민들에게 비인기 정책인 연금개혁과 세금인상, 그리고 가장 당면한 과제인 경제성장 및 재정공고화 등은 메르켈 정부와 대연정이 풀어나가야 할 과제로 여전히 남게 되었다.

독일 대연정의 첫 번째 고비는 연정이 출범한 후 5개월 만인 2006년 5월에 연정파트너인 사민당이 부유세 신설을 요구하고 이에 대하여 메르켈 수상이 반대하면서 시작되었다. 메르켈 수상은 2007년도부터 큰 폭의 정부재정 확대가 필요하다는 데 공감하면서도 필요한 세원조달은 회복조짐을 보이고 있는 독일경제에 악영향을 줄 수 있는 부유세보다는 간접세를 통해 세원을 조달하는 방안을 마련할 것을 천명했다.

사민당은 연정구성협상에서 부유세 신설을 협정안에 명시하고자 요구했지만 기민련은 거부의사를 밝히지 않은 채 유보를 고집해 결국 협정안에 포함되지 않았다.

부유세 도입은 사민당의 핵심정강으로 사회정의를 강조하기 때문에 경제성장을 좇는 기민련의 경제정책과는 맞지 않아서 대연정 초기부터 대연정의 지속가능성을 시험대에 올려놓는 계기가 되었다. 이 과정에서 기민련과 사민당은 마라톤협상 끝에 부유세를 부활하기로 결정하였는데 이 결정은 타협정치의 산물이라 할 수 있다.

물론 부유세의 신설에는 독일경제가 회생 조짐을 보이는 시점에서 그동안 저소득층에 집중됐던 고통의 일부를 부유층에 지우기 위한 것이다. 독일경제는 올해 2%대의 성장률을 보일 것으로 전망되는 등 제조업을 중심으로 본격적인 회복조짐을 보이고 있다.

이밖에도 두 연정 파트너간의 첨예한 대립을 보여온 의료보험개혁안에 대해 오랜 협상 끝에 2006년 10월에 타협안을 만들고, 의료보험개혁안과 함께 제2차 세계대전 이후 제도화된 독일연방제의 골격을 바꾸는 대사건으로 평가되는 연방제개혁안이 하원을 통과하게 된 것은 책임정치와 타협정치가 연정의 근간임을 보여주는 대목이다.

그럼에도 불구하고 최근 들어 다시 대연정이 심각한 파열음을 내고 있다. 2006년 말 기사당의 에드문드 슈토이버 당수가 터키의 EU 가입협상 자체를 중단할 것을 요구하면서 야기된 외교정책에서의 파열음은 슈토이버 당수가 올해 1월 정계은퇴의사를 밝히면서 봉합되는 듯 보였다. 하지만 최근에 다시 사민당의 지도부가 기민당 소속 볼프강 쇼이블레 내무장관이 추진하는 안전법 개정안에 대해 개인의 자유를 침해하는 독소조항이 들어 있다며 기민련의 독자정책 추진을 맹비난하면서 연정 파트너끼리 당장 연정이 깨질 듯 비난을 주고받았다.

또한 기민련 주도의 소득세 인하조치, 가정부의 보육원 50만 곳 증설안, 연방하원 처리를 목전에 둔 상속세와 영업세 개혁안, 최저임금제 등 줄줄이 주요정책에 대해서 심각한 입장차이를 보이고 있다. 벡 사민당 당수는 “이 상태로라면 연정을 종식할 수 있다”고 위협하고 있으며, 다음 총선을 의식한 이같은 불협화음은 총선이 가까워지면서 연정유지가 더욱 어렵게 될 전망이다.

독일의 대연정은 출범 초기 두 연정 파트너의 방법론과 개혁속도에 대한 시각차이로 인한 우려에도 불구하고 경제회생, 고실업률, 사회개혁 등 독일의 현안문제를 해결하기 위해 순항했다. 특히 대연정 출범 최대 쟁점으로 등장한 부유세 신설에 대한 연정파트너간의 합의는 타협과 책임의 정치를 보여준 좋은 사례라 할 수 있다. 물론 이러한 합의는 독일경제가 회복조짐을 보이면서 기민련의 경제성장과 사민당의 사회정의가 절충된 결과이다.

하지만 얼마 전까지만 해도 놀랍게도 잘 작동되는 것처럼 보이던 대연정이 파트너간의 심각한 불협화음이 끊이질 않고 더욱 심각해지는 이유는 무엇일까?

이에 대한 해답은 역시 대연정이 가지는 태생적 한계에서 찾을 수 있다. 대연정은 독일의 정치질서에서 보편적으로 나타났던 거대정당-군소정당간의 소연정에 비해 상대적으로 이념적 성향이 감소된 과도기적 성격의 '이월정부'의 특징을 지닌 정치질서에서 찾을 수 있다. 구체적으로 말하자면, 독일정치에서 소연정은 매우 주기적이고 보편적으로 나타나며, 독일정치를 주도하는 좌익-진보 성향 또는 우익-보수 성향을 가진 하나의 거대정당과 다른 하나의 군소정당이 정당정책과 이념을 국가의 정책에 구체적으로 반영하기 위한 기능적·전략적 수단인데 반해서, 대연정은 매우 짧은 기간의 과도기적 성격으로 독일 양대정당이 특정시기 또는 경제와 정치 위기 같은 특정 상황을 극복하기 위한 전략적이고 정치적인 과정에서 등장한다는 것이다.

이러한 과도기적 성격의 대연정에서 두 정당은 총선이 가까워질수록 각 당의 독자성을 유지하려고 노력할 것이며 이로 인해서 정책의 노선 차이는 더욱 분명해진다. 설사 대연정의 정책합의를 바탕으로 정부안에서 연정파트너간의 정책차이를 수렴해간다 하더라도 두 정당간에 현존하는 이념적 차이와 경제개혁에 대한 근본적인 시각차이를 좁히는 데는 한계가 있다. 1966년 대연정이 1%의 마르크화의 절상문제로 해체된 것을 보더라도 독일 대연정은 언제든지 깨질 수 있는 상황에 있다고 할 수 있다.

특히 기민련과 사민당 양당 모두 정당의 이념과 정책이 특정 유권자 계층의 지지를 바탕으로 하고 있기에 이러한 양당의 정책합의는 궁극적으로 당내의 반발을 유발시킬 소지가 항상 있다.

이와 같이 대연정은 연방하원 내의 안정적 의석을 바탕으로 강력한 경제개혁을 추진하고 정책실행력을 높일 수 있는 장점이 있다. 하지만 기민련과 사민당의 '대연정합의문'에서 나타난 바와 같이 근본적인 정책이념적 차이로 인해 어정쩡한 타협안이 마련되거나 또는 첨예하게 대립하는 사안에 대해서는 협정을 유보함으로써 그 어느 쪽도 만족하지 못하는 태생적 한계를 극복하기는 어려울 수밖에 없다.

그럼에도 불구하고 독일의 대연정은 2005년 조기총선 이후 논의되었던 그 어떤 연립정부구성의 가능성 중에서도 선거결과에 의한 독일국민의 의사가 가장 잘 반영된 정부구성이라 할 수 있으며 정치안정을 위해서 불가피한 선택이라 할 수 있다.

독일의 대연정 사례에서 보는 바와 같이 연정협상시 향후 정책에 대한 명확한 합의가 이루어져야만 연정은 일정기간이라도 유지될 수 있다. 이를 위해서 정당의 이념과 정책이 명확해야 하며 이를 바탕으로 연정 협상과 합의가 가능할 것이다. 독일의 경우, 수백 쪽에 이르는 구체적인 정책합의에도 불구하고 연정 파트너간의 파열음이 끊이지 않는 것을 볼 때, 정당의 이념과 정책의 구체성이 없이 연정은 불가능할 것이며 안정적인 연정을 기대하기는 어려울 것이다.

무엇보다 연정은 최고권력자나 정당 정권의지에 의해서 탄생되는 것이 아니라 국민의 선택, 즉 선거의 결과에 의해서만 이루어질 수 있다. 2005년 총선 결과로 탄생한 독일 대연정은 민의의 선택인 것이다.

또한 두 연정 파트너간 정당이념적 정책차이에도 불구하고 지금까지 독일 대연정이 유지될 수 있는 것은 신뢰를 바탕으로 한 타협정치와 책임정치가 가능하기 때문이다. 또한 독일 국가건설의 기본원칙이며 공통가치인 사민주의가 독일사회의 저변에 깔려 있기 때문일 것이다.

5. 맺음말

2006년 지방선거에서 매니페스토운동이 전개되어 정책선거에 대한 국민적 이해가 무척 높아졌다. 또한 2007년 대통령선거에서도 언론사와 시민단체 등에서 다양한 형태로 후보자들의 정책을 검증하려는 노력이 이루어졌다.

독일의 경우, 오래 전부터 정책중심의 선거가 이루어졌음에도 불구하고 유권자들에게 정당의 선거공약을 더욱 쉽게 전달하고 파악할 수 있도록 하려는 노력들을 지속적으로 전개해오고 있다. 특히 정당의 정책이 중도(中道)로 수렴화되는 경향 속에서도 정책의 차별성은 유지되고 있으며, 이러한 노력만큼이나 제17대 연방하원 선거는 정책지향적인 선거였다고 평가받고 있다.

그동안의 매니페스토운동의 성과에도 불구하고 2007년 12월 대통령 선거 후보자에 대한 정책검증에서 후보자가 제시하는 정책의 복잡성만큼이나 정책검증에 있어 신중함과 전문성이 요구된다.

정책을 검증하는 방법은 크게 두 가지 방법으로 나누어 볼 수 있다. 첫째는, 국민들이 일반적으로 관심을 가지거나 중요하다고 생각하는 정책에 대해 개별 후보자들은 자신의 입장과 대안을 제시하며, 이를 유권자가 파악하게 하는 유권자중심의 '유권자 의제'에 대한 정책검증 방식이 있다. 이 경우는 독일의 '발-오-마트' 프로그램이 이에 해당할 것이다.

둘째는, 최근 우리나라에서 선풍적인 인기를 끌고 있는 매니페스토 형태의 검증방식일 것이다. 이 경우 후보자가 주요정책으로 제시한 공약을 검증하는 방식으로 이 경우 후보자들이 선점한 또는 선거이슈화한 서로 다른 정책을 매니페스토 지표에 의해 평가하는 방식일 것이다.

과연 어떠한 정책검증방식이 올바른 것인가를 따지기보다는 현재 우리의 선거환경에서 보면 어떻게 하면 유권자들이 정책에 관심을 가지게 하고 정책에 가까이 접근하도록 하며 다양한 정책들의 차이점을 비교가능하도록 할 것인가가 더 중요할지도 모른다.

이런 관점에서 볼 때, 서로 차원이 다른 후보자들의 선거공약을 계량화된 지표에 의해 평가하는 것이 어쩌면 너무 위험한 발상이며 무책임할 수도 있다. 따라서 이제는 두 가지 검증방식을 혼합한 새로운 형태의 정책검증방식을 생각해봐야 할 단계가 아닌가 싶다.

이를 위한 전제조건으로 정책의 공급자(선거의 경우 후보자)중심의 정책검증이 아닌 정책의 수요자 측면이 강조되는, 그리고 동시에 유권자가 자신의 지지하는 후보의 정책성향을 이해할 수 있는 공급자의 서비스 차원의 쌍방향적인 대안제시가 고려되어야 할 것이다.

■ 참고문헌

김득갑, 2005, 「독일총선 결과와 향후 전망」, 『삼성경제연구소 경제포커스』 제58호(9월 20일).

김면회, 2007, 「독일 사회민주당(SPD) 기본강령 개정 논의 연구: 주요 내용과 전망」, 『유럽연구』 제4권(2006년 겨울).

———, 2005, 「독일총선과 정체성 논쟁: 그리고 유럽정치」, 『한국국제정치학회 연례학술회의』(12월 9일), 1-17쪽.

김석우, 2004, 「지방자치단체장 충원과정에 관한 연구: 6·13지방선거 기초단체장 당선결정 모델을 중심으로」, 『한국정치학회보』 제38권 제1호, 215-231쪽.

김영태, 2006, 「독일의 지방선거와 민주주의」, 『세계지역학회 춘계학술회의』, 1-14쪽.

김형준, 2003, 「미디어와 인터넷 선거운동에 대한 평가」, 『한국정치학회 춘계학술회의』, 94-114쪽.

모종린·전용주, 2004, 「후보경선제, 본선 경쟁력 그리고 정당민주화: 2002년 6·13 지방자치단체장 선거를 중심으로」, 『한국정치학회보』 제38권 제1호, 233-253쪽.

박철희, 2003, 「정책선거 실현을 위한 선거과정 및 정당운영 개선책」, 『정책선거실현을 위한 심포지엄』, 중앙선관위 선거연수원(12월 16일), 1-13쪽.

신두철, 2007, 「2005년도 독일 대연정의 정책합의와 정치적 의미」, 『한독사회과학논총』 제17권 제1호, 241-259쪽.

신두철·김원 역, 2004, 『선거법과 정당제도』, 서울: 엠-애드.

유진숙, 2007, 「독일 기민련(CDU) 기본강령 개정 논의」, 『국제정치논총』 제47집 제1호.

이경호, 2005a, 「독일 정당민주주의에 대한 고찰」, 『국제정치논총』 제46집 제4호.

———, 2005b, 「독일 정치질서에서 대연정의 정치적 의미와 역할: '1966 대연정'과 '2005 대연정'을 중심으로」, 『한국정치학회 연례학술회의』(12월 2일), 21-45쪽.

———, 2006, 「현대 독일정치사에서 (대)연정의 정치적 역할과 의미: '1966 대연정'과 '2005 대연정'을 중심으로」, 『한국정치학회보』 제40집 제2

호(여름).
이규영, 2005, 「의원내각제와 지방분권」, 박호성·이규영(편), 『한국의 권력구조 논쟁 IV』.
이기우, 2004, 「지방자치단체의 분권화: 독일의 구역자치제도를 중심으로」, 『한국지방자치학회보』 제16권 제2호, 147-166쪽.
이현출, 2005, 「선거공약의 정치과정과 함의: 광역자치단체장 선거를 중심으로」, 『지방행정연구』 제9권 제1호.
———, 2005, 「정책선거유도를 위한 공약이행평가방안」, 『선거관리』 제51호, 38-53쪽.
정광호, 2005, 「우리나라 선거에 있어서의 정책대결의 현주소 및 개선방안」, 『선거관리』 제51호, 126-145쪽.
정진민, 2002, 「정책정당 실현을 위한 내부조건」, 『통일로』 3월호, 96-107쪽.
조진만, 1998, 「집권정부의 정치적 지지도와 국회의원 재·보궐선거: 김영삼 집권기를 중심으로」, 『동서연구』 제10권 제1호, 159-198쪽.
주독일대사, 2005, 「독일총선 전후 정치분석」, 주독일대사관(9월 29일).
중앙선거관리위원회, 2004, 『유권자 의식조사 3차 보고서』, 서울: 중앙선거관리위원회.
———, 2005, 『선거관리』 제51호, 서울: 중앙선거관리위원회.
진영재, 1999, 「분할정부는 지방선거에서도 연장되는가」, 『한국의 선거 3』, 서울: 푸른길.
최진혁, 2006, 「지방자치단체 기관구성의 다양화 방안」, 『자치행정』 통권218호, 32-37쪽.
한국갤럽, 2003, 『제3회 지방선거 투표형태』, 서울: 한국갤럽조사연구소.
한국지방자치학회 편, 1999, 『한국지방자치론』, 서울: 삼영사.
황아란, 2006, 「한국 지방선거의 변화와 지속성」, 『2006년 한국선거학회 특별학술회의』, 47-64쪽.

Alemanm, Ulrich von, 2000, *Das Parteiensystem der Bundesrepublik Deutschland*, Opladen: Leske & Budrich.
Anderson, Jamses E., 1979, *Public policy-Making*(2nd Ed.), New York: Holt, Rinehert and Winston.
Dyson, Kenneth, 2005, "Binding Hands as a Strategy for Economic Reform: Government by Commission," *German Politics*, Vol. 14. pp.48-62.

Eichart-Dreyer, Ingrid, 2000, *Macht und Demokratie in der CDU, Dargestellt am Prozess und Ergebnis der Meinungsbildung zum Grundsatzprogramm 1994*, Wiesbaden: Westdeutscher Verlag.

Harrop, Martin and Miller, 1978, *William L. Election and Voters*, London: Mamillan.

Hennecke, Hans Joerg, 2005, "Von der Agenda 2010: Eine wirtschaftspolitische Bilanz," *Aus Politik und Zeitgeschichte*, Vol. 32-33(August), pp.16-22.

Koalitionsvertrag zwischen CDU, CSU und SPD, Gemeinsam fuer Deutschland, -mit Mut und Menschlichkeit(2005.11.11 체결)

Mansbridge, Jane, 2003, "Practice-Thought-Practice," in Archon Fung and Eric Olin Wright(eds.). *Deepening Democracy: Institutional Innovations in Empowered Participatory Governance*, London/New York: Verso.

Rudzio, Wolfgang, 1998, *Das politische System der Bundesrepublik Deutschland*, Opladen.

Scharenberg, Albert, 2005, "Linker Aufbruch?," *Blatter fuer deutsche und internationale Politik*, 8/2005, pp.903-906.

Schmid, Josef, 1990, Die CDU. Organisationsstrukturen, *Politiken und Funktionsweisen einer Partei im Föderalismus*, Opladen, Leske & Budrich.

Schoellgen, Gregor, 2005, "Deutsche Aussenpolitik in der Aera Schroeder," *Aus Politik und Zeitgeschichte*, Vol. 32-33(August), pp.3-8.

Stöss, Richard, 2001, "Parteienstaat oder Parteiendemokratie," in O. W. Gabriel and O. Niedermayer and R. Stöss(hrsg.), *Parteiendemokratie in Deutschland*, Bonn, Berlin.

Woyke, Wichard, 2005, *Bundestagswahlen*, Bonn: Bundeszentrale für politische Bildung.

"Bundestagswahlergebnis 2005," http://www.bundeswahlleiter.de/bundestagswahl 2005/ergebnisse(2005.11.15 검색).

"Das Wahlmanifest der SPD," http://www.spd.de/servlet/PB/menu/1588622/index.html(2005.11.25 검색)

"Das Wahlprogramm der CDU," http://www.cdu.de/themen/173.html(2005.11.26 검색)

"Wahl-O-Mat," http://www.bpb.de/methodik/VKWM02,0,0,WahlOMat.html(2005.11.15 검색)

11장
영국의 총선거와 매니페스토의 영향*

정형욱**

1. 들어가는 말

1997년 영국 총선은 영국의 현대정치사에서 중요한 전환점을 연다. 18년간을 통치하던 보수당(Conservative Party)시대를 마감하고 새로운 '신노동'(New Labour)이라는 가치의 개혁기치를 높이 든 블레어의 노동당(Labour Party)이 정권을 장악했기 때문이다. 노동당이 집권하기 직전 영국은 남부 잉글랜드와 북부 잉글랜드, 스코틀랜드, 웨일즈, 그리고 북아일랜드 등 지역적으로 정치적인 분열이 심화되어 있었으며, 계층적으로도 중산층과 서민층 사이에 경제적인 양극화가 심각했다.1)

이러한 상황 속에서 영국사회는 지역과 계층을 모두 만족시킬 만한 정당의 부재에 정치적 불만이 많았다. 이때 이러한 대중의 정치적 불만

* 이 글은 『NGO연구』 제5권 2호(2007, 가을)에 실렸던 논문임.

** 아주대학교 교수.

1) 1990년대 보수당 집권시기에 영국정부의 성치협싱중재의 실패로 인한 북아일랜드의 신·구교도 정치세력들간의 무력충돌은 영국 국민들을 지속적으로 테러공포라는 정치환경 속에서 살도록 강요했다. 동시에 중산층과 서민층의 경제적 격차 역시 심각한 상황이었다. 예컨대, 중산층이 이용하는 슈퍼마켓 브랜드와 서민층이 이용하는 슈퍼마켓 브랜드가 차별화되어 형성되었고, 양 계층이 이용하는 슈퍼마켓들간의 식품과 생활용품 가격은 거의 두 배 가까이 차이가 났다.

을 타파하기 위해 야당이었던 노동당은 구태의연하던 전통적 노동자계급 복지우선 중심의 좌파 정강·정책을 버리고 중도개혁적면서도 참신한 매니페스토들을 작성하여 공개한다.

예를 들면, 노동당은 스코틀랜드와 웨일즈, 그리고 북아일랜드에 대한 권력이양(devolution)을 통한 지방자치 강화와 세금증액의 제한, 그리고 교육과 공공의료시스템(National Health Service: NHS)에 대한 대대적인 투자를 공약한다. 이러한 새로운 매니페스토의 실천 약속을 통해서 영국 국민들의 마음을 끌어들인 뒤에 노동당은 정권을 잡게 된다. 그 후 2001년도와 2005년도 총선에서도 노동당은 야당이 된 보수당의 추격을 뿌리치고 잇달아 승리하면서 노동당의 정치적 승리요인인 매니페스토에 대한 관심이 우리 시민사회에서 나타나기 시작했다.

따라서 최근 세 차례의 영국 총선에서 나타난 매니페스토 작성시스템을 알아봄으로써, 2008년 4월에 열릴 한국의 총선거를 위한 새로운 한국형 매니페스토 정치문화의 창조에 도움을 받을 만한 참고사항을 도출해보는 것도 의미가 있을 것이다.

2. 영국 매니페스토의 특징

매니페스토와 관련해서 영국정치에서 우리가 찾아볼 수 있는 특성은 네 가지 정도이다. 그 첫 번째가 정당의 이념이 매니페스토에 분명하게 각인된다는 점이다. 일반적으로 매니페스토의 내용이 구체적이고, 예산과 정책 수행기간의 제한을 확실히 두는 것은 영국선거에서도 각 정당 지도자들에게는 부담스러운 일이다. 민감한 정책의 선호도와 명확도에 따라서 광범위한 지지층을 잃을 수도 있고, 공약한 정책을 실현시키지 못하는 데 따르는 치명적인 정치신뢰의 상실을 두려워하기 때문이다.

따라서 매니페스토에 모호한 내용이 제시되는 것은 영국도 한국과 다를 바 없이 공통적인 현상이다. 그렇지만 영국의 선거는 각 정당의 이념이 분명히 선거 매니페스토에서 드러난다는 점에서 영국 유권자들에게는 투표선택의 기회가 분명히 주어질 수 있다는 장점이 있다.

예를 들어, 2001년도 총선거에서 노동당의 매니페스토는 경제적 투자와 번영에 초점을 맞춘 반면, 보수당은 노동당 정부의 공공서비스 실패와 시민자유권의 위협을 매니페스토에서 우선순위로 주장하고 있다. 또한 보수당이 자신의 지지층인 잉글랜드 동남부지역 중산층의 사적 재산 보호와 자본주의 시장이익에 우호적인 이념성향을 보여준 데 반해서, 노동당은 도시 주변부의 소외지역과 서민계층의 이익보호, 경제 성장의 침체와 주택 문제, 그리고 건강보험제도 등에 이념적인 초점을 맞춘 것이 특징이었다.[2)]

국제정치이슈를 다루는 매니페스토에서는 보수당은 유럽연합에 영국의 주권이 흡수되는 정책을 반대하는 목소리를 분명히 내지만, 노동당은 평화로운 국제주의를 모토로 적극적인 국제이슈의 참여와 간섭을 공약으로 내세우고 있다. 물론 양당이 같은 주제를 매니페스토에서 다루고 있는 영역이 없는 것은 아니다. 정부의 효율성 부문과 사회보장서비스 부문의 개혁이 그 공통분모이다.

그러나 노동당과 보수당은 해결방법에 있어서는 완전히 다른 해법을 매니페스토에서 제시하고 있다. 보수당은 국가기관의 민영화와 학교와 같은 교육기관의 자율화를 내세우며 작은 정부를 지향하지만, 노동당은 오히려 사회보장제도와 공공서비스제도에 대한 정부의 투자확대를 제안하고 있다.

이렇듯 영국 정당들은 유권자의 지지도와는 상관없이 소신을 가진 분명한 자신들만의 이념적 성향을 매니페스토 내용에 담고 있다. 물론 최근의 전반적인 이념 성향을 보면, 노동당과 보수당의 이념이 점차 중

2) Ian Budge(eds.), *The New British Politics*(London: Pearson Longman, 2004), pp. 440-442.

도성향으로 변화해 양당의 정책간 차이가 점차 줄어들고 있음을 알 수 있다. 그렇지만 양당이 지향하는 정책의 우선순위와 이념적 편차를 매니페스토를 통해서 우리는 여전히 확연하게 구분할 수 있다.

두 번째로, 매니페스토를 작성하는 정당의 정책 만들기 시스템이 지난 20년 동안 점진적으로 변화해왔다는 점이다. 특히 매니페스토 작성과정에서 각 당 당수들의 영향력이 강화되고 있음을 발견할 수 있다. 이 부분은 민주정치발전이란 차원에서 정치적 쟁점이 되고 있다. 예를 들어, 과거 보수당 집권기인 1983년 당시 당수였던 대처 수상은 독단적으로 보수당 매니페스토에 '런던시의회' 폐지를 추가하여 논란을 불러일으켰다.

그러나 사실 보수당의 매니페스토 작성과정을 보면, 전통적으로 당수와 당의 정치지도자들이 매니페스토 작성에 미치는 영향력이 컸다. 반대로 지역 풀뿌리 차원의 지역당원들이 매니페스토 작성에 참여할 기회는 아직까지도 사실상 없는 편이다. 이것은 보수당세력 성장의 근본적인 한계로 지적되고 있는 사항이지만 보수당의 독특한 전통을 고치기는 쉽지 않아 보인다.

그런데 1997년 노동당이 집권한 후에도 보수당과 비슷한 정치행태가 일어나고 있다. 무엇보다 노동당 지도자인 블레어 수상의 개인적 정치성향이 노동당 총선거 매니페스토 작성과정에 상당한 영향력을 미치고 있음은 공공연한 비밀이었다. 좋게 보자면 강력한 정치지도력의 구현이라는 긍정적 관점을 부여할 수 있지만, 반대로 민주주의적인 다수 민의의 여론수렴에 따른 매니페스토 작성이라는 관점에서 볼 때는 부정적인 현상이라 할 수 있다.

세 번째는, 각 당의 현역의원이나 선거후보자가 아닌 원외 당무위원들의 매니페스토 작성 참여와 관여가 점점 확대되고 있다는 사실이다. 2005년도 총선을 보더라도 1997년도 총선과 2001년도 총선 때보다도 매니페스토 작성을 위한 토의기간과 참여인원 수가 상당히 늘어났는데,

이는 당원들의 참여 폭을 확대한 점에 기인한다고 볼 수 있다. 이처럼 블레어 수상과 야당 당수들를 비롯한 소수 정치엘리트들의 선거 매니페스토에 대한 개인 영향력 강화와 대비되는 정치현상이 동시에 일어나고 있는 것이 영국 정당정치구조의 역설적인 특징이라 할 수 있겠다.

네 번째로는, 매니페스토 발표가 점차 언론과 사이버공간을 통해서 이벤트화되고 있다는 점이다. 이미 각 당의 공약내용들은 공개적으로 많이 알려져 있기 때문에 이를 선거캠페인 기간동안 어떻게 재포장해서 국민들에게 강력한 인상을 심어줄 수 있을까 하는 기술적인 문제가 각 당의 최대 관심사로 떠오르고 있다.

예컨대, 1997년 총선 전에 행해진 노동당의 매니페스토 발표 전당대회는 언론홍보 측면에서 대단한 성공작이라는 평가를 받고 있다. 급작스럽게 부상한 노동당의 새로운 지도자 블레어의 신선한 이미지와 함께 노동당의 개혁적인 매니페스토는 TV를 통해 한 편의 잘 만들어진 드라마처럼 영국국민들의 대단한 호응을 얻었다. 2005년 총선에서는 제2야당인 자유민주당(Liberal Democrats)이 선거운동기간 초기에 세 차례에 걸쳐 적절한 시점에 교육문제에 관한 매니페스토를 발표하여 좋은 반응을 얻었다. 그러나 반대로 자유민주당은 연금문제를 너무 늦게, 그것도 한 번만 발표해서 대중의 관심과 언론의 집중을 받지 못한 실패 사례도 있었다.

이렇듯 매니페스토를 어느 시기에 어떤 형태로 포장해서 유권자들에게 강력한 인상을 남길 수 있는 이벤트를 만들어 언론에 공개해야 하는가라는 선거 노하우의 개발은 선거의 승패를 좌우하는 새로운 요인으로 떠오르고 있다.

또 다른 매니페스토와 관련된 매체사항은 사이버공간에서의 매니페스토 선거운동이다. 영국정치에서도 이제 사이버공간에서의 선거운동이 더욱 치열해지고 있음을 볼 수 있는데, 각 당의 매니페스토 내용과 후보자들의 정견발표들이 기존의 신문과 TV와 같은 전통적인 언론매체보다 훨씬 더 많은 정보의 질과 양으로 사이버공간에서 제공되고 있다. 동시에 특정 이념지향성을 가지고 있는 언론사들보다 객관적인 입장에서 유권자인 시민들이 각 당의 매니페스토를 분석하고 토론할 수 있는 기회를 열어주는 사이버공간의 정치적 영향력과 힘노 무시하지 못할 수준으로 높아져가고 있다.[3)]

3. 2005년도 총선의 매니페스토 분석

다음으로 각 당의 매니페스토 내용을 간단히 분석해보기로 하자. 2005년도 총선의 『노동당 매니페스토 편람』(*Labour Party Policy Handbook*)은 "후퇴하지 않고 전진하는 영국"(Britain Forward not Backward)이란 제목으로 그 해 4월 13일 공개되었다. 약 308쪽 분량의 공약집은 크게 세 부분으로 구성되어 있다. 첫째 부분은 노동당이 과거 1997년 총선과 2001년 총선에서 공약했던 사항이 얼마나 성공적으로 진전되고 이행되었는지를 다루고 있고, 두 번째 부분은 2005년 현재 앞으로 이룩해야 할 미래의 정책대안을 제시하고 있다. 마지막 부분에는 만약에 보수당이 총선에서 승리하여 집권했을 경우 발생할 부정적인 측면, 즉 국가발전을 위한 정책들의 후퇴라는 재앙들, 보수당 공약의 모순점과 위선 등을 예시하고 있다(〈표 11-1〉 참조).

---

3) 영국의 주요 양대 언론사인 *Times*지는 보수적 우파지향 신문이며, *Guardian*지는 진보적 좌파지향의 신문이다. 각 주요정당들의 매니페스토에 대한 이들 신문사의 평가에는 아무래도 해당 언론사의 이념적 프리즘을 통한 비판과 선호가 어느 정도 개입될 수밖에 없다. 따라서 영국의 시민들은 보다 중립적인 매니페스토에 대한 비판과 평가의 공론의 장을 사이버공간에서 찾기 시작하고 있다. 매니페스토와 관련된 토론공간을 제공하고, 비판·감시하는 대표적인 영국 사이버시민단체로는 'Democratic Audit'(www.democraticaudit.com/)와 'BBC-Action Network-Power Inquiry'(www.bbc.co.uk/dna/actionnetwork/)가 있다.

〈표 11-1〉 영국 노동당 매니페스토 1997/2005 비교

<table>
<tr><th>구분</th><th colspan="2">1997년</th><th colspan="2">2005년</th></tr>
<tr><td rowspan="5">취지</td><td colspan="2">한정되지만 중요한 약속들을 하고 그것을 실천함으로써 국가를 개조하고자 함</td><td colspan="2">경제성장과 사회정의의 강력한 연계, 공공서비스의 안정성 확보, 책임과 권리가 결부된 사회적 계약</td></tr>
<tr><td>새로운 정치</td><td>새로운 미래에 맞춘 영국 정치생활의 변화</td><td colspan="2" rowspan="4">노동당이 이룬 결과물
- 모두를 위한 번영
- 세계적인 공공서비스
- 근대복지국가
- 강하고 안정적인 사회
- 세계에서 강한 영국
2010년을 위한 선택</td></tr>
<tr><td>새로운 노동당</td><td>색다른 정치적 선택의 기회 부여</td></tr>
<tr><td>비전</td><td>추진력, 목표, 활력을 지닌 국가로 새롭게 태어나는 것</td></tr>
<tr><td>프로그램</td><td>새로운 중도 그리고 중도좌파 정치</td></tr>
<tr><td rowspan="3">노동당정부의 5개년 계획</td><td>1. 교육 정책을 최우선으로</td><td>- 5～7세 아동의 학급당 학생 수를 30명 이하로 감축(매년 1억8천만 파운드로 상향 책정)
- 모든 4살 아이들을 위한 보육시설 구비
- 열악한 교육환경 개선(건물상태개선, 학습수준향상 교육프로그램, 14살 이상 아이들에게 공업·상업의 지식과 경험 학습 기회 부여
- 컴퓨터 기술에 대한 접근성 증대(무료 초고속정보통신망 연결과 사용요금 인하, 국가지식정보망 자료 제공)
- 새로운 산업대학을 통한 평생교육실시(기술자금 1억 5천만 파운드 사용)
- 실업방지를 위해 교육에 대한 더 많은 투자</td><td>1. 경제: 기회의 사회에서 지속되는 번영</td><td>- 1979～1997: 평균 10%를 넘는 고금리
- 1997～2002: 최장기 경제성장
- 2010년 전국가와 지역에서 완전고용</td></tr>
<tr><td>2. 모든 국민의 개인적 부를 증진</td><td>- 공정한 과세: 차기 의회에서는 기본·상한 소득세율을 올리지 않을 것임(유류 부가가치세 최저 허용한도인 5%로 삭감)
- 인플레이션 위험방지: 현재의 목표치를 2.5% 이하로 조정</td><td>2. 교육: 보다 많은 아이들의 학업성취</td><td>- 1997: 세계 교육 리그 42위
- 2005: 10대 비문맹률 세계 3위, 수학과목 괄목성장
- 2010: 모든 16세 청소년의 학교, 대학, 훈련, 도제교육</td></tr>
<tr><td>3. 성공적이고 유리한 기업창업에 도움</td><td>- 산업에 대한 지원
- 강력한 경쟁법
- 중소기업 지원
- 최저임금제도
- 지역개발청의 지방경제육성
- 유럽에서 강력하고 효과적인 발언권</td><td>3. 범죄와 안전: 사회안전, 물샐틈 없는 국경</td><td>- 1979～1997: 기록적인 범죄는 거의 두 배나 증가
- 2005: 약 13,000명의 경찰 증원
- 2010: 모든 지역사회에 지역경찰제 설치</td></tr>
</table>

노동당정부의 5개년계획	4. 실업자가 복지 혜택을 벗어나 직장을 구하도록	- 최하층의 증가 억제 - 25만 명의 청년실업자가 직장을 구하도록(25세 미만 청년들에게 직업, 교육, 훈련의 기회를, 16~17살 아이들은 적절한 자격증을) - 장기실업자를 위한 일자리 창출 고용주에 대한 세금감면(2년 이상의 실업자를 고용한 기업주에게 6개월 동안 매주 75파운드의 세금환급을) - 쓸쓸한 부모를 위한 효과적 원조(직업교육)	4. 국민건강보험: 전국민 무료, 하지만 개별적 처우	- 1997: 긴급사태시 대기시간 12시간, 수술 대기시간 18개월 이상 - 2005년 긴급사태시 대기시간 97% 환자 4시간 미만, 수술 대기시간 9개월 이상 - 2008년 대기시간: 치료 요구 때부터 치료시까지 18주 이상 걸리지 않음
	5. 국민건강보험의 구제	- 10만 명의 대기자 명단 삭제 - 보수당의 시장경쟁체제 종식 - 암수술환자가 대기하지 않도록 - 병원의 양질서비스 강화 - 독립적 식품표준청 - 새로운 공공 의료정책 - 매년 실질가액으로 지출증대	5. 노인: 안전한 오늘, 미래에 대한 준비	- 1997: 280만의 가난한 연금생활자와 극빈자가 주당 69파운드로 생활 - 2005년 연금생활자의 최저소득 주당 109파운드 - 2010년: 연금을 위한 장기적 복지계획
	6. 범죄와 범죄 원인에 대한 단호한 대처	- 상습 소년범에 대한 신속한 처벌 - 더 많은 범죄를 입증하기 위한 검찰 개혁 - 서류업무보다 본연의 업무를 수행하는 경찰 - 경범죄와 지역사회의 질서위반 행위에 대한 단속 - 새로운 의회의 권총소지금지법안 지지	6. 가족: 직장과 가정에서의 선택과 지원	- 1997: 8세 이하 아동 8명 가운데 1명꼴로 아동보호 혜택 수혜 - 2005년: 모든 3~4세 아이들을 위한 보편적, 무료, 시간제 간호교육 - 2010년: 3~14세 아동에 대한 보편적이고 이용가능한 아동보호, 모든 지자체에 아동센터 설치
	7. 가정 생활의 강화	- 부모가 일과 가정생활을 조화롭게 영위할 수 있게 도움 - 주거안정과 자택소유자 원조 - 공영주택분양의 자본이득으로 임대주택을 건설 - 퇴직자에 대한 존엄과 안정 - 기초 국가연금 보호와 안정된 2차 국가연금 확보	7. 국제정책: 안전하고 지속적이고 정의로운 세계의 강대국	- 1997: 영국의 유럽에서의 역할 감소, 폐허가 된 보스니아에 대한 지원 감소 - 2005: 지원 2배 증가 - 2010: 유럽개혁에서 영국의 강력한 역할, 300만 명 빈민구제, 국제환경변화에 대한 역할
	8. 더욱 풍요로운 삶의 영위	- 국가기관 전체 환경보호정책시행 - 효율적이고 깨끗한 운송체제(독립된 철도운영부서의 신설) - 젊은 영재를 위한 과학예술기금 조성 - 복권사업의 개혁 - 지방에서의 삶의 질 향상 - 월드컵 재유치	8. 삶의 질: 모든 국민에게 최상으로	- 1992~1997: 예술분야에서 13%의 실질적 소비수준 감소 - 2005: 국립박물관 무료입장과 75%의 방문객 증가 - 2012: 올림픽 유치

노동당정부의 5개년계획	9. 정치 문화의 완전 혁신	- 상원에서의 세습귀족제 철폐 - 정치자금제의 개혁과 부패척결 - 스코틀랜드와 웨일즈 권한강화 - 지방자치단체장 직선제 - 더 독립적이고 지지받는 지방정부 - 정보의 자유와 인권보장(정보자유법 제정)	9. 민주주의: 권력을 위임하고 시민에게 권력을	- 1979～1997: 중앙집권시대 - 1997～2005: 스코틀랜드, 웨일즈, 런던에 권력이양 시대 - 2010: 강화된 지방정부시대
	10. 국제 사회에서 영국의 리더십 강화	- 통화통합에 대한 국민투표 - 유럽연합 개혁 - 나토를 통한 국방강화 - 유엔의 개혁 - 국제적 빈곤의 해결		

전반적으로 집권 여당인 노동당의 2005년도 매니페스토의 양이 공약 내용과 설명의 구체성에서 2001년보다 많아진 편이다. 2001년에는 4,300단어 수준이었던 것이 2005년에는 2만 6,000단어로 급격히 늘어났다. 반면에 제1야당인 보수당과 제2야당인 자유민주당은 오히려 줄어들었다. 자유민주당은 1만 8,000단어로 2001년보다 20%가 줄었고, 보수당의 경우는 2001년의 2만 8,000단어에서 8,000단어 수준으로 급감했다.

그 이유는 다음과 같다. 보수당의 매니페스토는 공식적으로 '보수정책포럼'(conservative policy forum: CPF)이란 기구에서 만들어진다. 이 CPF를 통해서 보수당은 2005년 총선에서 단순하게 6가지 주제를 선정하여 선거에 대비했다. "더 많은 경찰병력, 더 깨끗한 병원, 더 낮은 세금, 엄정한 학교의 규율강화, 이민규제 강화, 그리고 정치신뢰의 증대"가 그것이다.

즉 CPF는 많은 내용의 복잡한 매니페스토 작성전략을 포기하고, 유권자들이 쉽고 편히 이해할 수 있는 간단한 매니페스토를 채택하였다. 자유민주당 역시 간단한 매니페스토를 만들었는데, 유권자들이 복잡하고 양이 많은 매니페스토 편람을 잘 읽지 않는다는 이유에서였다.[4)]

반면에 노동당은 집권당이었고 동시에 재집권가능성이 높다는 자신감으로 인해서 매니페스토의 양이 전보다 많아지고 보다 정교한 설명이 많이 부가되었다. 그러다 보니 매니페스토의 내용이 유권자들의 실질적인 삶에 와 닫는 내용들로 채워지고 더 많이 실례를 들고 있다. 예를 들어, 출산휴가를 2007년 4월까지 6개월에서 9개월로 연장하겠다는 공약이나, 2013년까지 UN이 권장한 국민소득의 0.7%를 해외원조사업에 투입하겠다는 공약 등이 그런 경우이다.

〈표 11-2〉 10가지 매니페스토 우선순위(2005년)

	노동당	보수당	자유민주당
성/인종/소수민 문제	1	4	2
건강과 사회복지	2	6	4
정부효율성	3	1	1
교육	4	2	-
법질서 강화	4	3	7
문화부흥	6	-	-
국제이슈 개입	7	8	4
권력의 지방이양화	7	4	8
과학기술발전	9	-	10
기업경영지원	10	7	6
환경보호	-	-	3
시장규제	-	9	9
농업지원	-	10	-

출처: Judith L. Bara(2005), p.20.

4) Judith L. Bara, "The 2005 Manifestos: A Sense of Deja Vu?," Paper Presented at EPOP Post Election Conference, 9-11th, September 2005 at the University of Essex, pp.8-11.

한편 2005년 총선에서 각 당이 중요하게 생각하는 10가지 주요 이슈들을 비교해보면, 각 당의 매니페스토의 차이점을 분명히 발견할 수 있다(〈표 11-2〉 참조). 노동당의 이념은 비교적 진보적이기 때문에 사회내부 사회계층의 평등, 인종차별의 근절, 인권의 신장에 상당한 관심을 가진 아젠다로 구성되어 있다. 따라서 노동당 매니페스토의 1순위는 성/인종/소수민 문제가 된다. 반면에 보수당은 시장의 자율성을 훼손하는 과도한 정부의 팽창을 반대하기 때문에 작은 정부를 지향하는 정부효율성에 가장 높은 매니페스토의 순위를 매기고 있다.

흥미로운 점은 자유민주당의 경우이다. 자유민주당의 정치·경제적 이념지향성은 보수당처럼 보수적이지만, 사회문제에서는 상당히 진보적인 색채를 띠고 있음을 발견하게 된다. 성/인종/소수민 문제와 환경보호에 대해서 당 매니페스토의 두 번째와 세 번째 위치에 그 이슈들을 올려놓고 있다. 노동당과 보수당 사이에서 살아남기 위한 틈새전략으로 볼 수도 있지만 중요한 점은 정책의 일관성이 대체로 유지되어왔다는 사실이다.

4. 노동당의 매니페스토 작성과정

이제 세 차례의 총선에서 보수당과 자유민주당을 이긴 노동당의 매니페스토 작성시스템을 살펴보기로 하자. 과연 무엇이 야당과의 선거경쟁에서 이길 수 있었던 요인이었는가? 이에 대해서는 대체로 노동당의 '권력파트너십'(Partnership in Power: 보통 PiP라고 약칭) 프로그램의 활용을 총선 승리의 요인으로 평가하고 있다.

장기적인 선거전략 수립과정에서 노동당의 매니페스토는 PiP라고 불리는 시스템을 통해서 만들어진다. 노동당의 매니페스토 작성과정은 당헌 제5조에 의해 규정되어 있다. 이 조항에 의거해서 매니페스토의 작성은 내각, '전국집행위원회'(National Executive Committee: NEC), 노동조합, 지역대의원, '의회위원회'(Parliamentary Committee) 등 노동당 내의 다양한 정치기구들과 기능적 집단들에 의한 다단계 협의를 통해서 이루어지고 있다.

그 중에서도 PiP에 참여하는 주요 4기구들인 '합동정책위원회'(Joint Policy Committee: JPC), '전국정책포럼'(National Policy Forum: NPF), '정책위원회'(Policy Commissions), '연례 당대회'(Annual Conference)가 노동당 매니페스토 작성의 핵심역할을 수행한다.5)

최초 노동당 선거정책설정의 시작은 20여 명으로 구성된 JPC에서 이루어진다. JPC는 내각의 수상이 의장으로 있으며, 정부각료(8명), 노동조합대표, 지역당 대표자, 유력 국회의원 등으로 구성된 8명의 NEC, 그리고 그 외의 당관계자들로 구성된 NPF의 3명의 대표들로 구성되어 있다. JPC에서 주요 정치의제들이 설정되면 NPF로 정책의제가 넘어가서 심의를 받게 된다.

사실 1979년 유럽의회선거 때까지만 해도 매니페스토 작성은 NEC의 몫이었다. 그러다가 1980년대 중반 이래로 작성참여시스템에 변화가 생기기 시작했는데, 특히 1992년에 가장 큰 변화가 일어났다. 지방자치단체 의원들부터 유럽의회 의원들에 이르기까지 다양한 노동당 내 이해관계자집단(stakeholder group)의 대표들이 포함된 NPF의 탄생이었다. NPF는 각 지방과 직능영역에서 선출된 183명의 당대표들로 구성된다(〈표 11-3〉 참조).

NPF위원들은 1년에 2~3주간 한 곳에 모여서 JPC에서 제안한 안건들을 토의한다. 이때 정리된 최종안은 여러 단계를 거쳐서 마지막으로 연례 당대회에 보고된다. NPF에서 심의된 정책안건은 연례 당대회에서 비준을 받아야 하기 때문에 NPF가 노동당의 선거를 위한 매니페스토 작성과정에서 가장 중요한 역할을 수행한다.

---

5) Labour Party, "Making Policy," 2007, pp.4-5.

〈표 11-3〉 NPF 대표단의 구성표

선거구대의원	55
지역대표	22
노동조합	30
국회의원	9
유럽의회의원	6
귀족	2
정부	8
사회주의단체	3
대학생단체	1
조합	2
흑인사회주의단체	4
지역정부	9
전국집행위원회(NEC)	32
총합계	183

한편 NPF의 산하조직으로 설립된 '정책위원회'(Policy Commissions)는 6개의 독립적인 위원회로 구성되어 있으며, JPC와 NPF에서 논의된 정책의제들을 정리해서 연례 당대회에 보고하는 기능을 갖고 있다. 6개의 정책위원회는 정부, NEC, NPF를 대표하는 16~20명의 위원들로 구성되어 있다. 이곳에서 논의되는 주제들은 다음과 같은 6가지 카테고리로 구성되어 있다.

① 세계 속의 영국

② 지속가능한 지역공동체 만들기

③ 범죄, 정의, 시민정신, 그리고 사회평등

④ 교육과 기술

⑤ 건강

⑥ 번영과 직업

PiP 프로그램은 1997년 당대회에서 처음 만들어진 이래로 노동당의 정책 만들기의 핵심역할을 해오고 있다. 노동당은 자체평가를 통해서 이 프로그램이 지난 3차례 총선 승리의 원동력이라고 생각하고 있을 만큼 이 프로그램에 많은 공을 들이고 있다. 이 프로그램 하에 노동당과 정부 간의 공조를 통한 긴밀한 정책 만들기를 하고 있을 뿐만 아니라 다양한 차원의 지역공동체들, 그리고 시민사회단체들과 거버넌스를 실현하는 정치의 장으로 활용하고 있다. 그런데 최근에 노동당은 다음 총선에서도 승리하기 위해 PiP 프로그램의 진화를 모색하고 있다.

그 중 하나가 '지역정책포럼'(Local Policy Forum: LPF)의 활성화이다. LPF는 중앙정치와는 또 다른 각 지역의 특수한 사정에 맞는 맞춤식 매니페스토를 개발하기 위해서 PiP 프로그램을 지역수준으로 구성한 노동당의 정책조직이다. LPF는 지방자치단체인 '지방정부위원회'(Local Government Committee: LGC)와 협력하여 지역주민공동체와 자원봉사단체와 같은 시민사회단체 등이 자연스럽게 지방 매니페스토 의제선정작업에 참여할 수 있도록 하는 지역 정책네트워크망의 수립에 공을 들이고 있다.

5. 우리에게 주는 시사점

영국정당들의 매니페스토 작성과정을 보면서 우리 정치실정에 맞는 매니페스토 문화 창출과 작성방향에 몇 가지 시사점을 제안할 수 있다.

첫째는 영국 정당들의 분명한 이념적 소신과 정책의 일관성을 우리나라의 정당들도 본받을 필요가 있다. 역사적으로 보았을 때, 영국 정당들의 매니페스토가 선거 때마다 일관성 없이 급격하게 이념적인 정향성을 변모시키지는 않았다. 영국 국민들은 매니페스토를 정당과 국민 사이에 맺어지는 사회적 계약의 한 형태로 인지하고 있다.[6] 그러므

6) Farel Bradbury, "Manifesto of Manifestos, 7th edition incorporating Parliamentary

로 정당에 의한 사회적 계약의 일방적인 파기는 정치신뢰의 상실을 의미하므로 신뢰를 근본으로 하는 영국의 정치환경에서 이는 있을 수 없는 비도덕적인 정치행위인 것이다.

반면에 우리의 선거문화는 영국과는 전혀 다름을 발견할 수 있다. 평소에는 각 정당이 보수와 진보의 이념적 성향이 분명히 드러나는 정책을 주장하지만, 선거만 닥치면 각 정당의 이념적인 편차가 거의 사라짐을 종종 보게 된다. 일시적인 이념의 공동화 현상이 선거기간동안에 나타나는 것이다. 즉 지금까지 우리나라의 주요 정당들의 선거 매니페스토를 보면 대체적으로 별 차이점이 없음을 보게 된다.

우리나라의 주요 정당들이 일단 선거에서 이기기 위해 유권자들을 현혹시키는 정치적인 사기행위를 한다고 비판받을 수 있는 부분이기도 하다. 그러므로 각 정당의 정치이념과 이를 이행하는 정책의 일관성 문제(특히 선거기간중에)는 매니페스토운동을 통해서 새로운 정치문화로 반드시 정착시켜야 할 필요가 있다.

둘째로 우리나라의 정당들도 상설화된 매니페스토 만들기 시스템을 정교하게, 그리고 민주적인 메커니즘 하에 설립해야 할 것이다. 영국 노동당의 사례처럼 다양한 지지계층과 직능별 기능집단의 민의를 수렴하는 정책기구들이 장기간의 토론을 통해서 서로 교차 확인하면서 신중하게 매니페스토를 만들어야 할 것이다. 노동당은 하나의 정책을 완성해서 국민들에게 공개하는 데 4~5년의 기간을 책정해놓고 있다. 반면에 우리나라 정당들은 급조한 정책들을 매니페스토로 남발하는 경우가 많아 국민들이 그 부작용에 혼란스러워하고 고통받는 경우가 비일비재하다.

세 번째로는 우리나라도 각 정당들이 만들어놓은 매니페스토에 대한

Complexion and Mandate 2001," A Report on the Analysis of the Voting at the UK General Election 7th June 2001 and the Listing and Classification of all the Manifesto Policies of the Duly Elected Members of Parliament(London: Hydatum, 2001), p.4.

감시와 비판을 상설화할 수 있는 다양한 정책영역별 전문시민단체들이 반드시 필요하며, 국민들의 관심과 비판적인 참여가 가장 중요한 사항이라고 할 수 있겠다. 예를 들면, 2007년 제17대 대통령선거를 보면, 몇몇 시민단체들과 주요 언론사들이 소수의 학계인사들을 참여시켜서 각 정당의 주요 대선 후보자들의 매니페스토에 대한 평가와 감시를 주도하고 있는 모습을 발견하게 된다. 그런데 언론사들과 참여학자들의 특정 이념관과 정책적 시각이 어느 정도 주관적으로 매니페스토 평가에 개입할 수 있는 여지가 있다는 우려가 제기되고 있다.

따라서 장기적인 관점에서 이는 한국 매니페스토운동의 성공가능성에 부정적인 영향을 미칠 수도 있다. 선거에서 이긴 정당과 당선자가 공약한 매니페스토 이행에 대한 결과의 과실 책임은 역시 유권자인 일반 시민들에게 돌아간다. 때문에 시민들이 참여할 수 있는 열린 매니페스토 평가문화가 활성화되어야 할 당위성이 제기되고 있는 것이다. 이를 위해서 매니페스토 정치문화의 활성화를 이룰 수 있는 가장 좋은 방법은 바로 사이버공간의 정치적 활성화이다. 이를 위해서 사이버공간에서 매니페스토에 대한 네티즌들의 객관적인 토의를 활성화시켜줄 수 있는 신뢰할 수 있는 다양한 평가지표의 개발과 제공은 앞으로 필수적인 과제라 할 수 있겠다.

마지막으로 현재 우리나라 각 정당들의 매니페스토 작성형식을 보면, 일방적인 자당 정책홍보 위주로 구성되어 있음을 발견할 수 있다. 그러나 영국의 사례를 보면 조금 다른 형태로 구성되어 있음을 볼 수 있다. 모든 정책영역에서 각 당들은 자당의 정책을 설명하고, 그 다음에는 거의 반드시 상대 당 대응정책의 모순점을 조목조목 비판해서 비교하는 형식으로 매니페스토 편람을 구성하고 있다.

예컨대, 노동당의 2005년도 『매니페스토 편람–환경공약편』을 보면, 첫째 장에는 환경정책분야에서 지난 노동당의 집권기간동안 이룩한 업적을 소개(What Labour has done)하고, 둘째 장에는 향후 재집권할 경우,

무엇을 할 것인가(What Labour will do)가 소개되었다. 그러고는 마지막 장에서 보수당 환경정책공약에 대한 비판으로 보수당이 집권하면 나타날 재앙과 보수당의 거짓말(The Tory threat and lies)을 논리적으로 강력하게 부각시키고 있다. 그러한 형식으로 보수당 환경정책의 모순성을 비판하는 예를 들면 다음과 같다.

> 보수당 당수인 마이클 하워드(Michael Howard)는 보수당의 환경분야 매니페스토에서 영국정부가 지구기후변화회의에서 주도적인 역할을 담당하여 지구생태계보호를 위한 도덕적인 공헌에 적극적으로 나서야 한다고 주장했다. 그러나 그는 공약과는 반대로 2000년 5월 2일 의회 118번 법안투표에서 친환경적인 기후변화규제법에 반대하는 투표를 했으며, 환경부 2004년도 예산 중에서 1천5백만 파운드를 삭감하려 했고, 1,286명의 환경공무원을 해고하려 시도한 것은 그의 선거공약과는 다른 명백한 모순적인 정치행위며, 위선이다.[7]

위와 같은 상대편 보수당에 대한 비판적 코멘트가 노동당의 매니페스토 편람의 모든 정책 파트에 반드시 따라붙어 있다. 야당인 보수당과 자유민주당의 매니페스토 편람 역시 비슷한 구조로 구성되어 있다. 따라서 유권자들은 특정 정당의 매니페스토 편람을 통해서 상대 정당의 정책과 무엇이 다른지를 확연히 알 수 있도록 정보를 제공받으며, 동시에 그 정당들의 매니페스토에 어떤 허점이 노출되는지를 쉽게 관찰할 수 있는 기회를 제공받을 수 있게 된다. 결국 정당들은 보다 치밀하고 정교한, 그리고 책임성 있는 매니페스토를 만들도록 강요받게 되지만, 이는 역으로 매니페스토 문화의 향상을 이끌어내는 촉진제 역할을 하기도 한다.

이러한 몇 가지 시사적인 사항을 영국의 매니페스토 정치문화에서

---

7) Labour Party, "Environment," *Policy Handbook: Britain Forward not Back*, March, 2005, pp.89-90.

우리가 발전적으로 수용한다면 한국정치문화를 한 차원 높이는 데 좋은 기폭제로서 의미가 있다고 할 수 있겠다.

■ 참고문헌

Farel Bradbury, 2001, "Manifesto of Manifestos, 7th edition incorporating Parliamentary Complexion and Mandate 2001," A Report on the Analysis of the Voting at the UK General Election 7th June 2001 and the Listing and Classification of all the Manifesto Policies of the Duly Elected Members of Parliament, London: Hydatum, p.4.

Ian Budge(eds.), 2004, *The New British Politics*, London: Pearson Longman, pp.440-442.

Judith L. Bara, 2005, "The 2005 Manifestos: A Sense of Deja Vu?," Paper Presented at EPOP Post Election Conference, 9-11th, September 2005 at the University of Essex, pp.8-11.

Labour Party, 2005, "Environment," *Policy Handbook: Britain Forward not Back*, March, pp.89-90.

———, 2007, "Making Policy," pp.4-5.

12장

일본과 영국의 매니페스토 비교

내용과 위치 부여

스즈키 나오토*

들어가며

이 글에서는 매니페스토의 내용과 정치과정에서의 의미에 관해 일본과 영국의 비교 차원에서 고찰을 실시한다. 일본에서는 영국을 모델로 매니페스토를 도입했지만, 여기에는 공통점과 동시에 차이점도 존재한다. 양국의 매니페스토의 내용과 형식, 그리고 정치과정에 있어 매니페스토의 역할에 관한 차이점을 정리해두는 것은 앞으로 일본에 매니페스토를 정착시키는 데 참고자료가 될 것이며, 한국에서의 논의에도 공헌할 수 있을 것이다.

1. 매니페스토의 내용과 형식

1) 수치목표에 대해서

일본에서는 매니페스토를 소개할 때, "수치목표·재원·달성기한을 명

* 일본 게이오대학교 박사과정.

기한 공약"이라고 설명된 적이 많았다. 그러나 실제로 영국의 매니페스토를 읽어보면 그렇지 않다. 확실히 1997년 하원선거의 노동당 매니페스토는 그때까지의 것과 비교하면 수치목표를 내세우는 항목이 많고, 그 이후 각 당 역시 수치목표를 내세우는 항목이 늘어나는 경향이 있지만, 모든 정책이 수치목표와 결부되어 있는 것은 아니다. 오히려 특히 강조하고 싶은 정책에 관해 예외적으로 수치목표를 내세우는 것으로 구분을 한다는 지적도 있다.

이를 이해하기 위해서는 1997년의 노동당 매니페스토를 둘러싼 정치적 배경을 이해할 필요가 있다. 노동당은 1997년까지 오랫동안 정권으로부터 멀어져 있었다. 국민의 지지를 받지 못한 이유 중 하나는 노동당이 집권하면 증세(增稅)할 것이라는 우려가 컸기 때문이다. 그러한 "무거운 세금의 당"이라는 이미지를 불식하기 위해, 1997년도 매니페스토에는 소득세 증세나 새로운 국채발행을 하지 않겠다고 약속했다.

그렇다면 새로운 정책을 실시하기 위한 재원은 어디에서 만들 것인가? 여기에서 매니페스토는 공익사업에 대한 임시과세나 복권개혁 등으로 재원을 확보한다고 명시했다. 즉 수치목표나 재원이 명기된 것은 국민의 증세에 대한 불안을 해소하기 위한 전략적 메시지였기 때문에 형식적인 수치나열만은 아니었다.

일본에서 "수치목표·재원·달성기한"이라는 설명이 강조된 이유로 최근의 정책평가 붐을 지적하고 싶다. 일본에서는 1990년대 이후 많은 지방자치단체에서 정책평가제도가 도입되었고, 2001년에는 중앙정부에서도 '정책평가법'이 제정되어 2002년부터 시행되고 있다. 여기에서 정책평가는 정책의 유효성이나 능률성을 기준으로 실시되는 것으로 정책의 수치화가 전제가 된다. 그 때문에 정책평가의 관점에서 매니페스토 도입을 추구하는 그룹은 수치목표라고 하는 형식에 구애받기 시작했다.

그러나 정책평가에서 개별사업의 평가는 실시해도 정치적인 입장차이가 포함된 정책평가는 어렵기 때문에 시도하려 하지 않는 경향이 있다. 이 때문에 매니페스토를 정책평가의 도구로만 의미지우고, 수치목표 등의 형식을 강요하면, 원래 제시해야 할 상위의 정책이 누락되고, 수치화가 용이한 정책, 결국은 미세한 이야기들로 채워질 우려가 있다.

수치목표를 강조하는 설명에 이러한 문제가 있기 때문에 최근에는 약간의 궤도수정도 보여진다. 예를 들면, 매니페스토를 사후 검증가능한 정책이라고 설명하는 등, 수치목표 등의 형식보다도 실질적인 내용을 중시하는 논의도 증가했다. 중요한 것은 형식보다도 내용이며, 수치목표나 재원 등의 형식은 전략적으로 사용할 때만 의미가 있다는 것을 다시 한 번 확인해두고자 한다.

2) 대결로부터 부각으로

영국의 이안 버지(Ian Budge)와 그의 동료들이 매니페스토에 관한 흥미 깊은 연구를 진행하고 있으므로 여기에서 소개하고자 한다. 그들은 영국을 포함한 세계 25개국의 수십 년간의 매니페스토(국가별로 공약을 부르는 명칭은 다양하지만, 여기에서는 매니페스토로 통일한다)에 대한 내용분석을 실시했다. 그 방법을 간단히 설명하면, 먼저 정책을 분류하기 위한 56개의 코드를 작성한다. 예를 들어, 군사·교육 등이다. 그 다음에는 매니페스토의 내용을 하나하나의 문장으로 나누고 각각의 문장 앞에 코드를 부여한다.

예컨대, "초등학교 선생님의 수를 늘립니다"라는 문장이 있다면, 교육이라는 코드를 붙인다(하나의 문장에 반드시 하나의 코드를 붙인다). 이상의 작업으로 획득가능한 자료를 기초로 매니페스토 전체의 코드를 집계하여 그 매니페스토가 무엇을 중시하고 있을지를 보거나, 또는 같은 정당의 매니페스토가 어떻게 변화되어왔는지를 살펴본다. 이렇게 내용분석으로 매니페스토 전체의 경향이나 그 연도의 변화를 파악하고자 하는 것이 버지의 연구이다.

이 연구의 결과, 두 가지 흥미 있는 의견이 도출되었다. 하나는 같은 나라 내의 복수 정당 사이에는 여전히 정책적인 대립이 보여진다는 점이다. 앤터니 다운즈(Anthony Downs)를 비롯한 공공선택론의 연구자들은 양대 정당이 각각 중위투표자의 지지획득을 추구하여 중도적인 정책을 지향하므로 정책이 서로 비슷해진다라는 가설을 세웠다. 하지만 버지는 실제로는 그렇지 않다고 주장했다. 두 번째는 정당간의 정책대립은 같은 쟁점에 대해 찬성·반대로 나뉘는 대결(confrontation)이라기보다 각 정당이 서로 다른 쟁점을 강조하는 부각(saliency)의 성격을 보인다고 하였다.

예를 들어, 어떤 당이 안전보장정책을 강조하는 것에 비해, 다른 당은 복지정책을 강조한다는 것이다. 즉 정책의 대립이 있다고 해도, '자본주의 대 사회주의'라는 원리적인 대립이 아니라 무엇을 중시할 것인가 하는 우선순위의 차이라는 것이다.

매니페스토를 도입한 지 얼마 안 되는 일본이나 한국에서는 매니페스토에 무엇을 제시해야 할 것인가에 대해 정당이나 후보자는 시행착오의 단계에 있다. 해묵은 야당생활을 통해서 정권획득에 성공했던 영국 노동당의 매니페스토나 버지가 밝힌 세계의 매니페스토의 경향을 본다면, 매니페스토는 우선순위를 명확히 한 정책패키지이며, 개별 정책의 상세함보다도 전체로서 전달하고자 하는 전략적 메시지가 더 중요하다고 할 수 있다.

2. 매니페스토의 의미 부여

1) 정치제도의 공통점과 차이점

일본과 영국은 의원내각제를 채택하고 있다. 의원내각제라는 것은 한

마디로 말하면, 의회의 다수파가 내각을 장악해 정부를 운영하는 제도이다. 또 제1원(일본의 중의원과 영국의 하원)의 선거제도가 소선거구제를 기본으로 한다는 점도 공통점이다. 소선거구제는 양대 정당제(혹은 양대 세력)가 되기 쉽다. 양대 정당제는 선거에 이긴 당(혹은 세력)의 매니페스토가 그대로 정부의 매니페스토가 된다. 이 제도 하에서는 정부·여당이 하나가 되어 매니페스토로 내건 정책을 추진하며 의회의 다수파를 쥐고 있는 이상, 기본적으로 정책은 모두 현실화될 것으로 예상한다. 매니페스토를 실현할 수 없다면, 그 당(혹은 세력)은 그에 대해 책임을 져야 한다. 이렇게 일본과 영국은 의원내각제와 소선거구제라는 비슷한 정치제도를 배경으로 하고 있으며, 매니페스토를 도입하는 데에 적합한 제도라는 것을 우선 확인하고자 한다.

그러나 제도 자체보다 운용이 더 중요하다. 일본과 영국은 정치제도의 큰 테두리에서는 공통점을 지니고 있지만, 운용실태에서는 많은 차이를 보인다. 특히 영국은 정당이 중앙집권화되어 있는 데 비해, 일본은 그렇지 않다는 차이가 있다. 영국의 경우, 의원은 당 집행부의 강력한 통제 하에 있어서 당의 방침에 어긋나는 행동을 취할 경우, 직책(여당이면 정부의 직책을 포함한다)이나 선거구 선정에 불이익을 당할 수 있다.

영국의 경우, 무소속으로는 당선가능성이 매우 낮기 때문에 최악의 경우, 당의 공천이 박탈되어 사실상 의원직을 그만두게 된다. 실제로 이러한 불이익을 당하는 경우는 희박하지만 조그만 가능성이라고 하더라도, 당에 대한 충성이 높아지지 않을 수밖에 없다. 당연히 당 차원에서 정리한 매니페스토의 준수도 강하게 요구된다.

이에 비해 일본에서는 영국의 당 집행부만큼 힘이 강하지 않다. 특히 여당인 자민당의 경우, 당내 의사결정의 룰이 만장일치를 기본으로 하고 있기에 영국에 비해 의원 한 사람 한 사람의 영향력이 크다. 그들은 때로 당 집행부의 방침에 반기를 들기도 하지만, 그것에 의해서 불이익을 당하는 경우는 거의 없다. 이러한 정당구조에서는 매니페스토에 쓰

여져 있는 정책과 의원 개인의 정책이 상반될 경우, 매니페스토가 준수된다는 보장이 없다. 이 점은 나중에 상술한다.

이러한 배경에서 영국은 정당을 중심으로 선거가 실시되는 반면, 일본은 (정당중심의 경향이 강하긴 하지만) 아직도 후보자 개인의 지역기반에 의지해 선거가 행해지고 있다. 영국에서는 후보자의 선정도 선거구의 지정도 당이 주도한다. 영국의 유권자는 후보자 개인보다도 정당을 기준으로 투표하는 것으로 알려져 있으며, 자신이 지지하는 정당의 후보자면 예를 들어 "돼지가 입후보해도 투표한다"는 농담까지 있다(실제로 후보자가 되기 위해서는 어려운 시험에 합격해야 하며 후보자의 선거구 활동도 중시되므로, 이것은 어디까지나 단순화한 농담이다).

반대로 말하면, 당의 공천이 없으면 당선은 절망적이다. 한편 일본에서는 정당의 간판보다도 후보자 개인의 힘이 중요하여 특히 베테랑일수록 그 경향이 강하다. 2005년의 중의원선거에서는 고이즈미(小泉) 수상이 추진하는 우정민영화 법안에 반대한 자민당 의원에게는 공천을 주지 않고 새로운 후보를 옹립시켰다. 그러나 자민당 공천을 받지 못한 후보자 중 낙선 또는 고전한 후보자는 대부분 소장파로, 베테랑 의원 대부분은 당의 공천 없이도 당선되었다. 이는 당 집행부가 공천권을 사용해 소속의원을 장악하는 것이 어렵다는 것을 의미한다.

마지막으로 양원제의 문제를 언급한다. 일본에서는 중의원과 참의원의 양원제로 이루어져 있으며, 수상 지명이나 예산 등의 분야에서 중의원이 우위에 있는 것말고는 양원의 권한은 대등하다. 중의원 다수파 정당이 내각을 구성하지만 법안은 중참양원(衆參兩院)에서 가결되지 않으면 제정될 수 없으므로, 참의원에서 다수파 정당이 다를 경우에는 정국운영이 힘들어진다. 2007년 9월 현재, 7월의 참의원선거에서 민주당이 대승했기 때문에 중의원에서는 자민당, 참의원에서는 민주당이 제1당이 되어 양원의 다수당이 다른 소위 "틀어짐 현상"이 발생했다.

이러한 상황에서는 자민당 내각이 제출한 법안이 중의원에서는 가결되지만 참의원에서는 민주당의 반대로 부결될 가능성이 있다. 이는 자민당 내각이 추진하는 매니페스토의 실현이 크게 제약받는다는 것을 의미한다. 이런 상황은 일본정치가 아직까지 경험한 적이 없으므로 중참양원에서 각각 다수 의원을 보유한 자민당과 민주당이 어떻게 타협을 할 것인가에 대해 여러 논의가 이루어지고 있다. 여기에서는 상세한 내용은 다루지 않지만, "틀어짐 현상" 속에서 매니페스토를 실현하기 위해서 어떻게 하면 좋을 것인가를 영국 양원제의 모습에서 실마리를 찾아보고 싶다.

영국에서도 서민원과 귀족원의 양원제를 채택하고 있다. 일본처럼 정부제출 법안이 서민원과 귀족원의 양쪽에서 가결되는 것으로 제정된다. 그러나 귀족원의 권한은 대단히 한정되어 있으므로 일본과 같이 양원의 다수파가 달라짐으로써 정권이 난항을 겪는다는 것은 생각할 수 없다. 실제로 현재의 노동당정권 하에서도 귀족원의 다수파는 보수당이지만 큰 문제는 발생하지 않고 있다.

우선 귀족원은 재정에 관한 법안(무엇이 이것에 해당할지는 서민원이 정한다)에 대해서 부결도 수정도 할 수 없다. 일반 법안에 대해서는 부결이나 수정을 할 수 있지만, 귀족원이 부결했을 경우라도 1년 후에 서민원이 동일 법안을 재의결(통상대로 과반수로 족함)하면 제정된다. 귀족원이 수정했을 경우에는 서민원이 수정안을 통과시키면 제정된다(서민원이 수정을 인정하지 않으면, 그 법안은 귀족원에 의해 부정되었다고 간주된다). 내각 측에서 보면, 재정에 관한 법안은 귀족원을 무시할 수 있고, 그밖의 법안은 가령 귀족원에서 부결되어도 1년간 기다리면 성립시킬 수 있어, 매니페스토를 실현하는 장애물은 일본에 비해서 대단히 낮다.

그렇다면 귀족원은 무력한가라고 묻는다면 반드시 그렇지만은 않다. 실제로 정부제출 법안이 귀족원의 수정을 수용하여 변경되는 경우도 적지 않다. 1년을 기다리는 것보다도 귀족원의 수정을 받아들여서 곧바로 제정하는 편이 낫다고 판단하기도 한다. 그러므로 현재의 귀족원은 서민원에 종속되면서도 수정원으로서의 역할을 다하고 있다. 여기서 주목해야 할 점은 정부가 매니페스토로 내건 정책에 대해서는 이상과는 다른 룰이 존재하는 것이다. "솔즈베리(Salisbury) 관행"이라고 불리는 것이 그것이다. 이는 정부제출 법안 가운데 매니페스토로 내건 정책의 법안에 대해서는 귀족원은 부결해서는 안 된다(수정은 가능하지만 서민원이 동의하지 않을 경우 억지로 해서는 안 된다)는 관습을 가리킨다.

이러한 영국의 관습은 일본 중참양원의 "틀어짐 현상" 속에서 매니페스토를 살리기 위한 지혜로서 활용할 수 있을 것이다. 예를 들어 현재의 상황에서 말하자면, 자민당이 중의원선거에서 매니페스토로 내건 정책에 대해서는 민주당이 강하게 반대하지 않는다는 하나의 룰을 정하는 것이다. 단 일본의 참의원은 영국의 귀족원과 다르고, 선거에 의해 민의를 대표하고 있으며, 현재는 참의원 쪽이 보다 근접한 민의를 나타내고 있기 때문에, 중의원의 매니페스토를 우선해야 한다는 논리는 설득력이 없을지도 모른다.

그러나 반대의 경우, 즉 중의원에서 다수파의 교체=정권교체가 일어났지만, 참의원의 다수파는 변함 없을 경우, 참의원의 다수파가 신정권의 법안을 모조리 부결하는 사태가 발생하면, 신정권은 정국운영이 어려워지고, 무엇을 위한 정권교체인가라는 의문이 들게 된다. 그러므로 중의원의 매니페스토를 우선하는 정치적 지혜와 방법이 필요하다.

2) 정치과정에 있어서의 의미 부여

이제부터는 실제 정치과정 속에서 매니페스토가 어떻게 위치지어왔는가를 살펴보고자 한다. 첫째, 매니페스토를 작성하는 난세이다. 영국에서는 선거가 실시될 것으로 예상되는 1년 전부터 매니페스토의 작성이 시작된다(여전히 하원의원의 임기는 5년이지만, 평균 4년 정도로 해산·총선거가 행해지고 있다). 노동당과 보수당은 매니페스토의 작성과정에 차이를 보인다. 노동당은 대체로 상향식(bottom up) 개방형이다.

1997년의 매니페스토를 작성할 때는 전년도 10월의 당대회에서 초안을 당원투표에 부쳐 승인을 얻은 뒤에 당간부가 최종적으로 조정하는 등, 당대회를 중시하는 경향이 있다(다만 그것은 외관상인 것으로 블레어 정권하에서는 실제로는 당집행부의 영향력이 강해졌다는 지적도 있다). 한편 보수당은 대체로 하향식(top down) 폐쇄형으로 노동당과는 대조적이다. 작성은 당간부가 주도하고, 당내에 특별위원회를 만들어서 문안을 다듬지만, 구체적인 과정은 공개되지 않고 있다. 양당의 차이는 정당의 내력에 유래한다.

노동당은 문자 그대로 노동자가 의회에 대표자를 보내기 위한 정당으로 탄생했지만, 보수당은 의회 내의 클럽으로부터 발달했고, 하부조직은 그것을 지원하는 역할구조이다(다만 이러한 폐쇄적인 구조에 대해 국민의 비판이 높아졌기 때문에, 현재는 당수선거에 하부조직도 참가가능한 당내 민주화가 진척되었다). 이러한 정당구조의 차이가 매니페스토의 작성과정 차이에도 나타나고 있다.

일본에서는 우선 매니페스토의 작성에 영국만큼의 시간을 들이지 않고 있다. 2003년 중의원선거는 최초의 매니페스토 선거이며, 2005년 중의원선거는 직전까지 예상할 수 없었던 해산에 의한 것이었기 때문에 본래 준비시간이 모자랐던 측면도 있어서 단기간에 충실한 매니페스토를 작성하기가 어려웠다. 노동당형으로 할 것인지 보수당형으로 할 것인지는 별도로 해도, 당내의 합의 형성을 도모하면서 유권자에게 어필하는 정책을 내세우는 것은 용이하지 않으며 앞으로 각 당이 어떤 자세로 매니페스토 작성에 전념할 것인지 주목된다.

특히 자민당의 경우, 매니페스토 작성에 있어서 관료의 개입이 많은 것이 특징이다. 각 정책에 대해 관료와 조정할 뿐만 아니라 때로는 관료에 떠넘기기도 한다. 정치주도의 확립이 필요하다는 여론이 늘어가는 가운데, 정당의 주력상품인 매니페스토 작성에 관료가 과도하게 관여하는 것은 앞으로 검토해야 할 과제이다. 단 현실적인 정책을 작성하기 위해서는 행정정보를 어느 정도 파악해둘 필요가 있다. 영국의 경우, 여당은 내각을 통해서 행정정보를 입수할 수 있지만, 야당은 입수할 수 없다.

영국에서는 관료와 일반 의원의 접촉이 원칙적으로 금지되어 있기 때문이다. 그 때문에 선거가 실시된다고 예상되는 1년 정도 전부터, 야당(그림자의 각료)과 관료의 정보교환이 인정된다. 야당은 거기에서 얻은 정보를 이용해 매니페스토를 작성한다. 일본의 경우도 여당은 행정정보를 가지고 있지만 야당은 가지고 있지 않다. 야당의원과 관료의 접촉은 평소에도 인정되지만, 관료가 필요한 정보를 내주지 않는다고 야당은 비판한다. 여당과 야당이 가능한 공정한 상황에서 매니페스토를 작성할 수 있는 규칙을 만드는 것이 필요하다.

두 번째로 선거의 단계이다. 영국에서는 선거투표일의 4~5주일 전에 각 당이 매니페스토를 발표한다. 발표기자회견은 텔레비전으로 전국에 중계되며, 다음날의 신문은 매니페스토 소개라는 분석기사를 크게 게재한다. 매니페스토의 발표는 각 당에서 날짜가 겹치지 않도록 조정한다. 1997년 선거 때는 4월 2일에 보수당, 3일에 노동당, 4일에 자유민주당으로 연속 게재되었다. 매니페스토의 스타일은 다양하지만, 대체로 A4용지로 50쪽 정도의 책자가 많다(2005년 선거에서 노동당은 신서판-B6판보다 작은 일반 총서-크기의 책자를 작성했다). 또 매니페스토는 1권에 2파운드 정도로 시판되어 일반 유권자도 서점이나 신문매점에서 구입할 수 있고, 최근에는 각 당의 홈페이지에서 다운로드받을 수 있다.

일본에서는 아직 영국 정도로 매니페스토가 선거전의 하이라이트가 되고 있지 않다. 각 당은 발표기자회견을 행하고, 매스컴도 이를 이슈화하지만, 각 후보자가 매니페스토를 기초로 격렬한 정책논박을 벌이는 것은 그다지 많지 않다. 일본의 정치가 중에는 매니페스토에 관해 "저런 두꺼운 것은 아무도 읽지 않기 때문에 의미가 없다"라는 비판마

저 한다. 확실히 영국에서도 매니페스토 자체를 읽는 사람은 그다지 많지 않다. 그러나 신문이나 텔레비전의 보도를 통해서 요약된 형태로라도 매니페스토의 내용은 많은 유권자에게 전해지고 있기 때문에 정당이 매니페스토를 작성하는 의미는 크다. 이는 일본에서도 마찬가지일 것이다.

세 번째로 매니페스토를 실시하는 단계이다. 매니페스토로 내건 정책을 실현하기 위해서는 여당의원의 찬성과 관료의 협조가 절대적이다. 우선 전자부터 살펴보고자 한다.

흥미로운 자료가 있다. 요미우리신문이 2005년 중의원선거 2주일 전에 입후보 예정자에게 실시한 앙케이트 조사이다. 소속정당의 매니페스토와 자신의 의견이 달랐을 경우, 어떻게 대응할 것인지를 물은 바, "매니페스토에 어긋나는 정책은 주장하지 않는다"라고 대답한 사람이 자민당에서 28%, 민주당에서 36%이었다. 양대 정당 모두 소속의원의 매니페스토에 대한 충성심이 낮게 나왔다. 매니페스토는 정당 차원에서 통합해서 유권자에게 제시하는 것이기 때문에 가령 자신의 의견과 반하는 것이 포함되어 있어도, 매니페스토를 지키는 것이 정당 정치가의 책임이라는 인식이 부족한 것으로 나타난 것이다. 덧붙이자면, 2003년 중의원선거 때는 민주당은 당 공천후보에게 "매니페스토를 준수한다"라는 서약서를 받았다. 이러한 방식에는 찬반양론이 있지만, 후보자의 매니페스토에 대한 인식을 높이기 위한 하나의 방법이다.

영국의 매니페스토는 당 소속의원을 구속한다. 가장 이해하기 쉬운 예는 대처 정권 때 도입된 인두세의 경우일 것이다. 1987년 하원선거에 보수당이 작성한 매니페스토에는 커뮤니티 차지(community charge: 일반적으로는 인두세라고 부르고 있으므로 이 글에서도 인두세라고 부르기로 한다)의 창설이 명기되어 있었다. 이 항목은 대처 수상의 강한 의지로 삽입되었다. 보수당에서는 당수가 정책의 최종결정권을 독점하는 등 막강한 권한을 가지고 있다.

인두세는 대단히 평판이 나쁜 정책이었다. 보수당의 매니페스토에는 "지방정부의 민주주의나 설명책임을 강화하기 위해 지방재정개혁에 매진한다. 지방주민은 요구하는 서비스의 수준과 어느 정도 부담을 할 준비가 되어 있는지를 정해야 한다"라고 하면서 인두세가 필요한 것으로 이론화하고 있다. 요컨대 인두세의 도입으로 지방정부에서 수익과 부담의 관계를 명확히 한다는 것이다. 그러나 어떤 이념이 있다고 해도 소득의 고하에 관계없이 같은 액수의 세금을 부담한다는 인두세의 사고방식에 대해서는 강한 반발이 있었다.

보수당 내에서도 인두세의 도입에 신중론이 있었지만, 매니페스토에 명기된 것이라 반대할 수 없으므로 인두세 법안은 찬성 다수로 의회를 통과했다(이 시기에 대처는 상원에서의 가결을 확실하게 하기 위해 평소 의회에 출석하지 않는 보수당의 귀족원 의원도 불러모았지만, 이런 행태는 논란을 불러일으켰다). 여기에서 매니페스토의 구속력을 다시 한 번 확인할 수 있다.

인두세는 1989년 스코틀랜드에서 다른 지역보다 앞서 시행되었다. 실제로 징세가 시작되면서 발생한 주민의 반발은 법안심의단계보다도 훨씬 격렬하여, 보수당 정권에 대한 국민적 비판이 일었다. 대처 자신은 인두세가 옳은 정책이라는 강한 신념을 가지고 있었으므로(후에 집필한 회고록에서도 그렇게 말하고 있다) 반발이 있어도 인두세를 폐지하지 않았지만, 내각의 동료나 보수당 내에서도 지지를 얻지 못하게 되면서 결국에는 사임위기까지 몰렸다. 인두세는 결국 다음 메이저(John Major) 정권에서 폐지된다.

이는 매니페스토에 제시된 정책, 즉 선거로 국민의 지지를 획득한다고 간주되는 정책을 실행하여 강한 반발을 받게 될 때는 어떻게 대응하면 좋은가라는 새로운 문제를 고민해야 함을 의미한다. 물론 보수당에 투표한 유권자도 보수당의 매니페스토에 모두 동의한 것은 아닐 것이다. 그렇다고 해도 보수당의 정책패키지를 선택한 것은 확실하며 인두세는 그 패키지 내에서도 대처 수상이 특히 주력했던 항목이었다. 상황변화에 의해 정책이 변하는 것은 허용될지 모르지만, 인두세를 둘러싼 상황은 선거 전후에 특별히 바뀐 것은 없다. 철회는 국민의 강한 반발을 생각하면 어쩔 수 없는 일일 수도 있지만 일련의 소동은 매니페스토라는 것이 무엇인가, 어떤 경우에 매니페스토의 내용을 바꾸는 것이 정당화되는 것인가를 생각하게 하는 사례였다.

다음으로 관료가 매니페스토를 어떻게 받아들이고 있는지를 살펴보자. 영국의 관료는 "최소한의 혼란과 최대의 효율로 정권교체를 가능하게 한다"(대처 전 수상)라고 일컬어진다. 각 당의 매니페스토가 발표되면 그것을 검토하고, 매니페스토를 실현하기 위한 구체적인 계획을 미리 준비해둔다. 보수당의 매니페스토용 계획과 노동당의 매니페스토용 계획을 준비하고, 선거결과로 노동당이 집권하면 보수당용 계획은 파기한다.

단 언제든지 이러한 이상적인 상관관계가 성립하는 것은 아니다. 관료들이 때로는 매니페스토에 제시된 정책에 강하게 저항하면서 공약실행을 주저하는 경우도 있다. 1970년대에 당시 노동당 정권이 "퍼블릭 스쿨(public school)의 세금감면을 폐지한다"는 공약을 실행하고자 했을 때, 교육부 관료는 "퍼블릭 스쿨이 무엇을 가리키는 것인지 불명확하다"는 이유를 들어 매니페스토의 용어에 대한 정의부터 반발을 하기 시작해 결국 공약실행을 무산시켜버렸다.

그렇다고 해도 영국정치에서 매니페스토는 중요하다. 대처 수상은 회고록에서 "매니페스토에 제시되어 있지 않은 정책은 관료를 설득하기가 곤란했다"라고 지적하면서, 정치주도의 기초 하에 매니페스토가 존재하고 있다는 것을 시사했다. 또 1997년 노동당 매니페스토에는 스코틀랜드 지방의회의 창설이나 귀족원 개혁 등, 국가체제의 중요한 변화가 담겨져 있는데, 어떤 노동당 관계자는 "이러한 중요정책을 매니페스토로 명시하지 않고 정권획득 후에 실시하면, 법적으로 문제가 있기 때문에 공격당한다"라고 설명하고 있다.

한편 영국에도 공약위반은 존재한다. 노동당 매니페스토에서 "대학 수업료 인상은 없다"라고 약속했지만, 블레어 정권은 일정한 범위 내에서 대학 수업료의 인상을 인정한 예가 있었다. 이것에 대해 여론으로부터 혹독한 비판을 받았으며 법안 채택과 결정시 당내에서 수많은 반대자가 나오는 등 상당한 공격을 받았다.

일본에서는 영국처럼 관료가 매니페스토에 대비하는 모습은 보이지 않는다. 일상업무에서도 매니페스토가 의식되는 경우는 많지 않다. 단지 매니페스토에 경제성장률 등의 목표가 있다면, 각종 계획을 그것에 맞춰서 작성해야 한다는 인식은 존재한다. 또 자민당은 지금까지 2회의 매니페스토 실시상황을 보고서로 정리하고 있지만, 그 때는 관료에게 매니페스토로 내건 정책의 진척상황을 보고하게 하는 것으로 이러한 점검이 매니페스토의 실행을 촉진시킬 가능성은 있다. 앞으로 매니페스토를 행정의 지침으로 정착시키기 위해서는 여전히 연구가 필요하다.

네 번째로 평가의 단계이다. 영국에서는 블레어 정권 이후, 정부는 매년 매니페스토의 진척상황을 정리해 공표하고 있다. 야당에서는 세금으로 당을 선전하는 행위라고 비판하지만, 매니페스토를 평가하는 것은 기본적으로 바람직한 현상이다. 일본에서는 먼저 언급한 것처럼 자민당이 매니페스토의 실시상황을 정리해서 공표하고 있다. 또 일본경제단체연합회 등 외부의 평가활동도 정착되기 시작했다. 이러한 평가내용이 다음 선거에서 새로운 매니페스토에 반영(feedback)되는 것을 기대해본다.

그런데 매니페스토의 모델로 여겨지는 영국에서 매니페스토는 실제의 정부운영에 어느 정도 반영되고 있는 것일까? 즉 각각의 정책에서의 실현도가 아니라 매니페스토 전체로서 정부정책에 어느 정도 반영되고 있는 것인가라는 것이다. 이 점에 대해서도 버지의 연구가 참고가 된다. 우선 매니페스토에 제시된 구체적인 정책들은 (그 당이 정권을 잡았을 경우) 약 70%가 실행되지만, 그것들은 주변 분야의 정책에 지나지 않으며, 중점적인 정책은 애매모호하게 되어 있다고 버지는 말한다.

정당의 지도자들이 구체적인 약속을 해서 지킬 수 없었을 경우에 위험을 피하고자 하기 때문이다. 그렇다고 매니페스토가 무의미하다는 것은 아니다. 매니페스토의 주된 목적은 상세한 정책으로 정부를 옭아매는 것이 아니라 정부의 우선순위를 설정하는 것이기에 지속된다. 예를 들어, 교육분야에 관해 많은 것을 이야기하는 매니페스토라면, 교육분야에 주력해 보다 많은 예산을 투입할 것임을 시사한다.

실제로 버지의 조사에 따르면, 매니페스토에 강조된 우선순위는 그 후 정부예산에 강력하게 반영된다. 이러한 연구를 참고로 하면 매니페스토는 하나하나의 정책도 소중하지만 전체로서 무엇을 중시하고 있는가, 사전·사후의 평가를 이러한 관점에서도 행할 필요가 있는 것이 아닌가, 그리고 정당은 작성단계에서 우선순위나 메시지를 명확히 해놓을 필요가 있는 것이 아닌가라는 힌트들이 도출되게 된다.

■ 참고문헌

梅川正美, 1998,『イギリス政治の構造』, 成文堂.

山口二郎, 1998,『イギリスの政治、日本の政治』, ちくま新書.

———, 2005,『ブレア時代のイギリス』, 岩波新書.

読売新聞政治部編, 1998,『検証、英国の民主主義』, 読売新聞社.

Ian Budge(eds.), 2001, *Mapping Policy Preferences*, Oxford: University Press.

———, 2007, *The New British Politics*(4th Ed.), London: Longman Pub Group.

Margaret Thatcher, 1993, *Downing Street Years*, London: Harpercollins.

매니페스토와 정책선거

부 록

Specific
Measurable
Achievable
Relevant
Timed

부록 1

정당정책 비교프로그램

중앙선거관리위원회는 제17대 국회의원선거에서 1인2표제에 의한 정당투표가 처음 실시될 것에 대비하여 2003년 12월 16일 선거연수원에서 당시 4당 정책위원회 의장과 학계, 언론계, 시민단체 대표를 초청하여 "정치발전을 위한 정책선거－어떻게 할 것인가"라는 주제로 심포지엄을 개최했다. 그 후 우리 현실에 맞는 정당정책 비교프로그램의 모형을 개발하기 위해 중앙선관위를 비롯하여 경실련, YMCA 등 시민단체와 KBS 등이 프로그램을 개발하여 운영했다.

독일의 발-오-마트(Wahl-O-Mat)를 모델로 개발된 정당정책 비교프로그램은 인터넷을 기반으로 유권자가 온라인 또는 프로그램을 다운로드 받아서 PC에서 직접 실행할 수 있도록 개발되었다.

본 프로그램은 한국사회의 주요쟁점이 되는 정치행정, 사회복지, 경제민생, 교육환경 분야의 32개의 문항을 자문회의를 거쳐서 1차로 선정하여 5개 정당의[1] 정책위에 보냈다. 그리고 각 정당은 회의를 거쳐 공식입장과 정책을 회신했다. 개별 설문문항에 대해 각 정당은 적극 찬성, 반대, 찬성, 적극 반대로 표명하도록 했다. 32개의 문항은 변별력

1) 한나라당, 새천년민주당, 열린우리당, 자유민주연합, 민주노동당.

있는 질문문항의 선택을 위해 방송문화연구소를 통해서 유권자 140명을 대상으로 사전 여론조사를 실시했다. 각 정당에서 보내온 답변은 유권자 사전 여론조사 결과와 정당간 정책의 차별성이 없는 문항은 배제하고 총 22개의 문항으로 압축했다.

〈그림 1〉 정당정책 비교프로그램 개발과정

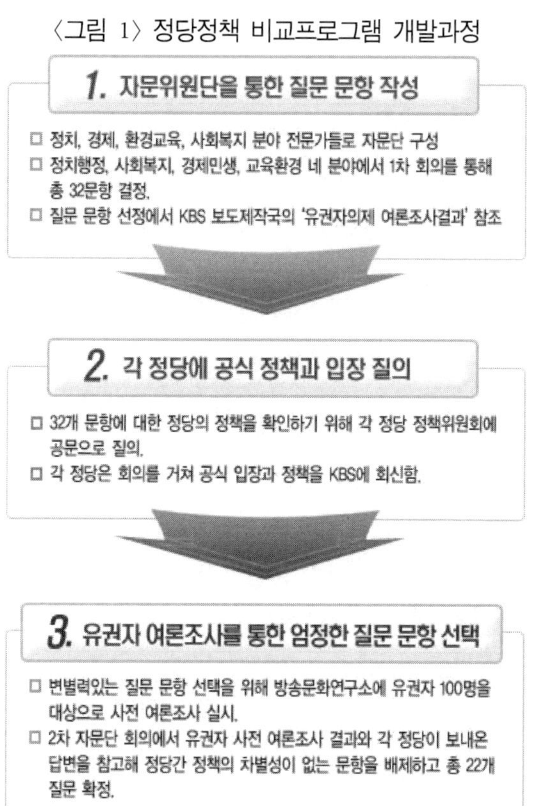

한국 정당정책 비교프로그램은 기본적으로 다음과 같은 가정에서 출발했다.

첫째, 각 정당의 정책은 기본내용에서 차이가 있을 것이다. 둘째, 일반적으로 유권자들은 각 정당의 정책 차이를 잘 모르고 있을 것이다.

셋째, 많은 유권자들이 정당의 주요정책에 대한 입장과 선거공약의 차이를 알고 싶어할 것이다.

정책선별은 본질적인 정치문제와 국민의 핵심적 관심사항의 연속성 및 정당정책과 응답자의 응답 간에 관련성이 높아야 하는 면들을 고려했다.

정당정책 비교프로그램은 유권자(참여자)가 프로그램을 실행하면 먼저 22개의 질문이 차례대로 표시되도록 되어 있으며 참여자는 개별 질문에 대해 '적극 찬성', '찬성', '반대', '적극 반대', '모르겠다' 중에서 하나를 선택하도록 설계되었다. 유권자가 최종 22번째 설문에 대한 답변을 마치면 사전 입력된 정당별 답변과 참여자의 답변의 일치도를 비교한 결과 페이지가 출력되게 된다.

〈그림 2〉 설문문항과 결과확인

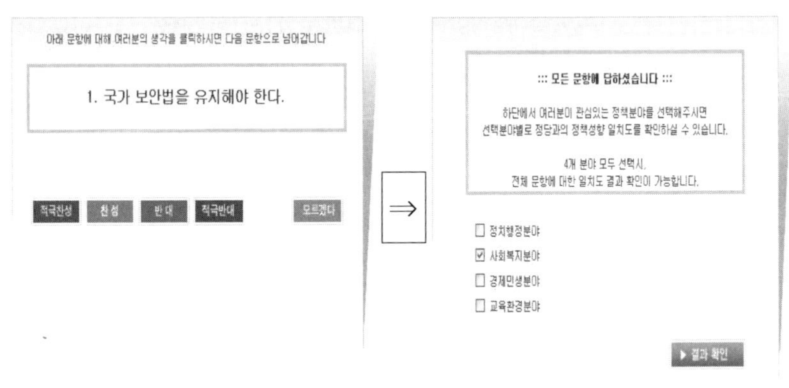

참여자와 정당 간의 정책성향은 '정책분야별', '전체설문' 성향에 따라 각 정당의 비교평가가 가능하도록 했다. 정책분야별 검색에서 유권자는 하나의 정책분야 또는 다수의 정책분야선택이 가능하도록 했다.

결과 페이지는 다음과 같이 본인의 정책성향과 가장 일치하는 정당을 표시해주며—"당신의 정책성향은 ○○○과 가장 일치합니다."—하단 부분에는 각 정당별 정책성향 일치도가 막대그래프로 표시되도록 했다. 화면 오른쪽에 있는 '문항별 상세정보'을 클릭하면 참여자는 개별설문에 대한 참여자 답변과 정당의 답변을 조회할 수 있도록 했다.2)

〈그림 3〉 정책성향 일치도

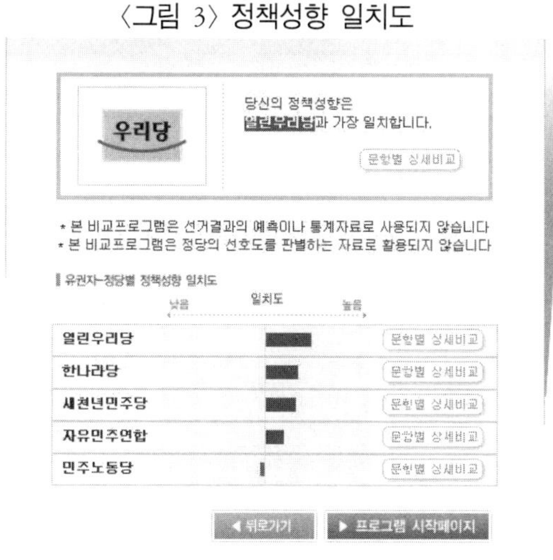

〈그림 4〉 유권자-정당의 정책성향 문항별 비교와 정당정책

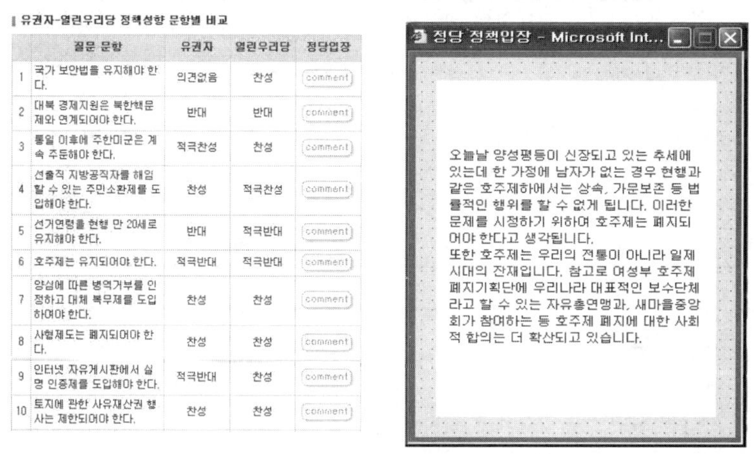

유권자-열린우리당 정책성향 문항별 비교

	질문 문항	유권자	열린우리당	정당입장
1	국가 보안법을 유지해야 한다.	의견없음	찬성	comment
2	대북 경제지원은 북한핵문제와 연계되어야 한다.	반대	반대	comment
3	통일 이후에 주한미군은 계속 주둔해야 한다.	적극찬성	찬성	comment
4	선출직 지방공직자를 해임할 수 있는 주민소환제를 도입해야 한다.	찬성	적극찬성	comment
5	선거연령을 현행 만 20세로 유지해야 한다.	반대	적극반대	comment
6	호주제는 유지되어야 한다.	적극반대	적극반대	comment
7	양심에 따른 병역거부를 인정하고 대체 복무제를 도입하여야 한다.	찬성	찬성	comment
8	사형제도는 폐지되어야 한다.	찬성	찬성	comment
9	인터넷 자유게시판에서 실명 인증제를 도입해야 한다.	적극반대	찬성	comment
10	토지에 관한 사유재산권 행사는 제한되어야 한다.	찬성	찬성	comment

정당 정책입장 - Microsoft Int...

오늘날 양성평등이 신장되고 있는 추세에 있는데 한 가정에 남자가 없는 경우 현행과 같은 호주제하에서는 상속, 가문보존 등 법률적인 행위를 할 수 없게 됩니다. 이러한 문제를 시정하기 위하여 호주제는 폐지되어야 한다고 생각됩니다.
또한 호주제는 우리의 전통이 아니라 일제시대의 잔재입니다. 참고로 여성부 호주제 폐지기획단에 우리나라 대표적인 보수단체라고 할 수 있는 자유총연맹과, 새마을중앙회가 참여하는 등 호주제 폐지에 대한 사회적 합의는 더 확산되고 있습니다.

2) 막대그래프가 오른쪽 '높음'으로 향할수록 정당과의 정책성향이 일치함을 나타내며, 도표의 '문항별 상세비교'를 클릭하면 정당의 공식답변을 확인할 수 있다.

질 문 내 용	정당별 정책				
정치행정분야	한나라당	열우당	민주당	자민련	민노당
1. 국가보안법을 유지해야 한다.	찬성	찬성	반대	적찬	적반
2. 대북 경제지원은 북한핵문제와 연계되어야 한다.	찬성	반대	반대	적찬	적반
3. 통일 이후에 수한미군은 계속 주둔해야 한다.	찬성	찬성	찬성	적찬	적반
4. 선출직 지방공직자를 해임할 수 있는 주민소환제를 도입해야 한다.	찬성	적찬	적찬	반대	적찬
5. 선거연령을 현행 만 20세로 유지해야 한다.	찬성	적반	반대	적찬	적반
사회복지분야	한나라당	열우당	민주당	자민련	민노당
6. 호주제는 유지되어야 한다.	반대	적반	반대	적찬	적반
7. 양심에 따른 병역거부를 인정하고 대체복무제를 도입하여야 한다.	반대	찬성	반대	적반	적찬
8. 사형제도는 폐지되어야 한다.	반대	찬성	찬성	적반	적찬
9. 인터넷 자유게시판에 실명인증제를 도입해야 한다.	찬성	찬성	반대	적찬	적반
10. 토지에 관한 사유재산권 행사는 제한되어야 한다.	찬성	찬성	찬성	반대	적찬
11. 고소득층에게 더 많은 세금을 부과해야 한다.	반대	찬성	찬성	찬성	적찬
경제민생분야	한나라당	열우당	민주당	자민련	민노당
12. 동일노동의 경우 정규직과 비정규직 노동자의 임금차별을 폐지해야 한다.	찬성	찬성	찬성	반대	적찬
13. 노동자의 경영참여를 제도화해야 한다.	찬성	찬성	찬성	반대	적찬
14. 외국인 노동자의 고용허가 기간을 현행 3년보다 늘려야 한다.	반대	반대	반대	찬성	적찬
15. 공기업은 민영화되어야 한다.	찬성	반대	찬성	찬성	적반
16. 신용불량자의 채무를 줄여주어야 한다.	찬성	반대	찬성	반대	적찬
17. 기업의 법인세를 낮춰야 한다.	적찬	반대	찬성	찬성	적반
교육환경분야	한나라당	열우당	민주당	자민련	민노당
18. 고교평준화는 유지되어야 한다.	찬성	찬성	찬성	반대	적찬
19. 핵발전소는 더 이상 만들지 말아야 한다.	반대	반대	찬성	반대	적찬
20. 자립형 사립고를 증설해야 한다.	찬성	반대	찬성	찬성	적반
21. 학원강사의 학교 내 보충수업출강을 허용해야 한다.	찬성	찬성	반대	찬성	적반
22. 대학기여입학제는 도입되어야 한다.	찬성	반대	찬성	반대	적반

부록 2

매니페스토 이행 및 이행평가체계 구축을 위한 제언

한국매니페스토실천본부 지방 매니페스토 연구팀

매니페스토 이행과정 및 이행결과에 대한 효율적인 평가체계를 구축하기 위해서 ① 제도적 기반조성, ② 평가단 구성과 활동계획수립, ③ 평가지표의 개발과 활용방안, ④ 종합적인 평가추진계획 등이 있어야 한다. 또한 ⑤ 지방의회의 역할이 올바르게 정립되어야 하며, ⑥ 지역단체 및 전문가들 또한 매니페스토운동의 선구자적 역할을 수행해나가야 한다.

1. 제도적 장치 마련

정부업무평가기본법에 따라 진행되고 있는 지자체 업무평가활동과 매니페스토 이행평가활동을 연계시켜 효율적인 조례나 내규를 작성해야 한다. 광역 및 기초의 특성에 맞게, 혹은 각 지역의 행정업무의 특성에 맞게 매니페스토 이행평가를 독자적 제도로 규정하여 운용해나가거나, 아니면 전반적인 지자체 업무평가사업 속에 포함시켜 추진해나갈 수 있다. 중요한 것은 군수나 몇몇 지역단체들의 의지와 요구가 아닌 지자체에 제도적인 기반을 마련하여 매니페스토 이행과 평가사업이 진행되어야 한다.

제도적 장치를 마련하는 일은 평가활동뿐만이 아니라 개별 공약의 효과적인 이행을 위해서도 필요하다. 자치단체장의 공약이행을 위한 세부적인 이행계획서를 재정리하고 작성하는 과정에서 조례나 규칙 등의 제도적 장치가 필요하다고 판단되면 지방의회의 협조를 구해야 한다.

2. 평가단 구성과 활동계획 수립

자치단체 내부평가를 위해서 위에서 제안한 대로 공약사업별 전담부서와 책임관리부서를 설정하여 운용해나가면서 시기별 평가를 진행하면 된다. 내부평가를 효율적으로 진행하기 위해서는 사업별 달성목표에 대한 구체적인 설정과 사업별 평가지표를 반드시 적시해주어야 한다.

다음으로 자치단체가 아닌 외부인들이 평가하게 되는 평가단 평가를 진행하기 위해서는 '민선4기 ○○○ 시장(구청장, 군수) 매니페스토 평가단(혹은 위원회)'를 구성·운영해야 한다. 평가단은 주민들의 의견을 공평하고 균형 있게 반영할 수 있도록 구성되어야 하며 지역 자체 내의 역량으로만 구성하기가 어렵다면 인근 지역의 전문가 및 중앙의 전문가를 초빙하여 도움을 받을 수 있다. 다만 자치단체에서 멀리 떨어진 전문가의 도움은 가급적 최소화하고 평가영역을 국한시켜야 한다.

평가위원의 위촉과정도 주민들에게 충분히 공지하여 자발적인 주민참여자들이 나올 수 있도록 하며, 자치단체장이 최종 위촉권한을 갖겠지만 공개모집, 각 단체별 추천제실시 등을 통해 평가단 구성의 투명성과 객관성을 확보해야 한다. 특히 2006년 5·31지방선거과정에서 매니페스토 관련 활동을 수행하였던 단체들의 참여는 활동의 연속성을 확보하고 성과를 발전시켜나가기 위해서 매우 중요한 의미를 갖는다. 또한 사회적 약자를 배려하기 위한 여성, 장애인, 노인, 청소년 등의 할당제를 도입해야 한다.

평가단이 구성되면 반드시 기본연수활동을 진행해야 한다. 전문적 평가보다는 일반 주민들의 눈높이에 맞추어 평가활동을 진행하도록 노력하겠지만 올바른 매니페스토 이행평가활동을 위해서는 매니페스토에 대한 기본적 이해와 민선4기 자치단체 중점사업들에 대한 학습이 선행되어야 한다.

3. 평가지표의 개발과 활용방안

매니페스토 이행평가를 효율적으로 진행하기 위해서 사업별 달성목표를 명확하게 규정해야 하며, 공약사업 이행 정도에 대해 주민들이 쉽게 이해하고 판단할 수 있는 지표가 있어야 한다. 사업별 구체적 달성목표는 사업을 책임 맡고 있는 각 부서별로 작성하여 상급자와 협의하고 최종적으로 자치단체장과 협의·확정해야 한다. 평가지표는 평가단이 구성된 후, 각 사업별로 책임부서와 협의하여 확정해나가야 한다. 평가를 담당할 평가단의 의견이 반영되지 않고 사업추진주체들이 일방적으로 지표를 설정하게 되면 평가과정에서 갈등이 일어난다. 평가를 위한 각종 정보를 제공하고 지표달성을 위해 노력해나가는 책임부서의 의견이 반영되지 않고 외부 전문가가 학문적 근거를 갖고 일방적으로 개발하는 것도 사업추진과정이나 평가과정을 어렵게 만들 위험성이 높다.

평가지표를 설정하기 위해서 다음과 같은 원칙을 참고해야 한다.

1. 용이성: 공약사업 추진결과에 주민들이 쉽게 알 수 있는 지표이어야 한다.
2. 수월성: 지표를 평가하기 위한 결과에 대한 자료나 관련 정보들을 쉽게 접근하여 확보할 수 있어야 한다.
3. 명확성: 지표를 판단하기에 가급적 주관적 요소가 들어가지 않고, 있는 사실 그대로 평가할 수 있도록 명확해야 한다.
4. 대표성: 평가하려는 사업에 대한 결과를 대표할 수 있는 지표이어야 한다.

평가지표가 개발되고 평가활동이 활발하게 진행되기 위해서는 주민들의 관심과 참여를 잘 이끌어내야 한다. 주민들이 흥미를 갖고 참여할 수 있는 생활단위(마을, 동별)의 매니페스토 주민강좌(마을대학) 등을 기획, 운영하도록 한다. 매니페스토운동의 성패는 유권자인 주민과 후보자인 출마자들에 대한 일상적인 교육활동에 달려 있음을 명심해야 한다. 선거시기에 진행하는 교육활동은 제한적인 의미를 가질 수밖에 없다.

또한 평가지표에 대한 주민홍보활동을 강화하여 일상적으로 주민들이 관심을 갖고 참여할 수 있는 체계를 구축해야 한다. 특히 인터넷을 활용한 방안을 적극 모색할 필요가 있다. 자치단체에서는 각 공약사업별 평가지표가 확정되면 이를 자치단체 홈페이지에 게재하여 주민들이 수시로 참여할 수 있도록 해야 한다.

4. 종합적인 평가추진계획

매니페스토 이행체계를 자치단체 내부에 잘 구축하고 이행경과 및 이행결과에 대한 평가체계도 효율적으로 구축해놓았다면 마지막 단계로 종합적인 평가추진계획을 수립해야 한다. 지방 매니페스토 사이클을 잘 보여주고 있는 일본의 다음 자료를 참고하여 평가일정계획을 제안한다.

첫 번째 아래 그림은 매니페스토의 작성, 선거, 실행, 평가 및 평가결과의 반영이라는 매니페스토의 일반적 사이클을 잘 보여준다.

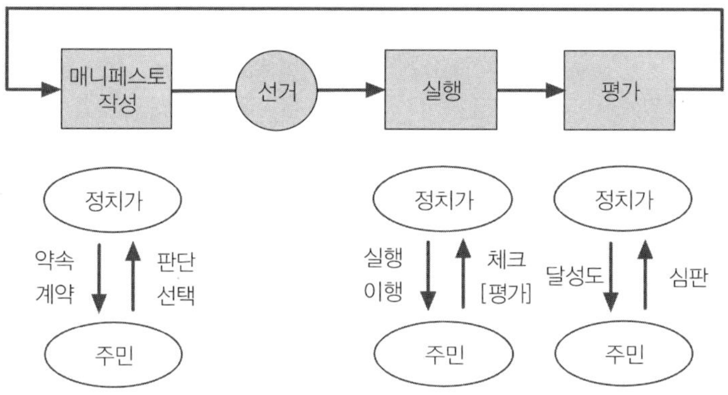

다음으로 이행과정에서 1년 단위의 평가과정을 보여주고 있는 그림이다. 지자체 행정이 1년을 단위로 예산을 수립하여 집행하고 지방의회의 감사 및 결산활동이 이루어가고 있는 현실을 잘 반영하고 있다.

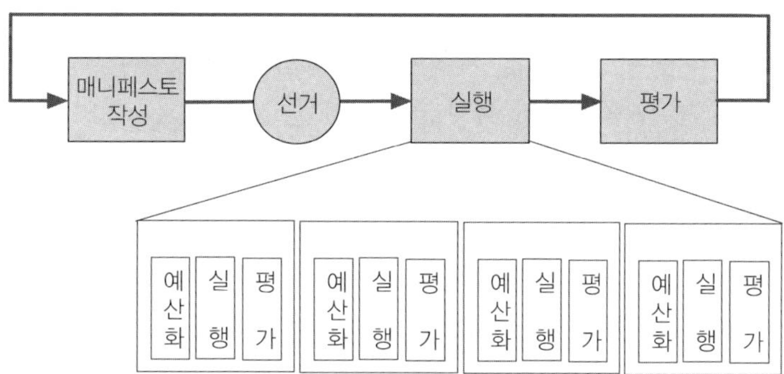

다음 그림은 매니페스토 사이클이 어떻게 주민들의 참여와 역할을 높여나가 주민들의 민주의식을 고양시키고 자치능력을 발전시켜주고 있는지를 설명하고 있다. 간단한 그림이지만 우리에게도 많은 시사점을 주고 있다.

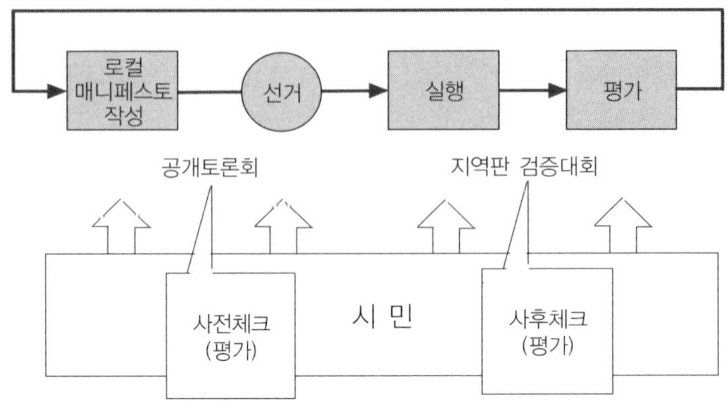

5. 지방의회의 역할

단체장 중심으로 지방행정이 집행되고 있으나 지방의원들의 역할도 매우 중요하다. 지자체의 예결산에 대한 심의, 결산권한과 지자체의 각종 법규제정권을 갖고 있는 지방의회는 견제와 협력이라는 양 날개를 사용하면서 지역발전을 이끌어나가는 또 다른 한 축이다. 다만 지방의원들은 독자적으로 조례를 제정하거나 정책을 입안·추진할 수 없으므로 정당별로, 혹은 지역의 특정한 사안을 중심으로 최소한의 집단을 구성하여 집단별로 매니페스토를 작성해 실천해나갈 수 있다.

지방의원들의 윤리강령을 정교하게 다듬어 실천해나가는 방안, 지역주민을 가장 가까이서 만나며 주민들의 의견을 정책으로 정리하여, 단체장에서 제안하거나 이를 실현할 수 있는 조례를 제정하는 방안, 지자체 예산결산의 원칙을 수립하여 이를 관철해나가는 방안 등 지방의원들의 매니페스토 실천방안은 다양하게 검토될 수 있다.

지방의원 매니페스토 작성, 실천활동과 또 다른 측면에서 지방의원들이 매니페스토 정착을 위해 감당해야 할 역할 중의 하나는 지방 매니페스토 발전을 위한 조례 및 예산을 제정·수립해나가는 일이며, 이 과정에서 단체장과 협력하고 주민들의 참여를 이끌어낼 수 있어야 한다. 지방 매니페스토운동이 초기단계에서 바람직한 방향으로 발전되어나가려면 단체장과 지역주민, 그리고 지방의원들과의 '갈등적 협력'이 필수적이다.

갈등적 협력이란 상호 비판과 견제의 역할을 충실하게 수행해나가면서 지속가능한 지역발전, 매니페스토의 정착, 지역주민의 행복한 삶 실현 등 공동의 목표를 위해 협력해나가는 것이다. 지방 매니페스토운동의 정착을 위해서는 지방정치의 중요한 주체로 지방의원들의 역할은 매우 크다.

6. 지역단체 및 전문가

지방 매니페스토의 정착과 발전을 위해서 지역 시민사회단체와 전문가들의 선구자적 역할이 필요하다. 기본개념조차 정립되어 있지 않은 지방 매니페스토운동을 지속적으로 추진해나가기 위해서는 먼저 인식하고 실천해나가려는 선구자들이 필요하며, 지난 5·31지방선거활동에 뛰어든 지역 선구자들의 노력은 향후 한국사회 지방 매니페스토운동의 열쇠가 될 것이다. 단체장, 지방의원들과 꾸준하게 협의하고 주민들의 참여를 확대해나가면서 지역별 매니페스토 평가단을 조직하고 정기적인 평가계획을 수립해야 한다. 단체장과 협력하여 이행평가단을 구성하도록 노력하되 협의가 어려우면 우선 독자적인 평가단을 구성하여 진행하면서 단체장과의 협력을 발전시켜나갈 수 있도록 한다.

일본의 지방 매니페스토 네트워크의 활동을 보면, ① 선거시 후보자 공개토론회, ② 주민들이 자기 지역의 매니페스토를 작성하여 선거에 반영하려는 노력, ③ 시민의식 강화를 위한 매니페스토 교육활동, ④ 모의투표, 매니페스토 공모전 등 다양한 행사를 통한 매니페스토 확산활동 등을 진행하고 있다.

우리나라의 경우에도 익산, 속초, 나주 등의 지역단체들은 5·31지방선거 이후에도 꾸준하게 활동하면서 '매니페스토 이행협약식' 진행, 매니페스토 평가를 위한 평가단 및 평가위원회 구성, 평가를 위한 구체적인 계획을 수립해놓고 있다. 이들 단체들의 노력으로 단체장은 공약이행 상황을 인터넷을 통해 수시로 확인할 수 있도록 변동되는 정보를 제공하며(익산시장 등), 연례적으로 이행평가결과 보고회를 개최한다(나주시장, 속초시장, 익산시장 등). 지역별 시민사회단체들과 전문가들은 지역특성에 맞는 다양한 활동을 전개해나가고 이를 정기적인 교류회와 중앙의 정보센터를 통해 교류, 협력해나갈 수 있을 것이다.

〈지방 매니페스토 발전을 위한 주체별 역할 표〉

역할 수행자	주 요 활 동 내 용
단체장	1. 매니페스토 작성·이행 → 정기적인 평가, 보고대회 개최 2. 매니페스토 활동을 위한 지방행정체계 구축 3. 지역 매니페스토 관련활동을 위한 행·재정적 지원 4. 매니페스토 관련 지자체 교류 및 연대
지방의원	1. 지방의원 매니페스토 작성·실행 (일본 지방의원 매니페스토 사례 참조) 2. 매니페스토 활성화를 위한 조례 제정 3. 주민의견 수렴 → 정책과 예산반영 노력
지역단체, 전문가	1. 지방 매니페스토운동의 선구자·촉진자 2. 지방 거버넌스 구축을 위한 코디네이터 3. 중립적 위치에서 이행평가 및 결과발표
지역 주민	1. 지방 매니페스토 교육참여 2. 이행협력 및 이행결과에 대한 평가참여 3. 평가를 반영한 매니페스토 투표 실시

부록 3

민선4기 매니페스토 실천을 위한 흐름도

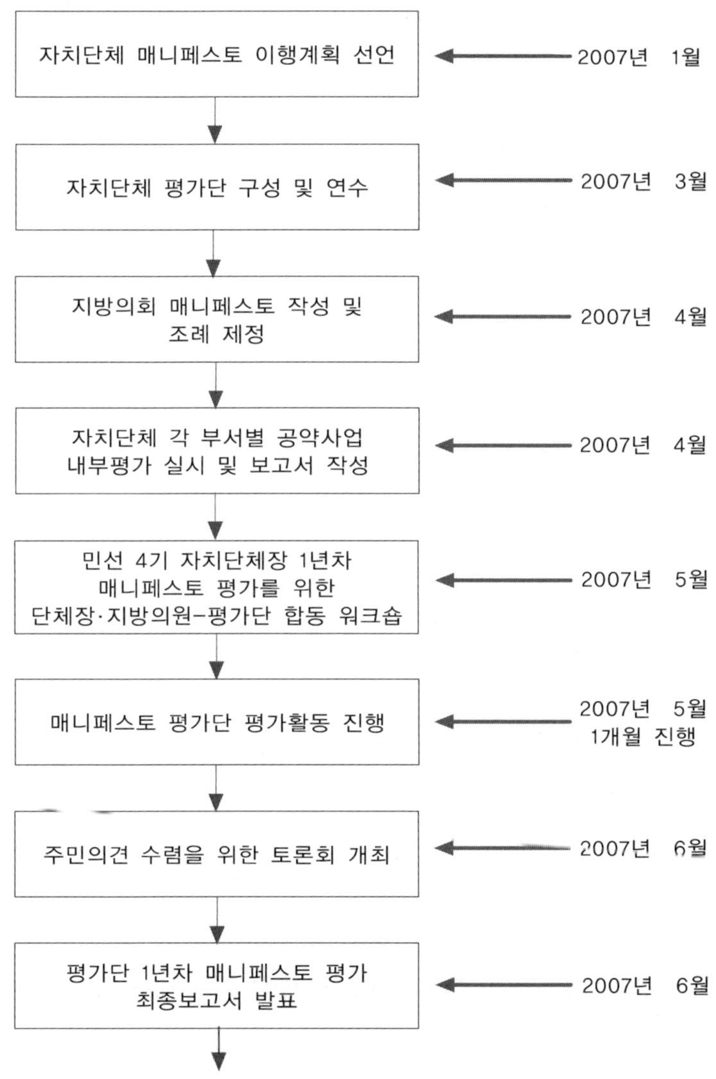

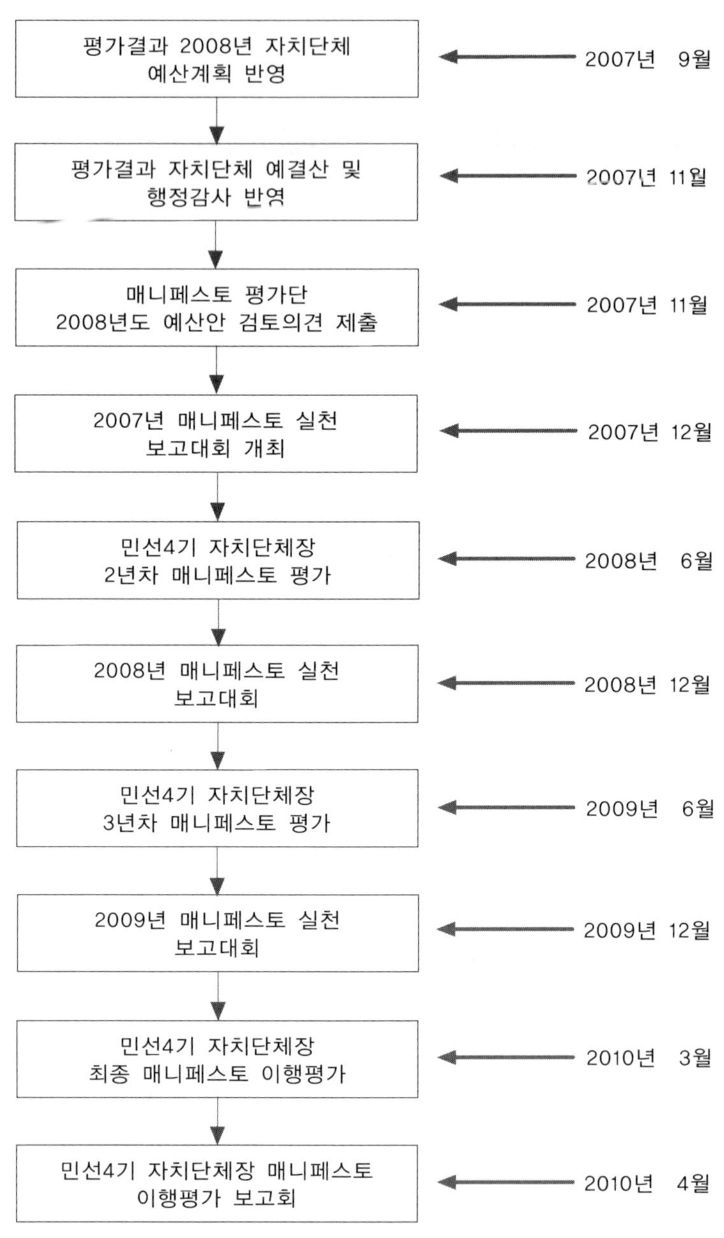

2010년 5월 민선5기 자치단체장 선거에 반영

부록 4

대선 매니페스토의 기본요건 및 비교분석표

대선 매니페스토의 기본요건

1. 총론

- 후보자가 생각하는 대한민국의 비전
- 중단기 추진전략
- 5년간의 예산총계표(공약한 프로그램 예산뿐 아니라 총세출과 총세입, 기능별 예산총계 포함. 총세출에 대해서는 세입의 원천을 밝혀야 하며, 5년간 예산계획은 2007년 예산가정을 중심으로 한다).
- 5년간의 공약 추진일정표

2. 분야별 공약

- 정책목표(성과지표를 분명히 제시)
- 추진일정
- 예산계획 등 정책실현수단 분명히 제시

3. 핵심 20대 공약 상세분석집

- 정책의 배경(문제현실 분석)

- 정책의 목표
- 추진일정
- 비용 및 실현수단(예산내역, 법규변경의 여부)

※ 이상의 기본여건이 포함된 매니페스토를 후보자가 자유롭게 작성하여 발표하면 이를 한국매니페스토실천본부 '제17대 대선 매니페스토 비교분석위원회'(가칭)에서 비교분석 작업을 진행한 후 그 결과를 발표함.

제17대 대선 유권자용 비교분석표

1. 매니페스토 총론분야 비교표

후보자	소속 정당	대한민국 비전	추진 전략	5년간 재정운용계획		20대 핵심공약	타후보의 평가의견
후보자 "가"	정당 "A"			총 세입 (2008년~2012년)		※ 20대 핵심공약 나열	
				총 세출 (2008년~2012년)			
				기능별 예산배분 (2008년~2012년)			
후보자 "나"	정당 "B"			총 세입 (2008년~2012년)		※ 20대 핵심공약 나열	
				총 세출 (2008년~2012년)			
				기능별 예산배분 (2008년~2012년)			
후보자 "다"	정당 "C"			총 세입 (2008년~2012년)		※ 20대 핵심공약 나열	
				총 세출 (2008년~2012년)			
				기능별 예산배분 (2008년~2012년)			
후보자 "라"	정당 "D"			총 세입 (2008년~2012년)		※ 20대 핵심공약 나열	
				총 세출 (2008년~2012년)			
				기능별 예산배분 (2008년~2012년)			

2. 분야별 공약 비교표(각 분야별 비교표를 작성, 활용토록 함)

후보자	소속정당	분야 / 내용	외교	통일	국방	정치	경제	통상/산업	복지	교육	문화	환경	여성	기타
후보자 "가"	정당 "A"	정책목표												
		주요공약												
		추진일정												
		예산 등 정책실현 수단												
후보자 "나"	정당 "B"	정책목표												
		주요공약												
		추진일정												
		예산 등 정책실현 수단												
후보자 "다"	정당 "C"	정책목표												
		주요공약												
		추진일정												
		예산 등 정책실현 수단												
후보자 "라"	정당 "D"	정책목표												
		주요공약												
		추진일정												
		예산 등 정책실현 수단												

■ 외교분야 공약 비교표

후보자	소속정당	분야 / 내용	외교분야 공약
후보자 "가"	정당 "A"	정책목표	
		주요공약	
		추진일정	
		예산 등 정책실현 수단	

후보자 "나"	정당 "B"	정책목표	
		주요공약	
		추진일정	
		예산 등 정책실현 수단	
후보자 "다"	정당 "C"	정책목표	
		주요공약	
		추진일정	
		예산 등 정책실현 수단	
후보자 "라"	정당 "D"	정책목표	
		주요공약	
		추진일정	
		예산 등 정책실현 수단	

3. 후보자별 20대 핵심공약 비교표

공약순위	공약내용	제안 배경	정책의 목표	추진 일정	예산계획 등 실현수단		타 후보의 평가 의견
핵심공약 1							
핵심공약 2							
핵심공약 3							
핵심공약 4							
핵심공약 5							
핵심공약 6							
핵심공약 7							
핵심공약 8							
핵심공약 9							
핵심공약 10							
핵심공약 11							
핵심공약 12							
핵심공약 13							

핵심공약 14							
핵심공약 15							
핵심공약 16							
핵심공약 17							
핵심공약 18							
핵심공약 19							
핵심공약 20							

* 정책목표는 성과지표를 구체적으로 제시.

4. 5년간 재정운용 상세계획 비교표

후보자	소속정당	총 세입	총 세출	분야별 예산	2007기준선 대비 증·삭감 내역
후보자 “가”	정당 “A”				
후보자 “나”	정당 “B”				
후보자 “다”	정당 “C”				
후보자 “라”	정당 “D”				

* 총세입은 세입의 원천을 밝힌다.
* 분야별예산의 분류는 OECD 기준에 따른다.

5. 현안에 대한 후보자별 견해 비교표

현 안	후보자 “가”	후보자 “나”	후보자 “다”	후보자 “라”
3불 정책				
총액출자 제한제도				
수도권 규제 정책				

* 더욱 강화(++), 현행유지(+), 완화(−), 완전 폐지(−−), 협의 후 결정(?)
* 후보자 견해를 요청한 현안에 대해서는 9월 말까지 전문가 및 국민여론을 수렴하여 20~30개 항목으로 확정토록 함.

6. 후보자별 재정사업 총계표

분야	부문	2008	2009	2010	2011	2012	2013	이후
	여성							
복지	장애인							
	○○○							
	초등							
교육	대학							
	○○○							
△△	○○○							
총계								

* 사업의 연도별 계획에 맞추어 작성됨.
* 총계가 반드시 구체적이고 확정적인 것은 아님.
* 재정여건을 감안한 정책들의 타당성을 검토하기 위해 필요함.

7. 분야별 후보자 재정사업의 우선순위에 대한 의견 평가표

우선순위	정책분야	보충의견	상대후보 평가의견
1			
2			
3			
4			
5			
6			
7			
8			
9			
10			

* 분야별 예산분류는 OECD 기준에 따름.

8. 거시 재정 비교평가표

평가요소 \ 후보자		후보자 "가"	후보자 "나"	후보자 "다"
거시 재정 평가	규모 평가(팽창, 축소)			
	국민 부담(조세, 재정 적자)			
	재정사업의 우선순위 특징			

* 거시경제적 입장에서의 우선순위임.
* 분야별 내역은 정당기준에 따름.

9. 후보자별 미시 사업 평가표

사업명 \ 평가	비용 추계	효과 추계	상대후보 타당성 평가 의견
A 사업			
B 사업			
C 사업			
D 사업			
E 사업			
F 사업			
G 사업			
H 사업			
I 사업			
J 사업			

10. 개별 사업별 재정소요 분석표

	2008	2009	2010	2011	2012	2013	이후
○○○ 항목 □□□ 항목 △△△ 항목							
합계							

* 모든 사업에 대해 요구되는 것은 아님.
* 대형 프로젝트, 특히 장기적으로 지속적인 재정지출이 유발되는 사업은 필요함.

11. 타후보 헛공약 평가의견

	후보자 "가"	후보자 "나"	후보자 "다"	후보자 "라"
후보자 "가"		○○사업 - 근거: ○○사업 - 근거: ○○사업 - 근거:	○○사업 - 근거: ○○사업 - 근거: ○○사업 - 근거:	○○사업 - 근거: ○○사업 - 근거: ○○사업 - 근거:
후보자 "나"	○○사업 - 근거: ○○사업 - 근거: ○○사업 - 근거:		○○사업 - 근거: ○○사업 - 근거: ○○사업 - 근거:	○○사업 - 근거: ○○사업 - 근거: ○○사업 - 근거:
후보자 "다"	○○사업 - 근거: ○○사업 - 근거: ○○사업 - 근거:	○○사업 - 근거: ○○사업 - 근거: ○○사업 - 근거:		○○사업 - 근거: ○○사업 - 근거: ○○사업 - 근거:
후보자 "라"	○○사업 - 근거: ○○사업 - 근거: ○○사업 - 근거:	○○사업 - 근거: ○○사업 - 근거: ○○사업 - 근거:	○○사업 - 근거: ○○사업 - 근거: ○○사업 - 근거:	

* 상대 후보자의 공약 중 대표적인 헛공약 3개에 대한 평가의견을 비교함.

부록 5

제17대 대선 후보자 매니페스토 비교 결과*

1. 후보별 비전과 전략 비교표

후보자	소속정당	대한민국 비전	추진전략
기호 1번 정동영	대통합 민주 신당	■ 슬로건 가족이 행복한 나라 ■ 4대 비전 - 차별없는 성장 - 가족행복 시대 - 부패없는 투명사회 - 위대한 한반도시대	• 일자리 창출 • 글로벌 TOP 10 • 중소기업 강국 • 한반도 5대 철도망 • 양극화 극복 • 사회투자로 4대 불안해소 • 지속가능 사회 • 통합의 정부 • 평화경제 • 정예강군
기호 2번 이명박	한나라당	■ 슬로건 국민 성공시대를 열겠습니다. ■ 3대 비전 - 잘사는 국민 - 강한 나라 - 따뜻한 사회	(10대 희망) • 살아나는 경제 • 중산층이 두터운 나라 • 함께 번영하는 경제 • 소프트파워가 강한 나라 • 아름답고 살고 싶은 국토 재창조 • 당당한 외교, 평화로운 한반도 • 일 잘하는 실용정부 • 생애 희망 디딤돌 복지 • 안전한 사회 • 그늘과 차별이 없는 사회

* 이 자료는 2007년 12월 11일 한국매니페스토실천본부가 국회의원회관에서 발표한 '제17대 대선 매니페스토 비교결과' 발표 자료의 일부임. www.manifesto.or.kr 참조. 또한 공약은 정당과 후보자의 공약집과 홈페이지를 참고하여 작성한 것임.

후보자	소속정당	대한민국 비전	추진전략
기호 3번 권영길	민주노동당	■ 슬로건 세상을 바꾸자! ■ 국가 비전 코리아연방공화국 ■ 3대 비전 - 통일된 나라 - 자주적인 나라 - 서민의 나라	• '서민친구' 경제(서민소득 7% 증대, 불평등 9% 감축) • 400만 비정규직을 정규직으로, 안정된 일자리 창출 • 대학평준화로 입시, 학벌, 사교육비 문제해결 • 1가구 1주택, 택지국유화로 집 걱정 없는 나라 실현 • 모든 의료비를 건강보험으로, 치료비 걱정 없는 나라 실현 • 국민도 살고 농민도 사는 국가책임하의 농업회생 실현 • 중소기업을 육성하고 하도급 불공정 거래행위 강력 규제 • 사회부총리 신설, 복지재정 2배로 • 여성의 일할 권리, 가사·육아·간병 부담을 국가책임 • 국공립 어린이집 50% 확충, 취학 전 아동 무상보육, 무상교육 실시 • 온실가스 20% 감축, 재생에너지 20% 확대 • 한미FTA백지화, 동아시아 경제연대협력협정 체결 • 대선 결선투표제, 총선 비례대표의원 50% 도입 • 한미동맹 해체, 자주외교 • 모두가 누리는 문화공공서비스 보급 • 아토피 걱정 없는 환경, 어린이가 안전한 나라 • 자주와 평등의 나라, 코리아연방공화국 건설
기호 4번 이인제	민주당	■ 슬로건 살맛나는 세상! ■ 4대 비전 - (단기) 중산층강국 건설 - (중기) 행복국가 창조 - (장기) 반도강국 (KPP) 건설 - (장기) 아태프런티어 국가(APFS) 건설	• 글로벌 리더십과 분권화로 정치혁신 추진 • 연미선린·아태통상 외교 강화와 국방력 현대화 • 생산적 햇볕정책의 적극추진으로 남북이 공영하는 통일공간 획기적 확장 • 신성장경제 실현으로 중산층강국 건설 • 과학기술과 정보통신분야 혁신을 가속화하여 신성장경제 기반 확충 • 교육강국 건설을 위한 교육강화정책 • 21세기형 복지문화강국 건설로 행복국가 창조

후보자	소속정당	대한민국 비전	추진전략
기호 6번 문국현	창조 한국당	■ 슬로건 사람중심 진짜경제 ■ 국정 비전 - 사람중심 사회 - 창조경제 - 학습국가 - 사람경쟁력과 삶의 질이 높은 나라	• 정부 재창조: 깨끗하고 유능한 정부 • 기업 재창조: 학습을 통한 세계화된 중소기업 • 교육 재창조: 기회가 균등하고 창조적인 교육 • 사회 재창조: 함께하는 따뜻한 사회 • 한반도 재창조: 평화롭고 번영하는 한반도
기호 12번 이회창	무소속	■ 슬로건 대한민국을 바로 세웁시다. ■ 비전 - 나라의 기본을 바로 세우겠습니다. - 국민께 희망을 드리겠습니다. - 더불어 사는 따뜻한 사회를 만들겠습니다. - 남북관계를 바로잡겠습니다.	• 정직하고 성실한 사람이 대우받는 사회를 만들겠습니다. • 국가를 위해 희생한 사람이 존경받는 사회를 만들겠습니다. • 국민께 10조 원의 세금을 돌려드리겠습니다. • 기업이 마음껏 뛰게 하겠습니다. • '중소기업의 나라'를 만들겠습니다. • 교육에서 희망을 찾도록 하겠습니다. • 좋은 일자리로 청년들의 꿈을 이루겠습니다. • 생활복지로 따뜻한 세상을 만들겠습니다. • 맑고 깨끗한 국토를 후손에게 물려주겠습니다. • 연방제 수준의 지방자치 시대를 열겠습니다. • 5년 내 모든 이산가족이 서로 손이라도 잡도록 하겠습니다. • 핵무기 없는 한반도를 만들겠습니다.

2. 후보별 20대 핵심공약

■ 기호 1번, 정동영 후보

공약 1 6% 성장과 일자리 250만 개로 G-10 선진국 진입
공약 2 강한 중소기업 5만 개, 글로벌 중견기업 2천 개 육성
공약 3 동해선, 호남고속철 등 한반도 5대 철도망 구축을 통해 물류강국 도약
공약 4 대입수능폐지와 내신위주 선발, 영어국가책임제 도입
공약 5 비정규직 25%로 축소, 외주용역화 규제

공약 6	수도권 2억 원 이하 아파트, 신혼부부주거대책 마련
공약 7	항공우주, 로봇·기계, 바이오, 문화콘텐츠, 친환경산업을 新성장동력으로 육성
공약 8	기름값, 카드수수료, 통신료, 약값, 사금융 이자 인하
공약 9	세계 200위권 대학 15개 육성 등 대학경쟁력 강화, 평생학습사회 구현
공약10	기초노령연금 어르신 80%에게 월 16만 원 지급, 노인일자리 30만 개로 정년 70세 시대 토대 조성
공약11	무상보육 전면 실시와 직장-가정의 조화를 통해 여성친화 사회 건설
공약12	건강보험의 보장성 80%까지 확대로 병원비 걱정 끝
공약13	북핵문제 해결, 평화협정체결로 한반도 및 동북아의 항구적 평화정착
공약14	개성공단 확대와 추가 특구조성 등 평화경제공동체 구축
공약15	모병제 기반 구축과 지원예비군제 도입
공약16	공직부패수사처 설립 등 국가청렴도 세계 10위 진입
공약17	공공부문 혁신 및 성과주의예산제 전면시행으로 10% 예산 절감, 교육·복지 투자 확대
공약18	4년 연임 대통령제 개헌, 권역별 비례대표제 도입
공약19	온난화 해결을 위한 친환경 저탄소 경제구조 전환
공약20	문화예술 르네상스로 품격 있는 문화강국 건설

■ 기호 2번, 이명박 후보

공약 1	7% 성장, 300만 개 일자리
공약 2	학교 만족 두 배, 사교육비 절반
공약 3	국가책임 영유아 보육·교육제도
공약 4	다목적 한반도대운하 건설
공약 5	비핵·개방·3000
공약 6	아자아자! 중소기업 으샤으샤! 자영업자
공약 7	과학기술과 문화, 소프트 파워가 강한 나라
공약 8	서민 주요생활비 30% 절감

공약 9 신혼부부 보금자리 주택 12만 호, 주택 50만 호 공급
공약10 유능한 실용정부 구현
공약11 예산 20조 원 절감과 균형재정
공약12 첨단산업 무역대국 건설
공약13 700만 금융소외자 신용회복
공약14 노사민정 대타협
공약15 농어가 부채 해소와 농어촌 복지 확충
공약16 글로벌 청년리더 10만 명 양성
공약17 노인 3대 고통 해결
공약18 여성 일자리 150만 개 만들기
공약19 푸른 한반도 만들기
공약20 미래형 최첨단 정예강군 육성

■ 기호 3번, 권영길 후보

공약 1 부자중심 경제에서 서민 친구(7·9) 경제로 전환하겠습니다.
공약 2 한미FTA를 백지화하고 동아시아 경제연대협정을 체결하겠습니다.
공약 3 재벌경제 개혁과 반칙·부패경제 청산으로 경제 민주주의를 실현하겠습니다.
공약 4 400만 비정규직을 정규직으로 전환하고 1천만 고용안정을 실현하겠습니다.
공약 5 1가구 1주택, 택지국유화로 집 걱정 없는 나라를 만들겠습니다.
공약 6 부유세, 양극화세로 서민복지대혁명을 이루겠습니다.
공약 7 불공정 하도급을 근절하고 중소기업을 육성하겠습니다.
공약 8 대학평준화로 입시, 학벌, 사교육비 문제를 해결하겠습니다.
공약 9 모든 의료비를 건강보험으로, 치료비 걱정 없는 나라를 실현하겠습니다.
공약10 국가책임 하에 국민과 농민을 살리는 농업을 회생시키겠습니다.
공약11 여성의 일할 권리를 보장하고 가사·육아·간병 부담을 국가가 책임지겠습니다.

공약12	국공립 어린이집을 50% 확충하고 취학 전 아동을 대상으로 무상보육과 무상교육을 실시하겠습니다.
공약13	장애인 차별을 해소하고 경제사회적 자립을 보장하겠습니다.
공약14	사회부총리를 신설하고 복지재정을 2배로 확충하겠습니다.
공약15	기후변화 위기에 대응하여 온실가스를 20% 감축하고, 재생에너지 사용을 20% 높이겠습니다.
공약16	모두가 누리는 문화 공공서비스를 보급하겠습니다.
공약17	아토피 걱정 없는 환경, 어린이가 안전한 나라를 만들겠습니다.
공약18	남북관계 전면적 발전을 통한 코리아연방공화국을 지향해나가겠습니다.
공약19	한미동맹 해체, 주한미군 철수를 위한 한미전략대화를 추진하겠습니다.
공약20	선거제도개혁으로 민의를 제대로 반영하고 이념과 노선을 중심으로 한 정당정치를 활성화하겠습니다.

■ 기호 4번, 이인제 후보

공약 1	신성장경제정책을 강력하게 추진하고 서민의 재산형성을 도와 중산층화함으로써 중산층 강국을 건설
공약 2	신경제특구를 설치하고, 좋은 일자리를 연간 60만 개 창출하여 청년실업 해소
공약 3	평준화 교육과 수월성 교육 동시 강화하고 사교육비 부담 경감
공약 4	지분소유형 임대아파트 230만 호 공급 및 부동산세금인하
공약 5	휴대전화요금 반값인하와 서민부담을 줄여 서민경제 회생
공약 6	균형발전을 위한 재정분권과 세금부담을 줄이는 세제대개혁 추진
공약 7	중도개혁적인 혁신행정·효율정부 구현
공약 8	국가 리더십 재건 및 분권형 대통령제 개헌
공약 9	국정조사원 신설 및 국회기능 강화
공약10	생산적 햇볕정책의 적극 추진으로 남북이 공영하는 통일공간의 획기적 확장
공약11	연미선린(聯美善隣)·아태통상외교 강화와 국방력 현대화
공약12	21세기형 농어업 육성과 농어민의 삶의 질 향상
공약13	건강보험 대폭 확대

공약14 생활복지정책 대폭 강화
공약15 문화복지·생활체육·관광산업 집중육성
공약16 국내기업의 글로벌 선도력 강화
공약17 과학기술의 혁신 및 지식창조형 과학기술인력 양성
공약18 첨단정보통신산업 및 벤처기업 육성
공약19 실질적 양성평등하에 구현과 영유아양육의 사회책임강화로 행복한 가족시대 실현
공약20 환경과 경제의 상생정책 추구

■ 기호 6번, 문국현 후보

공약 1 5년간 500만 개 일자리를 창출하고 비정규직 절반으로 축소
공약 2 창조적 경제로 3%를 더해 경제성장 8% 달성
공약 3 중소기업 경쟁력 2배 향상으로 중소기업시대를 개막
공약 4 환동해 경제협력벨트 구축
공약 5 반의 반값 아파트 건설과 부동산시장 안정화
공약 6 교육경쟁력 세계 1위 달성
공약 7 건설비리 척결
공약 8 정부 조직과 기능의 재창조
공약 9 대한민국 재창조를 위한 헌법개정
공약10 여성 사회참여 확대와 다문화사회 구축으로 글로벌 경쟁력 제고
공약11 공직부패의 추방
공약12 대북평화 실리정책 추진
공약13 고령화시대 종합적 노인정책 추진
공약14 조세제도개혁
공약15 대학입시제도개혁과 사교육의 대폭 축소
공약16 생태적 에너지체계 구축으로 지구온난화 대비
공약17 국민 생명 위협하는 환경성 질환 차단과 안전한 생활양식 구축

공약18 전략적 투자와 효율 개선으로 정예국방력 확보
공약19 동북아 경제·안보 협력 강화
공약20 국제사회에서 존경받는 중견국가로 활약

■ 기호 12번, 이회창 후보

공약 1 정직하고 성실한 사람이 대우받는 사회를 만들겠습니다.
공약 2 국가를 위해 희생한 사람이 존경받는 사회를 만들겠습니다.
공약 3 작지만 강하고 효율적인 정부를 운용하겠습니다.
공약 4 국민세금을 매년 10조 원 이상 돌려드리겠습니다.
공약 5 기업하기 좋은 나라, 투자하기 좋은 나라를 만들겠습니다.
공약 6 중소기업의 나라를 만들겠습니다.
공약 7 과학기술과 고부가가치 서비스산업을 신성장동력으로 육성하겠습니다.
공약 8 교사주도의 공교육 정상화를 실현하겠습니다.
공약 9 교육복지를 확충하여 돈이 없어 공부 못하는 일이 없도록 하겠습니다.
공약10 좋은 일자리로 청년들의 꿈을 이루도록 하겠습니다.
공약11 생활복지로 따뜻한 세상을 만들겠습니다.
공약12 노인들과 장애인들께 일과 건강과 소득을 드리겠습니다.
공약13 안심하고 맡기는 희망보육 시스템을 만들겠습니다.
공약14 집없는 가족에게 따뜻한 보금자리를 만들어 드리겠습니다.
공약15 지구온난화에 적극 대응하여 환경도 살리고 경제도 살리겠습니다.
공약16 산과 물이 푸르른 아름다운 국토를 만들겠습니다.
공약17 연방제 수준의 지방자치 시대를 열겠습니다.
공약18 핵무기 없는 한반도를 만들겠습니다.
공약19 5년 내 모든 이산가족이 서로 손이라도 잡아볼 수 있도록 하겠습니다.
공약20 "3중 울타리 외교전략"으로 국익을 철저히 지키겠습니다.

3. 분야별 비율

■기호 1번, 정동영 후보

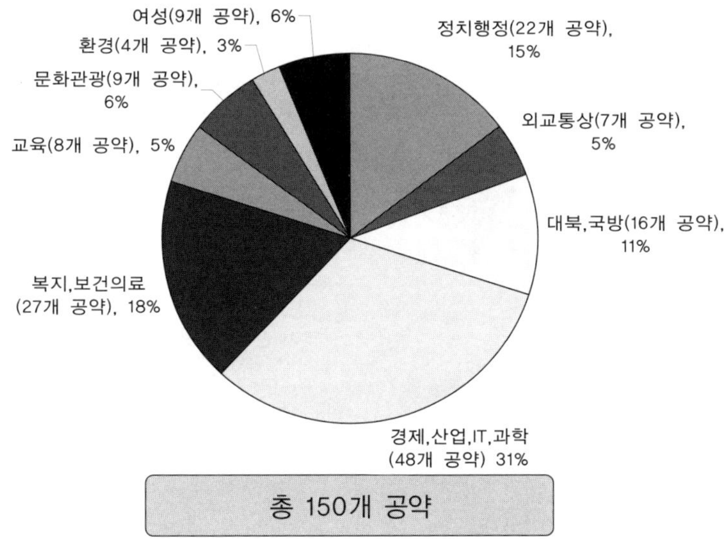

■기호 2번, 이명박 후보

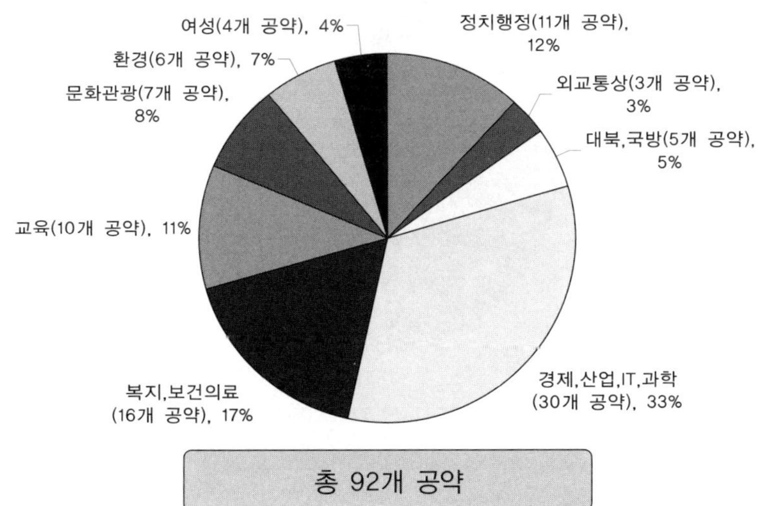

■ 기호 3번, 권영길 후보

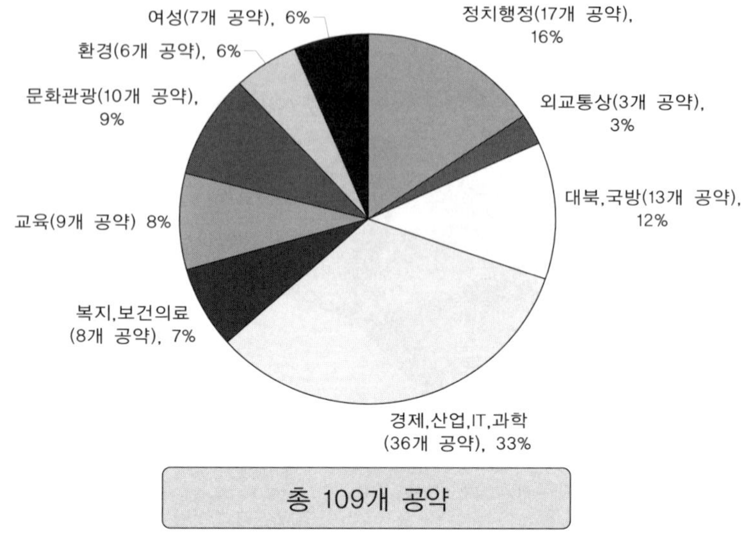

■ 기호 4번, 이인제 후보

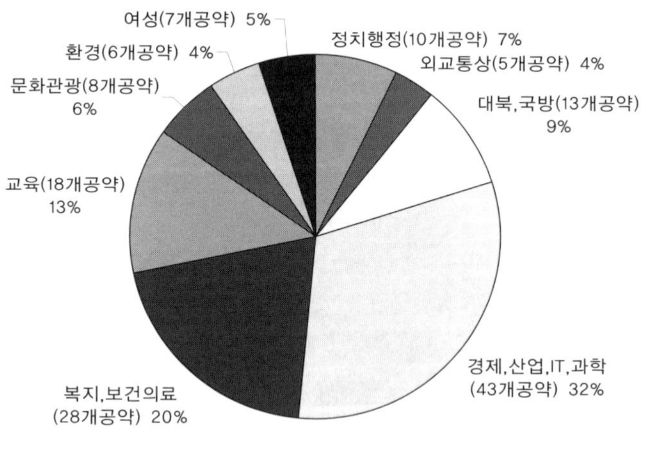

총 138개 공약

■ 기호 6번, 문국현 후보

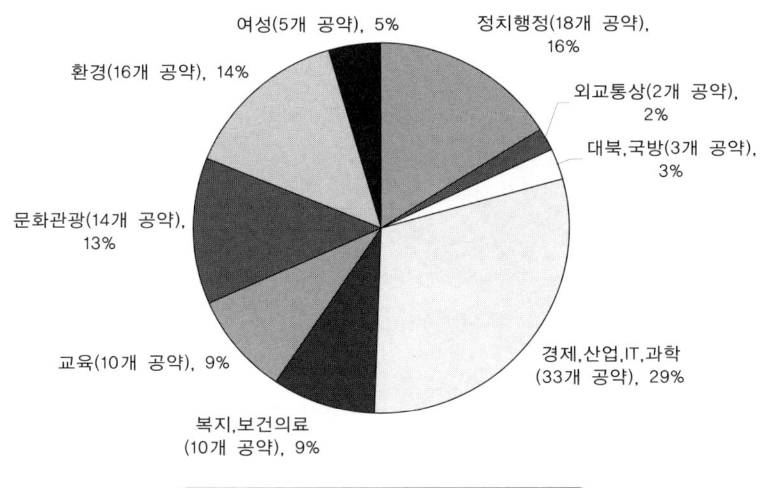

총 111개 공약

■ 기호 12번, 이회창 후보

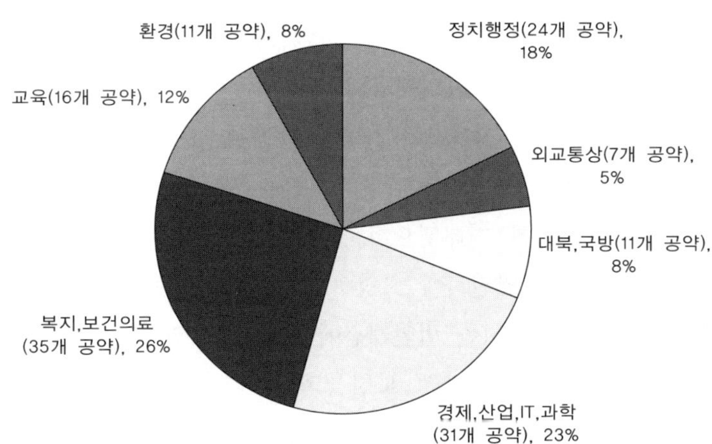

총 135개 공약

* 정책공약집을 발간하지 않아서 핵심 20대 공약을 세분화하여 분류하였음.

* 이회창 후보의 경우 선관위 제출 20대 공약 중 문화관광/여성정책 관련 공약이 제시되어 있지 않음.

편집 후기

이 책이 편집되어 출판되는 과정에 제17대 대통령선거가 실시되어 이명박 한나라당 후보가 제17대 대통령에 당선되었다. 본래 이 책은 2007년 여름 기획, 2007년 12월 초순에 발간되어 대통령 선거과정 중 후보자를 비롯한 정치인들은 물론, 정당 및 일반 유권자들에게 매니페스토에 대한 인식의 확산을 통해 이번 대통령선거가 매니페스토에 의한 정책선거가 되기를 기대했다.

특히 중앙선거관리위원회와 한국매니페스토실천본부 등은 제17대 대통령선거가 당내 경선은 물론 본 선거에서도 매니페스토에 의한 정책선거 경쟁이 되기를 기대했으며, 이를 위해 공직선거법이 개정되도록 국회 정치개혁특별위원회에 요망하였다. 국회 정치개혁특위는 대선시 매니페스토 도입을 위한 법안개정에 여야가 합의하였으나, 제반 정치사정으로 인하여 매니페스토 도입을 위한 공직선거법 개정은 이루어지지 못했으며, 따라서 대선은 정책선거로 치러지지 못했다.

그럼에도 불구하고 2007년 대통령선거에서 매니페스토운동은 정책선거를 위한 최소한의 기틀을 마련하였다고 생각한다. 우선 공직선거법이 2006년 지방선거 후, 수 차례에 걸쳐 개정되어, 2010년 5월 실시될 지방선거에서는 매니페스토가 도입되게 되었으며, 또한 정당 차원에서 각종 선거시 매니페스토 형식의 일종인 정책공약집을 발간하게 되었다.

따라서 2007년 대선에서 주요 정당이 정책공약집을 발간, 유권자들에게 배포하게 된 것은 귀중한 수확이다. 지난 2007년 1월 3일 선거법 개정으로 정당은 자당의 정책과 선거에 있어서 공약을 게재한 정책공약집을 도서의 형태로 발간할 수 있으며, 이는 통상적인 방법으로 판매할 수 있게 하였다(선거법 제138조 2항). 그러나 정책공약집은 선거법에 의하여 무료로 배부할 수 없다.

2007년 12월 초부터 주요 정당들은 정책공약집을 당사, 선거사무소, 유세장, 그리고 일부 서점에서 판매했다. 즉 한나라당은 12월 7일 『일류국가, 희망공동체 대한민국』(출판사: 북마크)이란 이름의 공약집을 책자로 발간했다. 이 공약집에는 '747', '한반도 대운하' 공약을 비롯해 한나라당의 3대 비전, 10대 희망, 43대 과제, 92개 약속이 들어 있다.

대통합민주신당도 지난해 12월 2일 '한반도 평화경제공동체구상', 그리고 7일에는 『미연아, 행복하니』(출판사: 새로운 사람들)라는 이름의 매니페스토 공약집을 발간·판매하고 있다. 특히 대통합민주신당은 중앙선대위 산하에 매니페스토정책본부까지 설치해 매니페스토에 의한 정책공약을 개발했다. 민주노동당, 민주당, 창조한국당도 각각 정책공약집을 발간했다.

이런 공약집이 발간된 것은 한국 선거사상 처음이다. 정책공약집이 발간되었다는 사실 자체는 선거문화 변화에 있어 중요한 것이다. 더구나 비록 만족할 만한 형태는 아니지만 공약의 추진기간, 재원조달계획까지 명기한 것은 커다란 진전이다. 선거에서 매니페스토를 처음으로 시작한 영국은 선거시 매니페스토가 발간·판매되면 증권시장에 주가가 출렁거린다고 한다. 선거에서 승리한 집권당의 경제정책의 구체적인 내용이 매니페스토에 담겨 있기 때문이다.

특히 이명박 대통령 당선자가 대통령직 인수위 활동에 있어 정책공약집의 중요성을 강조하였을 뿐만 아니라 각 부처 업무보고시 정책공약집에 있는 정책내용을 실천할 구체적 계획을 중심으로 보고하도록 함으로써 정책공약집에 대한 무게가 더욱 실리고 있다. 때문에 많은 고위공직자들과 대기업 임원들이 한나라당 정책공약집을 구입, 공약내용을 검토하고 있다는 것은 참으로 반가운 일이다. 한나라당 정책공약집은 공약집 서문에 있는 것과 같이 무려 400여 명의 전문가가 동원되어 1년 이상의 장기간에 걸쳐 만든 공약이고, 더구나 이명박 대통령 당선자가 후보시절 공약 내용을 일일이 예산내역까지 검토하였다는 것은 이 정책공약집이 앞으로 이명박 정부의 국정운영에 지침서임을 말하고 있는 것이다.

2008년 4월 9일 제18대 총선거가 실시된다. 이번 총선거에 매니페스토가 적용되면 매니페스토에 의한 정책선거는 주요 선거에 모두 적용하게 된다. 물론 한국에서 대학총장 선거, 교육감 선거 등을 비롯해 대학 학생회장 선거, 심지어 초등학교 반장 선거에서도 매니페스토가 새로운 선거문화로 도입되고 있다.

이제 한국사회는 '87년 정치·사회체제에서 '08년 체제로의 전환을 추구하고 있다. '08년 체제의 화두는 선진화이다. 정치선진화의 요체는 선거에서 이루어져야 하며, 이는 정책선거를 통해 선거문화, 정치문화가 변함으로써 달성될 수 있다. 따라서 매니페스토에 의한 정책선거는 한국정치가 당면한 최대의 해결과제이다.

이 책이 정치선진화를 추구하는 한국 정치·사회의 새로운 패러다임 추구에 보탬이 되기를 새삼 기대한다.

2008년 무자년 새해를 맞이하여
수원 아주대 원천골 연구실에서
김영래 씀

■ 글쓴이 소개(논문 게재순)

김영래(金永來)

연세대학교 정치외교학과 졸업 / 연세대학교 정치외교학과 정치학 박사
한국정치학회 회장 / 한국NGO학회 회장
(현) 아주대학교 사회과학부 교수 / (현) 한국매니페스토실천본부 공동대표
▪『한국정치, 어떻게 볼 것인가』, 박영사, 2006년; 『매니페스토와 지방선거』, 논형, 2006년.

김　욱(金　旭)

연세대학교 정치외교학과 졸업 / 미국 아이오와대학교 정치학 박사
(현) 배재대학교 정치외교학과 교수/ (현) 한국매니페스토실천본부 정책자문위원
▪「매니페스토 정책선거와 과제」, 『지방행정』 7월호, 2006년.

이현출(李鉉出)

건국대학교 법과대학 졸업 / 건국대학교 정치학 박사
(현) 국회도서관 입법정보연구관
▪『매니페스토와 한국정치개혁』, 건국대출판부, 2006년; 『매니페스토와 지방선거』, 논형, 2006년.

하동현(河東鉉)

고려대학교 정경대학 행정학과 졸업 / 고려대학교 대학원 행정학 석사
한국갤럽조사연구소 정치사회조사 연구원 / (현) 일본 게이오대학교 대학원 정책미디어연구과 박사과정(정책결정분석, 행정학)
▪「政策移転過程における韓国ローカルマニフェスト運動の理論形成」, 『年報自治体学』, 2007年.

마쓰자와 시게후미(松澤成文)

게이오대학교 법학부 정치학과 졸업 / 재단법인 마쓰시타 정경숙 제3기생
가나가와현 의원 2선/ 중의원 의원3선 / (현) 일본 가나가와현 지사
▪『インベスト神奈川: 企業誘致への果敢なる挑戦』, 日刊工業新聞社, 2006年.

기타가와 마사야스(北川正恭)

와세다대학교 상학부 졸업
미에현 의원 3선 / 중의원 의원 4선 / 미에현 지사 2기
(현) 일본 와세다대학교 대학원 공공경영연구과 교수 / (현) 새로운 일본을 만드는 국

민회의(21세기임조) 공동대표
▪『マニフェスト革命: 自立した地方政府をつくるために』, ぎょうせい, 2006年.

소네 야스노리(曾根泰教)
게이오대학교 법학부 정치학과 졸업/ 게이오대 대학원 법학연구과 박사과정 수료
예일대학교 정치학부 객원연구원/ 하버드대학교 국제문제연구소 객원연구원
(현) 일본 게이오대학교 대학원 정책미디어연구과 교수(일본정치, 정책분석론)/ (현) 새로운 일본을 만드는 국민회의(21세기임조) 대표간사
▪曾根泰教 外 共編著, 『変動期の日韓政治比較』, 慶応義塾大学出版会, 2004年.

고선규(高選圭)
단국대학교 정치외교학과 졸업 / 일본 토호쿠대학교 정보과학 박사
(현) 중앙선거관리위원회 선거연수원 교수
▪「한국의 국회의원선거에서 인터넷 선거운동」, 『21세기정치학회보』, 2007년.

신유섭(申有燮)
연세대학교 정치외교학과 졸업 / 미국 조지아대학교 정치학 박사
한국국제정치학회 총무이사 / (현) 연세대학교 정치외교학과 조교수
▪『부시 재집권과 미국의 분열: 2004년 미국 대통령 선거 분석』(공저), 오름, 2005년.

신두철(申斗澈)
독일 하노버대 정치학과·교육학과 졸업(복수전공) / 독일 하이델베르크대 정치학박사
(현) 중앙선거관리위원회 선거연수원 교수
▪신두철 외 공편. 『민주시민교육 핸드북』, 오름, 2007년.

정형욱(丁炯旭)
한국외국어대학교 영어과 졸업 / 영국 뉴캐슬대학교 정치학 박사
국무총리자문 시민사회발전위원회 전문위원 / (현) 아주대학교 국제대학원 대우조교수 / (현) 한국매니페스토실천본부 정책자문위원
▪「녹색민주주의」, 김영래 외 공저, 『환경과 사회』, 오름, 2007년.

스즈키 나오토(鈴木直人)
추오대학교 법학부 정치학과 졸업/ 게이오대학교 대학원 정책미디어연구과 석사
(현) 게이오대학 대학원 정책미디어연구과 박사과정(정책결정과정론)
▪「CO_2排出削減を目的とした環境税をめぐる政策過程分析(1)」, 鈴木直人 外 共著, 『千葉商大論叢』, 2007年.